汉译世界学术名著丛书

历史表现中的
意义、真理和指称

〔荷兰〕弗兰克·安克斯密特 著

周建漳 译

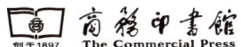

Frank R. Ankersmit
**MEANING, TRUTH, AND REFERENCE
IN HISTORICAL REPRESENTATION**
Originally published by Cornell University Press.
Copyright © 2012 by Cornell University
This edition is a translation authorized by the original publisher,
via Big Apple Agency, Inc.

汉译世界学术名著丛书
出 版 说 明

我馆历来重视移译世界各国学术名著。从20世纪50年代起,更致力于翻译出版马克思主义诞生以前的古典学术著作,同时适当介绍当代具有定评的各派代表作品。我们确信只有用人类创造的全部知识财富来丰富自己的头脑,才能够建成现代化的社会主义社会。这些书籍所蕴藏的思想财富和学术价值,为学人所熟悉,毋需赘述。这些译本过去以单行本印行,难见系统,汇编为丛书,才能相得益彰,蔚为大观,既便于研读查考,又利于文化积累。为此,我们从1981年着手分辑刊行,至2023年已先后分二十一辑印行名著950种。现继续编印第二十二辑,到2024年出版至1000种。今后在积累单本著作的基础上仍将陆续以名著版印行。希望海内外读书界、著译界给我们批评、建议,帮助我们把这套丛书出得更好。

商务印书馆编辑部
2023年11月

中译本前言

在我自己关于历史哲学的所有著述中,我始终强调将整体史学文本和文本中所包含的陈述句这两个不同层次加以区分的必要性。文本中的陈述描述过去,而文本整体则表现过去的某一部分。

关于过去的描述将某些属性要么正确要么错误地归诸主词所指称的实在。因此,为令描述的真假成立,我们必须要能将它们区分为指称过去某一实在(这是描述的主词)和将某些属性归诸那一实在(这是描述的谓词)两个部分。

然而,在表现中不可能有这样的区分。例如,想一下图像表现。你不可能在比如一幅肖像画中区分出专门指称现实中某一实在的一些笔触和那些专门将其某一或某些属性归之于它的笔触。在此是没法区分出这样两个步骤的。历史表现也是这样。假设你有一本乾隆皇帝的传记:你不可能在各章中拈出特定的一些词、句和段落是专门指称他的,而另一些词、句与段落则是将特定性质归之于他的。

这乃是(真)陈述与表现之间关键的逻辑区别。认识到这一区别必将促使我们拒斥关于历史著述中经验事实的理论负载的著名命题,即宣称所有我们关于实在的真值陈述都包含关于世界的某些一般理论预设。例如,"这个雕像是木头的"这句陈述预设了某些关于木头是什么的认识。可是，由于描述与表现间的逻辑断裂是不可弥合的，我们永远不能声称有什么所谓经验事实的"表现负载"。

读了以上所说的话，你很可能会问，我为什么会以这样一个抽象阐述开始这个序言，我为什么不以这本书跟类似历史哲学著述及相关论题的比较这样更容易理解的解说开头？或者谈谈我为什么会写这本书？解释是，刚才所说的关于描述与表现之间的严格区别事实上乃是问题的核心所在。只有在承认（历史）表现问题从来不能被归结到（真值）描述问题、理论构成或一般地说那些当代语言哲学和科学哲学勤谨探究的此类问题的条件下，你才能获得对历史表现本质的恰当把握。描述与表现根本上是两回事，后者从来就不能依前者来解释。强调地说，表现是一种非常非常老的实践——可以追溯到人类初年甚至更早——但在哲学上却还是一个全新的问题，直到现在，普通哲学始终无视这一问题，可悲的是，历史哲学家也是如此。

诚然，像阿瑟·丹托、约瑟夫·马戈利斯、理查德·沃尔海姆、纳尔逊·古德曼和门罗·贝尔德斯雷这样一些哲学家对表现有所探讨——但他们始终都只是从艺术表现的角度入手。结果是，表现的认知价值落在他们的视野之外。艺术不像科学那样志在给我们真理，恰恰是这一点使得历史著述显得如此独特和有趣。一方面，史学跟艺术一样仰赖于表现，但另一方面，她声称要告诉我们关于某些过去实在的真理，就像科学家真真正正告诉我们原子、夸克或星系的运行状况一样。而谁能怀疑史学家在他们的事业上跟科学家一样成功？过去两个世纪里，难道我们关于过去的认识不是有了惊人的增长吗？与科学论辩相比，史学论辩难道不是一样合乎理性并导致真理的发现吗？

总之，历史表现乃是艺术和科学之间的津梁，它将前者的表现主义与作为后者特征的真理追求结合起来。然而，由于其与艺术共享的特征，我们必须预料到，历史表现是循着与科学根本不同的道路走进真理的。因此，如果说科学的成功可以依照哲学语义学的三个主要概念——即指称、真理和意义——得以澄明，我们现在得问自己，这三个概念在历史表现中扮演什么角色。当我们问自己这个问题时，我们永远不要想当然。也就是说，我们决不能不加切实审视就把语言和科学哲学关于指称、真理和意义本质的论证主张移用到历史表现上。我们在任何时候都必须对这样的可能性保持开放，它们在历史表现中的作用方式与我们在科学那里所看到的有根本的不同。

那么，这就是本书想要做的事。它想要说明，在运用于历史表现时，指称、真理和意义概念是什么意思（我毫不犹豫地说，这是第一本做出这一尝试的书）。在我的论证过程中这一点将逐渐变得清晰，我们没法恰当地说历史表现"指称"过去，但它们是"关于"过去的；其次，真理是依海德格尔的"揭蔽"被给出的，其意义是，最佳或最真实的历史表现可以说是照亮了过去某个部分的最重要样貌。最后，与在大多数当代哲学语义学中真理被给予崇高地位不同，我指出，在历史表现中，意义是基本的范畴。对此的解释是，在历史表现中，由真理和指称推不出意义，相反，真理和指称可在意义基础上被给出。

关于表现明显的反对意见，认为它预设真陈述——从而真理的存在只有在陈述可以给我们以表现真理的前提下才有意义。而这样的事情是不可能的。进而，想想图像表现。一幅画可以是表现地为真的——即便它并不包含（真值）陈述或是描述。再次重申，我们永远必须将真值陈述与（历史）表现这两个层次区分开来。

由以上所说你可以得出结论，我们一方面有艺术和（或）图像表现，另一方面是真值描述以及（或）科学理论，历史表现得被放在这两者中间，分有二者的特征。这一结论可能是正确的，但并不彻底。因为我们自己应该意识到，不仅是历史表现应被置于这一中介之域，那些我们告诉别人（和我们自己）关于人生起起伏伏的故事，那些谈论政府与公司行为、报道法庭情况、解说政治与人际冲突等等的报刊文章也是如此。我关于历史表现的主张适用于我们全部语言使用的相当部分——而更令人惊讶的是，语言哲学家与科学哲学家们一起如此顽固地拒绝承认其存在。因此，处于本书问题中心的不仅是历史著述，并且还有我们整个语言使用的相当一部分情况，我们用它来理解我们生存的世界的意义。

最后，我要对建漳教授把拙作译成中文表示诚挚的谢意。我很高兴有建漳教授这样一个朋友，并且对作为学者的他表示尊敬。能够结识他在我的学术生涯中是一件美好的事情。我们曾见过几面，有一次是在比利时的根特，每次见面，他敏锐的思维和知识面，以及在哲学上对真理的真诚，都给我留下了深刻的印象。我为有他这样一位朋友而感到骄傲，感谢他给了我友谊所能给予我们的最珍贵的东西。

安克斯密特

然而,表现的问题肯定标志着与传统哲学的根本决裂,并且构成各种哲学现代主义的来源。

——弗里德里克·詹姆逊《辩证法的聚合力》

目　　录

前言 ·· 1
致谢 ·· 3

第一章　历史主义 ·· 4
第二章　时间 ··· 40
第三章　阐释 ··· 65
第四章　表现 ··· 85
第五章　指称 ··· 114
第六章　真理 ··· 132
第七章　意义 ··· 163
第八章　在场 ··· 203
第九章　经验（一）··· 226
第十章　经验（二）··· 246
第十一章　主观性 ·· 283
第十二章　政治 ·· 317

索引 ·· 333
译者后记 ·· 352

前　言

长期以来，语言哲学家在论及指称、真理和意义这一连串的三个问题时总是求诸科学。当然，所谓日常语言哲学学派中人对这一问题的探究确乎远非科学式的。而对其他人来说，科学的清晰、准确和透明被当成受欢迎的模式，他们指望由此解开语言的秘密。我在本书中也将采取相似的策略，不过，我将以史学和历史表现——而非科学——为向导。我希望，对历史学家的语言的分析将不仅有助于更好地理解历史，并且可以为现有语言哲学增添新的一章，让语言哲学家睁眼看到那些此前一直是其思维盲点的问题。首先是如何依据复杂的文本说明复杂实在，这是史家文本典范性的成就。

历史主义者如兰克和洪堡是首先对历史表现的本质加以反思的人。本书的写作基于这样的假设，他们在所谓历史性观念的教义中所表达的对历史表现本质的认识基本上是正确的。眼下这本书的主要工作，是尝试将关于历史表现的历史主义理论转换为更接近当下哲学的惯常说法。

本书由三部分组成。头三章将本书论题置于这样一个背景中，由此，现有历史哲学可以与历史主义的传统更有意义地联系起来。第二部分包括第四章到第七章的内容，是本书的核心部分。这几章讨论意义、真理和指称在历史表现中的角色。它们表明（1）在历史表现中，意义比真理和指称更基本，以及（2）这是关于历史表现的哲学反思不同于眼下语言哲学之处，后者通常主张真理先于意义。第八章至十一章将前此章节的收获用于在场、经验和主体性问题。最后，第十二章力言，历史主义者们饱受嘲弄的主张终究是正确的，政治史乃是历史写作的脊梁。

本书着意就我对由"历史写作"（Geschichtsschreibung）引出的主要哲学问题的看法给出有条理的阐述，这些问题跟"历史探究"（Geschichtsforschung）语境中的问题不同。[1] 我认为与对历史写作的恰当理解无关的问题，本书则不予讨论。在这一意义上，本书亦可看作是对什么不在史学文本问题范围内的一个隐含评论。

对汉斯·穆伊（Hans Mooij）所给出的若干极为有益的建议、康奈尔大学出版社两位匿名审稿人对我的论证提出的改进意见，以及安东尼·儒尼亚（Anthony Runia）和菲利克斯·科霍（Felix Koch）对我的英文的订正，我深表感谢。

2011 年 6 月于格里门

1　对这一绝对基本的区别的讨论，详见第三章第 5 节。

致　　谢

第一章的一个较短的文本以安克斯密特"历史主义的必要性"xi 为题发表在《历史哲学杂志》2010 年第 4 期,第 226—240 页。

第六章的一部分以安克斯密特"史学与文学的真理"为题发表在《叙述》第 18 卷第 1 期(2010),第 29—51 页。

第十章曾以安克斯密特"史学的伦理"为题发表在《历史与理论》2004 年特辑,第 84—103 页。

感谢上述杂志的编辑惠允将这几篇文章重新发表于此。

第一章　历史主义

一　引言

本书一个贯穿始终的基本假定是：关于历史写作的历史主义说明——在此首先是与利奥波德·冯·兰克和威廉·冯·洪堡的作品联系在一起的——基本上是正确的。[1]这里需要立刻补充两点。首先，对这一假设我将不予论证——或者不如说，我所能给出的唯一论证，是在全书每一页中给出的关于历史写作的阐述所可能具有的合理性。其次，兰克和洪堡的历史主义是以19世纪20年代和30年代唯心主义者和浪漫主义者的惯常说法系统表达的，对身处21世纪第二个十年的我们来说，这种说法不再令人满意。因此，他们的论点需要翻译成更现代的词汇。这一点是本书工作的一个主要部分。

按我的用法，历史主义是这样一种观点，它认为一个事物的本质存在于其历史中。想一下约翰·哥特弗雷德·赫尔德："我是我所成为的。就像一棵树，我长成我所是：有颗种子在那里，但

---

[1] 在此所使用的"历史主义"一词因而须与卡尔·波普尔（Karl Popper）在其发表于1954年的《历史主义的贫困》中所理解的概念严加区分。在波普尔那里，历史主义指的是例如康德、黑格尔、马克思、斯宾格勒、汤因比等人提出的思辨的历史哲学。事实上，对思辨历史哲学的拒斥构成兰克及洪堡历史主义概念的本质部分。

第一章 历史主义　　　　　　　　　　　　5

为了形成种子、果实和树，空气、土壤和周围的各种因素都参与其中。"² 或者想想兰克是怎么说的："对所有时间中的一切事物，起源是决定性的。最初的种子在整个发展过程中有意或无意地持续发挥作用。"³ 或是威廉·狄尔泰："人是什么，只有其历史能够告诉他。"⁴ 在所有这些情况下，基本的识见是，当下呈现的东西——不论是人类个体、一个时代、一个国家或是一个民族，等等——都只是影子，只有其过去能告诉我们其实质与本体。按莫里斯·曼德尔鲍姆所说，"历史主义的信念是，关于任何现象本质的恰当理解及关于其价值的恰当估计，都只能根据其在特定发展过程中的位置及其所扮演的角色加以判断。"⁵

这意味着，历史学家所探究的对象不能离开其历史被确定。在历史中，我们并不是首先碰到被给予的对象或是现象，尔后再通过对该对象过去的认真研究确立其本质或本体。在传记如路易十四传中事情诚然是这样，但试想一下冷战史。冷战不像某一个体，通过确定他在1710—1774年所经历的事情可以写出其历史。在诸如冷战这样的情况下，其本身是随历史写作而然，而非先行确定的。

准此，历史呈现给我们的方式无疑与世界及其事物在我们日常经验中的呈现相冲突。和科学一样，历史是我们关于日常实在

2　J. G. Herder, "Von Erhennen und Empfinden der menschlichen Seele", in *Saeamliche Werke*, ed B. Suphan and C. Redlich, 33 vols., vol. 8 (Berlin, 1877), 307. 英译出自本书作者。

3　"无论何时，万物关键为起源。无论自觉与否，最初萌芽的影响贯穿整个成长过程。"L. von Ranke, "Historisch-politische Zeitschrift", in *Saeammliche Werke*, 54 vols., vol. 1 (Leipzig, 1867), 345.

4　W. Dilthey, *Gesammelte Schriften*, vol. 8 (Stuttgart, 1957), 226.

5　M. Mandelbaum, *History, Man, & Reason* (Baltimore, 1971), 42.

的经验的抽象。⁶ 给定我们在此所采用的历史主义概念，一个对象与其历史间的关系不可避免地是循环的。但这不是恶性的循环，因为，正如狄尔泰解释学循环很好地例示的那样，历史认识和真理正是在其无尽的运动过程中现身。

3　　依照这样的理解，历史主义之于历史学家，正如科学主义之于科学家。根据科学主义的观点，只有**科学**才能给予我们关于这个世界上的客体的可靠知识。如果说某物的历史有一定意义，它可以由其当下推出，正如地质学家可以从地球的当下状况推出其历史。显然，这与历史主义的观点正好相反，后者主张，一个事物的本质（或本体）只能通过研究其历史来确定。一个明显的反对意见大致会是这样：（1）历史与地质学或宇宙学均有赖证据，并且（2）在两种情况下，证据均在此际和当下被给出。因而，就从证据到理论的推理而言，两个学科间应该没有区别。同样明显的反驳意见是：由证据推论这回事可以认为与眼下我们所说的问题无关。⁷ 历史主义和科学主义根本上说是两种本体论立场，它们不

6　在使用"抽象"这个词的时候，我并不想暗示历史是在我们关于日常实在的经验"之后"出来的。事实上，如我们在第七章中将会看到的那样，历史先于它。

7　卡西尔对此有很好的论述："如果我们想要阐述这一（科学与史学思想间的）区别，仅仅指出科学家与当下对象相关而史学家与过去对象相关是不够的。这样的区分是误导性的。科学家完全可以和史学家一样思入事物的遥远起源……各种历史性对象并无可切分与自足的实在，它们具体呈现在物理对象中。尽管历史对象如此呈现，但它们可以说隶属更高的维度。我们所说的历史感并不改变事物的样子，也不是在事物中探测出新的性质。但它给予事物和事件一个新的深度。如果科学家想要追溯过去，他并不运用什么概念或范畴，而是借助于他的当下观察。他研究过去所留下的物质遗存。史学也得从这些遗迹入手，因为，离开这些没法下手。但这只是最初和基本的任务。史学在这一事实性经验重建之上添加象征性重建。"见 E. Cassirer, *An Essay on Man* (New Haven, 1970), 176, 177。

第一章 历史主义

能依凭关于证据使用的认识论考虑加以评判——除非假定我们接受认识论决定本体论的观念。但是，在那一情况下，支持史学与科学的兼容性仰赖这样一个前提，证据是当下在此给出的这一事实本身消除了不同学科间任何有趣的认识论差异。这一假定足够武断，在此用不着进一步讨论。[8]

由此得出两个结论。第一，历史主义和科学主义相互排斥：一个人不可能一致地同时接纳二者——虽然在不同时间是可以的（甚至应该）。第二，没有历史学家能避开历史主义。因为，如果他拒斥历史主义关于事物的本质或本体基于其过去的主张，那他作为历史学家的目的何在？离开这一点，历史学家的努力将没有意思或者说没有意义。

历史主义，如刚刚所界定的，是德国的发明，其在德国之外的扩散从来就不是轻而易举或自发的。[9] 在盎格鲁知识界中，对历

---

[8] 假如你将史学仅仅归结为历史研究，从中抹去历史写作的维度，则史学为一方，地质和宇宙学为另一方的对称是有意义的。因为，历史写作乃事物在历史中的此一性产生之地，史学与科学之间的不对称亦由此产生。

[9] 历史哲学也是如此。回想一下对历史写作的本质以及我们如何与过去相联系进行过反思的那一长串史学家和（历史）哲学家的名字：默泽、赫尔德、康德、施莱尔马赫、席勒、歌德、施莱格尔、戈雷兹、荷尔德林、黑格尔、尼布尔、萨维尼、费尔巴哈、马克思、兰克、洪堡、德罗依森、布克哈特、狄尔泰、尼采、文德尔班、李凯尔特、兰普莱希特、特洛尔奇、韦伯、梅涅克，以及最后伽达默尔，在他的著作中，这一悠久与让人敬重的传统达到其耀眼的顶峰。而这还只是第一时间中被想到的名字。盎格鲁传统所可以夸耀的只有巴克勒、布拉德利、麦克塔加特、阿克顿勋爵、柯林武德以及奥克肖特。但今天情况正好相反。历史哲学在德国不再时兴，虽说在历史写作史方面仍有许多杰出的著作源源不断地产生。历史哲学的家园现在在盎格鲁世界中，这主要得感谢柯林武德，他在德国（以及意大利）历史哲学与其当代盎格鲁世界的研究者之间起了某种媒婆（trait d'union）的作用。要是没有柯林武德，历史哲学可能早已寿终正寝。对他使这个学科免于夭折，我们应该深致谢忱。然而，为此也付出了代

史主义的抵抗从来都是最强的。当然,德国与英国之间的鸿沟根本不是没法跨越的。事实上,在赫尔德志得意满地宣示前引的关于人类个体的历史主义概念几乎一个世纪之前,约翰·洛克已经说了几乎相同的观点。[10]然而,盎格鲁—美利坚思想似乎一起受到某种智力防护层的保护,与历史主义之间没有任何真正意义上的互动,从而只有某种"轻型"的历史主义得以进入盎格鲁—美利坚人的心灵。[11]

二 历史主义和新康德主义

我们不应由我刚刚说到的而推论盎格鲁-撒克逊在哲学传统中

价。由于不能读德语,他对于德国历史哲学家所取得的成就只有粗浅的了解。由于大部分盎格鲁历史哲学家都是经由柯林武德进入这一领域的,后者思想中的若干盲点不幸传给了当代盎格鲁历史哲学。首先是因为柯林武德的著述是盎格鲁历史哲学进入学科主要论题的惯常导引。正如拉丁惯用语所说的那样:新近沾染的,保留了其气味,在头上一整天(quo simul est inbuta recens, servabit odorem testa diu)。

10 约翰·佩里(John Perry)对洛克在1690年《人类理解论》中关于个体同一性的阐述概括如下:"人的各个阶段属于这个人本身,当且仅当这个人持有这样的经验,它是对包含在各个阶段中的经验的反思性觉知的记忆。"见 Perry, "The Problem of PersonalIdentity", in *Personal Identity*, ed. J. Perry (Berkeley, 1975), 15。因此,记忆——对自我历史的觉知——被视为构成个体的同一性,从而构成其本身(正如圣奥古斯丁的《忏悔录》所示)。这与历史主义关于同一性的阐述很接近。然而,根据这本书余下部分的观点,可以看到,洛克的陈述是认识论性质的而非本体论的,反之,历史主义的奠基前辈倾向于从本体论方面谈论问题。

11 一个有力的例子是最近一本关于历史思想的百科全书中描述历史主义的冗长条目,它鼓吹对历史写作的科学主义探究,这是盎格鲁-撒克逊哲学的特征。这个条目甚至没有提及我们这里提出的历史主义定义。见 R. D'Amico, "Historicism", in *A Companion to the Philosophy of History and Historiography*, ed. A. Tucker (Oxford, 2009), 243—253。

第一章　历史主义

的主导地位应为历史主义的式微负责。因为，历史主义在进入盎格鲁世界之前即已重创在身。[12]

作为开始，我们应该想想所谓历史主义的危机。这一危机源于历史主义与19世纪末20世纪初流行于大多数德国大学的新康德主义的正面碰撞。新康德主义的大多数分支都从康德那里继承了这样的信念：相信为了能在道德困境中给予我们权威性的指导，价值必须是恒常有效的。这与历史一直以来所提供给我们的显然相左。道德困境在新康德主义的哲学家以及神学家的心中激起深刻乃至存在性的失落，就像恩斯特·特洛尔奇那样，他们指望绝对和超时间的道德和神学真理。因此，毫不奇怪，历史主义被指责为是导致新康德主义那些不安的根源。

在此有三点评论。第一，任何历史学家，不论他是不是历史主义者，都承认没有什么（道德）价值被当作是超时空有效的。因此，如果新康德主义者以及神学家决心坚拒这一令其不快的事实，并且如果他们希望在将来的任何时候避开这一事实，那他们就得废止所有的历史著述——而不只是历史主义。[13] 第二，如果真的存在直白的历史事实与新康德主义者所梦想的永恒道德真理的

12　不过，历史主义在德国的确继续被讨论。在过去的几十年里，这一讨论的主要人物是约恩·吕森（Jörn Rüsen）和奥托·杰哈德·奥尔斯勒（Otto Gerhard Oexle）。然而，讨论主要关注历史主义过去是什么，而对它在目前与将来的思想论辩中可以有什么贡献关注甚少。在这一意义上，历史主义现在在其诞生地已经死去。有关这一复杂乃至有时含混的德国论争有一个博学和极具建议性的概览，参见 I. Veit-Brause, "Eine Disziplin rekonstruiert ihre Geschichte: Geschichte der Geschichtswissenschaft in den 90er Jahren (1)", *Neue Politische Literatur*. Jg. 43 (1998): 36—66。

13　见我的 "Een moderne verdediging van het historisme", *Bijdragen en Mededelingen betreffende de Geschiedenis der Nederlanden* 96 (1981): 36—66。

冲突，从这样一个梦中醒来是不是更好？期望某种我们永远得不到的东西有什么意义？第三，更重要的是，普遍有效性并非特定规范或价值概念的一部分。只有那些具有自然法背景、思考和执着于康德式绝对命令更为正统表述的道德哲学家才会不这么想。[14]借用 H. L. A. 哈特关于法条的解释，我们可以说道德律令是"针对行为的规则"，此外，这些规则还取决于它们想要规范的那种社会秩序。每个时代都有自己一套特定时间中的规则，并且也需要这些规则。假如有谁想将比如中世纪的社会规范用于我们现在，那就会乱了套，反之亦然。作为道德生物我们是历史地被限定的，并且应该为之高兴。因为正是这一点让我们能够对自己所处社会的复杂秩序作出或多或少成功的应对。规范和价值的历史性当然丝毫也不意味着不可以对它们进行理性的批评。相反，在关于什么是我们想要的社会秩序及如何确立它的问题上，我们统一在理性下，以之为指导。从这一角度看，历史主义的危机实属空穴来风，让人惊讶的倒是历史主义者如此轻易地向其新康德主义对手输诚。

但是，关于历史主义与新康德主义的对立，有一个更为有趣的维度。新康德主义对历史主义的胜利并未维持多久。事实上，一个可隐含地被给出的故事是，最终是历史主义而非新康德主义获得胜利。按照印戈·法林（Ingo Farin）在最近一篇文章中的描述，海德格尔是这个故事的主角。他的故事是这样说的。[15]当新康

---

[14] 尽管他持法律实证主义的立场，凯尔森（Kelsen）对新康德主义始终保持同情。因而，最令人吃惊的是，几乎没有一个理论家像他在其 *Was ist Gerechtigkeit? Naxhwort von Robert Walter*（Stuttgart, 2000）中那样有效地消解康德式的绝对命令。

[15] 我在此描述的这一故事情节出自法林。见 I. Farin, "Early Heidegger's Concept of History in the Light of the Neo-Kantians", *Journal of Philosophy of History* 4 (2010): 1—30。

德主义者如威廉·文德尔班及亨利希·李凯尔特试图区分史学与科学，他们愈益倾向于将传统康德式的认识论范畴转换为本体论范畴。因而法林认为"尽管文德尔班没能反思其实际见解中所隐含的东西，我们确乎看到，他所主张的个别性科学的范畴——**事件、特殊、事实**——最终乃是如此这般的人类生活的本体论范畴。与此相反，康德将关于经验实在的'人类观点'与知性规律联系起来。"[16] 李凯尔特也是如此。法林接着表明，早期海德格尔将其新康德主义老师们著述中仅仅隐含着的观点加以澄清。

但是，在他如是而行的企图中有其特殊的一面，这将产生极为深远的后果。如我们从法林的引文中将清楚看到的，在由史学问题引发的新康德主义的逐渐消解中，有两件事情关系重大。首先，"聚焦事件、特殊、实事"推动海德格尔关注人类个体如何体认他或她的生命。与此有关的一点是他1915年的"讲师资格试讲"（trial lecture）。其次，是远为革命性的由认识论向本体论的转向，我们通常将之与海德格尔在现代西方哲学中的角色联系在一起。毋庸多言，这是两个根本不同的论题，采纳其中的一个并不必然要求我们接纳另一个。但由于二者都是海德格尔早期与新康德主义龃龉的结果，他本身倾向于将二者联系起来。其重大后果是，海德格尔在《存在与时间》前期主张认识论向本体论的转向时，本体论被与其生活世界的**个体**经验不可分割地联系在一起。因而，海德格尔思想发展的这一阶段成了他后期思想的樊笼。

---

16 I. Farin, "Early Heidegger's Concept of History in the Light of the Neo-Kantians", *Journal of Philosophy of History* 4 (2010): 8, 9.

事情的诡异结局是，伴随海德格尔哲学对疲弊陈旧新康德主义的胜利，历史主义却目睹自身对前此敌人取得了未曾料想到的最终胜利。但它为此所付出的代价是，历史从此被限制在人类个体存在的狭小范围内。如此述说的关于历史主义对新康德主义的最后胜利的故事，对于历史写作的目的来说一无所益。正如T. W. 阿多诺的明快说法，在《存在与时间》的哲学半径内，历史写作决无可能。[17]

以上所复述故事的教益是，由新康德主义关于历史性的认识论解说转向本体论解说不必伴随拘泥于人类个体的限制。后者只是海氏思想历程中一个不幸的偶然结局。因而，海德格尔的本体论转向是否可以跟兰克以来历史写作的实践有意义地联系起来，这在很大程度上仍然是待议之事。

三 罗蒂论海德格尔与盎格鲁-撒克逊语言哲学

那么，让我们探讨一下这个问题。首先，海德格尔对（新）康德主义认识论的根本指责是，后者关于主体从一个先验优越地位获取关于世界的知识的观念并未抓住我们跟世界关系的实情。那只是哲学家一个不切实际的想法。我们本身已然是这个世界的一部分，不可能按康德先验论所设想的那样将自己从世界中分离出来。进而言之，我们应该看到，世界在本质上是一个**历史性**的

17　T. W. Adorno, "Negative Dialektik", in *Gesammelte Schriften*, vol. 6 (Frankfurt am Main, 1995), 135.

第一章 历史主义

世界。这一主张无疑是海德格尔对（新）康德主义认识论的批判和他自己的**存在论哲学**的基础。

在《哲学与自然之镜》中，理查德·罗蒂令人吃惊地宣称，海德格尔对（新）康德主义的攻击与晚近英美科学哲学的发展如出一辙。威拉德·奎因对经验主义两个教条的攻击以及作为其结果的整体论[18]，同样具有切断传统认识论试图证实的认识与世界之间明确纽带的效应。这一发展在唐纳德·戴维森意义重大的论文《论概念图式这一观念》中达到了顶点。该文拒斥这样的（典型认识论式的）主张，以为必定存在着某种先在的概念图式，它令我们在一般意义和具体实例上得以确定知识（或语言）与其所指涉物之间是如何勾连起来的。[19] 但是，事实上并不存在这样的图式，它将知识或语言的一部分与一坨实在彼此匹配。这表明了认识论的终结。

这样的一些见解让自己受到来自两个不同方向上的阐释。一方面，它可以宣称，知识和语言现在获得了其对于世界的特定自主性。这一阐释以"语言的转向"为人所知。另一方面，认识论批判可以被解读为是对指称概念的攻击，或者像奎因所说的，是看穿"指称的难以捉摸"。罗蒂赞同这**两种解读**，并且，如我所指

---

18 根据奎因的看法，理论与事实证据间并非"局部"上一一对应，二者之间的关系是"整体"层面上的关系。奎因与他的门徒由此推出整体性的语言观，这看上去和我们一直与历史主义联系在一起的整体论珠联璧合。但是，究竟奎因与历史主义的整体论是否最终是一样的，这还有待进一步的细致探究。我本人对此不无疑虑。科学上的整体主义关心的是真理问题，相反，在史学中，整体主义涉及的是意义的问题。

19 D. Davidson, "On the Very Idea of a Conceptual Scheme", in *Inquiries into Truth and Interpretation* (Oxford, 1985), 183—199.

出的那样，坚称它们与海德格尔对（新）康德主义先验论及认识论的摒弃何其相似。

但是，在我前此提及的背景上，应该指出，罗蒂的图像漏掉了整个故事的一个重要方面。我心中所想到的事实是，导致海德格尔本体论及其反认识论方案的是他对**历史**及其与科学的差异的反思。毋庸置疑的是，在他著作的结尾处，他将伽达默尔的解释学当作认识论式微之后留下的竞争者，罗蒂完全清楚为什么历史在海德格尔、奎因和戴维森之后应该成为哲学家兴趣的中心。但在他的后期著作中，罗蒂对历史或历史哲学没有表现出任何的兴趣。[20] 他对历史的边缘化不用说与20世纪盎格鲁式语言哲学的反历史主义倾向一脉相承。[21]

罗蒂如此容易忘记历史的理由也许是海德格尔就此没写什么以给他提示。如上所见，海德格尔将历史性的范围归为个体如何与其周遭世界相联系。就海德格尔对个体的专注反映（新）康德

---

20 见第六章。

21 和通常一样，这方面也有例外。在这一语境下，我们可以首先想一下约瑟夫·马戈利斯（Joseph Margolis）令人印象深刻的全部作品，尤其是他的 *The Truth about Relativism* (Oxford, 1991); *The Flux of History and the Flux of Science* (Berkeley, 1993)，以及 *Historical Thought, Constructed World: A Conceptual Primer for the Turn of the Millenium* (Berkeley, 1995)。不过，马戈利斯的历史主义源于对科学的反思；因而具有对科学与史学的差异轻描淡写的倾向。这当然跟我们在此所讨论的历史主义有别，后者关注于科学与人文学说及史学的区别。换言之，科学与民族或文明一样有其历史这一点并非调和科学与史学的充足论据。

更一般的意义上，如果从科学方面走向历史主义，那你只能捕捉到它的影子。历史主义的全部剧情和它所提出的挑战，只有在我们始终意识到它植根于人类生活世界（Lebenswelt）的情况下才得以持存和得到公正对待。因而，史学是唯一能指引我们始终走在正确轨道上的唯一学科。

主义对个体性先验主体如何可能拥有关于世界的认识这一认识论关怀而论，它仍然属于（新）康德主义的遗产。[22] 这也许可以解释为何在海德格尔的**存在哲学**中，历史主义以对历史学家和史学专业几乎无用的形式存活着。因为，历史学家主要感兴趣的不是发生在个体**身上**，而是发生于个体**之间**的事情。

总结一下，罗蒂成功地将后奎因和后戴维森盎格鲁语言哲学的当下状况以及未来命运与海德格尔联系起来。双方在他们共有的对认识论及指称概念的拒斥方面彼此相契。罗蒂由此一事态推论，海德格尔对历史性的关注将给盎格鲁语言哲学提供新的议程。10 然而，由于一个重大的巧合，海德格尔对历史性的兴趣与历史写作的实情并不吻合。这相应地在自海德格尔以来直到今天的英美及欧陆哲学中留下了印迹。因此，现在我们需要一个更为满意的历史性概念，以使罗蒂的语言哲学新议程梦想成真。这要求我们回到德国历史主义的传统。

四 关于历史演变的历史主义说明

卡尔·曼海姆正确地看到，历史主义带来的革命性效应是将

---

22 当然，康德体系的一个特点是，先验**个体性**主体同时也是先验**普遍**主体。正如弗雷德里克·贝瑟（Frederick Beiser）所说，"经验的形式是由我创造的，因而，所有表象都只是"为我"的。当然，这里所说的"我"不是作为个人的我或私我，而是非个人及公共的自我（不论具体是谁）；就它们在顺应知性形式方面具有普遍及必然**有效性**的意义上，这些表象仍然是主体间性的，它们是面向全人类的。"见 F. Beiser, *German Idealism: The Struggle against Subjectivism 1781—1801* (Cambridge, 2002), 151。

关于社会的静态概念变为动态的。[23] 不是静止而是变化现在被认作是"常"态。如果我们记得现象是由它们在发展或演化过程中的位置被界定的这一历史主义信条，这对我们来说当然并不意外。[24] 进而，历史主义毫不迟疑地以这样的方式将这一观念极端化，主张现象的任何方面都不可能免于变化。这提出了一个难以回答的问题：那么，什么可以被算作是变中恒一的主体？当赋变化于某一对象，我们通常假定该对象的某些方面在变化的过程中保持不变。当我们把一张原先一直是棕色的椅子漆成白色，椅子无疑可被当作变化背后的主体，因为我们都会同意，油漆之后它仍然是原先的那张椅子。一般而言，世界中的各种物体无疑是变化的主体，只要我们能合理地主张它们在变化前后为同一物体。但是，假如变化是像我们在历史主义中所看到的那么根本，那么，什么仍然能被算作其不变的主体？[25]

历史主义者本身为这一问题纠结过。赫尔德提议从历史现象中区分出一个准亚里士多德式的"隐得来希"*，一个决定着变化

---

[23] "历史主义因而没有观念，它没有模式，它连思潮也不是，它是我们由此观照社会现实、文化现实的一个基础。它不是挖空心思想出来的，也不是一种纲领，而是有机土壤，是世界观本身。在中世纪受制于宗教的宇宙观、由该宇宙观世俗化后形成的启蒙运动的宇宙观，以及超时间的理性观念被抛弃后形成的世界观。"见 K. Mannheim, "Historismux", in *Wissenssozoogie* (Newwied am Rhein, 1970), 246, 247.

[24] 回忆一下在本章导言中关于事物及其历史之间基于历史主义的关系的循环性论证：这一循环中不存在这样一个特定的"地方"，我们由此可以切入循环，一劳永逸地将这一关系确定下来。这体现了在历史主义中变化的主体是如何成为问题的。

[25] 对这一肯定是相当程式化的观点的详细说明，见 F. R. Ankersmit, *Narrative Logic: A Semantrc Analysis of the Historian's Language* (Dordrecht, 1983), 120—134 and Ankersmit, *Historical Representation* (Stanford, 2001), chap. 4。

* "隐得来希"（entelecheia）是亚里士多德的术语，意为每一事物或潜在质料在自身中所实现的运动的目的，亦可意译为"实现"。——译者

第一章 历史主义

而其本身保持不变的原则。想想隐得来希如何决定着一颗不起眼的橡子长成一棵高大的橡树（如上所见，这是他对一切历史性的东西喜用的隐喻）。赫尔德建议的短处在于，隐得来希始终是类指（species-specific）从而是普遍性的，这与历史主义者对个体性与独特性的强调不相吻合。但这一问题被"历史观念"的概念解决了。与兰克和洪堡相对立：一切历史性的"东西"（民族、时代、文明等等）被视作都含有历史的理念，某种隐得来希。它可以说是完全特定于那一事物本身，且随后并不顺从于变化。[26] 兰克与洪堡对历史理念有如下断言。

第一，哲学分析或演绎推理不能带给我们历史理念。唯有对文献及过去遗留下来的任何遗迹最严格精细的经验性历史探究，可以告诉我们如何感知任何特定研究论题中的历史理念。所拟议的历史理念将不断在新证据的基础上被修正，从而导致更好的见解。因此而来的是历史主义对史学专业化持续而强烈的推动。

第二，一国或一个时代的理念所表达的是其独有特征（想想我们心目中与"文艺复兴"或"启蒙运动"这些词联系在一起的东西）。而其独有的东西即其"精华"或是其特性之所在，这由其历史，即它是如何成其所是的解说而得到最好的把握。

第三，历史学家对一个民族或某一时代历史理念的呈现以某种方式**解释**了其历史。历史理念从根本上说给出的是关于一个民族或一个时代最为重要的性质是如何结合在一起的主张。再想一想，像"启蒙运动"这样的概念如何成功地赋予 18 世纪欧洲无限

---

26 洪堡和兰克的相关文本已经翻译成英文；见 L. von Ranke, *The Theory and Practice of History*, ed. G. G. Iggers and Konrad von Moltke (Indianapolis, 1973)。

多的现象以意义从而解释了它们。通过将之与历史理念相联系，历史现象得到解释。历史理念界定了一个民族或时代的独特性或统一性，正如我们通过与其人格的联系来解释一个人的行为。这就是为什么从本书目录上看，其中包含了历史哲学传统上所讨论过的几乎所有问题，唯独没有历史解释问题。因为，从历史主义的观点看，解释问题与表现问题同生共在：只要历史表现的问题搞清楚了，关于历史解释就不再存在什么实质性的问题。

第四，洪堡明确地在根据历史理念而来的历史解释之外为因果解释留下了地盘。但他对二者之间的等级关系有同样明确的认识：后者始终从属于前者。因果联系仅仅存在于一个民族或时代本质或特性内的各组成部分之间，而历史理念所表达的则是这一本质或特性**本身**。

事实上，历史写作的实践整体上说都可以被安顿在由关于历史理念的这四个主张构成的框架中。

五　历史主义者历史理念的真理

然而，没有一个当代史学家或历史哲学家会准备同意兰克和洪堡的历史理念概念。相反，它会被认为是多余的。因为，它等于是在有待解释的过去和在历史文本中并通过历史文本所给出的历史解释之间插入第三者，即历史理念，而它在历史解释过程中并无实际作用。历史学家所寻求的是对各种过去事物的解释。他们并不额外寻求对历史理念加以解释，后者与这些事物相符合，据说存在于它们之外，然而在过去本身之中，以某种神秘的方式决定着这些事物在历史时间中的兴衰轨迹。因此,我们得彻底抛弃历史理念这个累赘,这简直就是解释机器中又一个无用的维特根斯坦式齿轮,"除了自身外它并不推动任何东西转动"。[27]

但是,关键是要注意到,一个人可以同意对历史主义者历史理念的这一批评,同时反对作出这一批评的根据。宣称历史理念是多余的从而最好加以抛弃的主张诉诸这样的论证:历史理念的假设违背了关于历史言说不应在历史实在中缺乏其对应物(反之亦然)的要求。根据这样的思路,一旦我们与关于语言与实在这一对应的(实在论的)主张相冲突,那冗余的东西就跑出来了,或是在过去本身中(如历史理念的情形),或是在历史学家的话语中(如在思辨历史哲学中那样)。

然而,关于语言与实在的这一规整与安逸的对应观是错误的。回想一下明克挑战他所称的"普遍史"(Universal History)的论点,后者被界定为"这样的观点,主张存在着确定的历史实在,它是我们所有关于'实然发生之事'的叙述的复杂所指,是历史叙述极力趋近的未被言说的故事"。[28] 但是,正如明克接着指出的,过去本身并不是一个"未被言说的故事",据此我们可以检验历史学家关于它所说的各种故事的可靠性。按照他为人熟知的说法,"故事并非被经历,而是被言说的";故事不是在过去本身中被发现的,它们只是历史学家的书籍和文章中所写之物。因此,明克

27　L Wittgenstein, *Philosophical Investrgation*, translated G. E. M. Anscombe (Oxford, 1974), para. 271.

28　L. O. Mink, "Narrative Form as a Cognitive Instrument", in Mink, *Historical Understanding*, ed. Brian Fay, Eugene O. Golob, and Richard T. Vann (Ithaca, 1987), 202.

赋予故事——历史叙述——以自主性，它粉碎了实在论者（语言与实在）的对应论命题。[29]

这就回到了历史主义者的历史理念。我们不应将之锁定在过去本身中——如历史主义者本身的错误做法——也不应视之为冒犯我们关于语言和实在对应性的实在论信念的冗余物。[30] 相反，我们必须将之置于历史学家关于过去的语言中。它不是支配历史客体时间性发展的隐得来希，而是历史学家建构其关于过去的叙事的原则。进而，我们不能假定过去本身中就含有这一结构原则的对应物。如果这样想的话，那就是回到明克在他对普遍史教条的攻击中令人信服地拒斥的对应论命题。事实上，（就历史写作而言）这一攻击与前此提及的戴维森对"概念图式这一观念"的著名攻击完全相似。戴维森反对几乎为所有认识论所预设的假定，即以为在语言和世界之间一定存在着某种概念图式，依此我们方能确定语言和世界是如何勾连起来的。[31] 普遍史教义实际上是概念图式观念在历史（不是历史主义！）中的相关物，因为它宣称，有这样一个历史（由过去本身构成），对于它来说，每一个别的历史表现都或多或少是它的有益转录。而事实上并不存在这样的普

29　关于明克观点的进一步讨论，见第二章、第五、六节。

30　正如赫伊津哈（Huizinga）在刻画关于历史观念的历史主义信念所认为的那样，它对恰当理解历史写作是"不可或缺和不可避免"的。见 J. Huizinga, "De wetenschlap der geschiedenis", in *Verzamelde Werken*, vol. 7 (Haarlem, 1950), 135。在关注历史观念的部分中，他在唯名论和实在论之间仔细谋求平衡：唯名论是关于历史观念的基本真理——这是赫伊津哈区别于像兰克这样的历史主义者之处。然而，历史观念使我们可以在历史实在中定位我们自己——这是它的实在论时刻。同上书，第139页。

31　就历史学家语言所做的相近论证，参见拙著 *Narrative Logic*, chapter 4。

遍史，这在过去面前给历史表现以自足性，它不可能被纳入任何版本的历史认识论。

一旦我们将历史理念定位于历史学家的话语，兰克和赫伊津哈这样的历史主义者关于历史理念所说的话当即到位。是的，在历史中焦点是个别，因为，每一史学文本都有其个别性。是的，个别不可穷尽（individuum ist ineffabile），因为，史学文本的个体性永远无法被穷尽。是的，史学总是与发展有关，因为这是历史叙述的看家本领。[32] 是的，历史主义者关于一个事物的本质在其过去这一主要主张是正确的，因为，其本质或特性是由历史叙述给出的。是的，就不存在关于史学文本的科学而言，我们有充分的理由质疑任何试图将史学转换为一门科学的做法。是的，给出关于某一过去对象的历史理念能**解释**它，因为，由历史理念所构造的叙述含有解释力。最后，是的，历史学家的气息浸淫在其所呈现的过去中，正如泛神论者的上帝现身于其造物中。因此，像克罗尔所说的，[33] 梅涅克在最后这一点上是正确的。

六 辩证法

在论述的这一阶段上，我想说些同情辩证法的话。这样的做

---

[32] 在此我想到的是互文论者的主张，一个确定主题的文本的意义总是由关于这个主题的其他文本共同决定的。由于新的东西总是可能被添加到这一套其他文本中，文本的意义永远不能被一劳永逸地确定下来。关于这一主张更进一步的展开，参看我的"Reply to Professor Zagorin", *History and Theory* 29 (1990): 283ff.。

[33] R. A. Krol, "Friedrich Meineck: Pantheism and the Crisis of Historicism", *Journal of the Philosophy of History* 4 (2010): 195—210.

法会因为两个理由而让人感到惊异。其一,除了某些黑格尔和马克思主义的死硬派之外,今天几乎没有一个哲学家会把辩证法当回事。其二,一说起辩证法,它立刻不无道理地被与黑格尔和马克思的思辨哲学挂上钩,而就历史哲学而言,根据明克的诊断,思辨是普遍史病症最为致命的征兆。另一方面,思辨哲学家对历史的要求有不亚于兰克和赫伊津哈这些历史主义者的敏感。并且,二者之间有大量的交集。想想德罗伊森黑格尔式的深奥概念"道德力"(*sittliche Mächte*)。即便是兰克自己关于西方历史进程的乐观看法最终与它的最大对头黑格尔亦相差无几。因此,历史主义与思辨历史哲学似乎是同一枝干上的枝芽,有着较之通常所以为的远为密切的关联。[34]

要想对辩证法有一个恰当的了解,我们得回到对康德批判哲学的反应。康德著作的影响是巨大的,它令当时的大部分德国哲学家以这样那样的方式认同其先验论。但另一些人则仍然存疑。一些康德的读者对主体与客体间(用当代的词汇表达,即语言与世界之间)无法逾越的鸿沟表示不满,这一鸿沟是由其本体与现象之间的区分造成的。另一些人走得更远,认为在康德的体系中知识在现实中不再具有其基础,从而同意弗里德里希·亨里希·雅科比(Friedrich Heinrich Jacobi)对康德"虚无主义"的

---

[34] 此外,当前以"世界历史"为人所知的观念,注重人类与自然环境的相互关系,明确重新担起思辨历史哲学的挑战。在此,赫尔德的 *Ideen aur Philosophie der Geschichte der Menschheit. Vier Theile* (Riga 1785—1791) 特别有趣。赫尔德的著作如以上所界定,是关于世界历史的。历史主义者和思辨历史哲学家同时都可以将他当作自己的思想前辈。因此,他可以被看作是"树干",其上有两个"芽苞"。由此可见,世界历史让我们回到先于历史主义和思辨历史哲学花开两枝的原点。

第一章 历史主义

谴责（这个词是雅科比引进哲学的）。康德的先验论被认为已然剥夺了我们最起码的确定性的基础。因此，有必要设法将康德批判哲学如此不负责任地（想必也是无意地）造成的鸿沟加以救平。[35]

所有这些都在所谓的泛神论之争（Pantheismusstreit）中画上了句号——这是全部哲学史上最大的争论之一，那个时代几乎所有的德国哲学家都卷入其中。它是由雅科比1785年发表的一本书引起的，[36] 他在书中宣称莱辛在死前不久曾向他承认，他终其一生都是斯宾诺莎的信徒。尽管雅科比作出如此鲁莽言行的目的也许只是想吸引人们的注意力，该书结果引起了巨大的轰动。只要想想莱辛一直被视为德国启蒙运动的教父，而斯宾诺莎则和一个世纪前一样仍然是一个令人讨厌的名字（nomen nefandum）。

最重要的是，在这一背景中有趣的是，许多德国哲学家突然意识到，斯宾诺莎的一元论是主客二元论以及由康德批判哲学引起的相关问题的解。在斯宾诺莎的体系中，主体和客体都是同一实体（神、实体、自然）的表现。这样，这一体系将主体和客体重新联结起来，将康德在二者之间精心构建的不可逾越的障碍再次打破。斯宾诺莎主义最突出的体系之一，弗里德里希，威廉，谢林的思想甚至被描述为"同一哲学"，因为它为主体与客体、心

---

[35] 但是，在对他的著作的批评中，康德对雅科比的批评最为重视。关于康德/雅科比论争的讨论，以及它是如何预示了罗蒂称为"不纯"与"纯粹"的语言哲学拥护者之间的论争，见 F. R. Ankersmit, "Jacobi: Realist, Romanticist, and Beacon for our Time", *Common Knowledge* 14 (Spring 2008): 221—244。

[36] F. H. Jacobi, *Über die Lehre des Spinoza in Briefen an den Herm Moses Mendelssohn* (Breslau, 1785).

灵和自然的"同一"申辩。[37]最重要的是，与大约十年后辩证法的兴起相关的哲学家——弗里德里希·荷尔德林、黑格尔以及谢林本人——在斯宾诺莎主义中看到了对康德主义挑战的有效回应。这就是18世纪晚期斯宾诺莎在德国恢复名誉的背景。

毋需多言，从科学的角度看，斯宾诺莎式一个实体的概念——主体与客体同时包含其中——不如康德式的主客二分显得那么有理。不论从哪个角度看，物理学家与他所研究的原子和分子是一个统一整体中的组成部分这一观念，一如其为琐碎的真，对物理学实践来说也一无所用。因此，反思科学知识本质的哲学家对康德远比对斯宾诺莎同情——不论在细节上他对康德体系会有多少保留。

而在人文主义方面，情况截然不同。可以很有把握地说，主体（历史学家）与其客体（过去）属于同一个历史世界。这一基本的思想是激发从赫尔德、弗里德里希·施莱尔马赫到伽达默尔的所有解释学家的灵感之源泉。只需提及一个方面：在历史探索中，不可能清楚地将主体（历史学家，或在更广泛的意义上，任何生活在现在的人）与客体（过去）分开。想想弗洛伊德的"超我"，在《文明及其不满》中，他感伤地将之描绘成"陷身被占领城市的营垒"。[38]同样，在我们的头脑中都有一些规范、价值、偏

---

37 H. Schippers, "Natur", in *Geschichliche Grundbegriffe*, ed. O. Brunner, W. Conze, and R. Koselleck, vol. 4 (Stuttgart, 2004), 237.

38 S. Freud, *Civilization and Its Discontents* (New York, 1961), 71, 同样的隐喻已被麦克斯·施蒂纳（Max Stirner）用过："新教实际上将人置于被秘室警察控制的城市的处境。探子和告密者，'良心'，窥探心灵的每一跳动，所有思想和行为对它来说都是'良心问题'，是警察要管的事。这一'自然冲动'与'良心'（内心的平民与警察）（转下页）

好、传统这类的东西，我们相信这是我们个性的核心，而同时我们都知道，是"过去"将这些可贵（有时不那么可贵）的东西放进我们心里的。那么，什么是主体（我们）及客体（过去）？在哪一点上一方结束另一方开始？你能确定在哪儿你的超我结束而自我开始？这是说不清的。更糟的是，任何寻找界限的做法恰恰会搅乱它。

这就是为什么斯宾诺莎会一下子成了赫尔德、歌德和那么些其他人的英雄，以及为何斯宾诺莎的公式"万物为一"（εν και παν）会在数年内变成时代的口号，甚至进了学童和大学生各自之间表达感情的诗歌集。更重要的是，它让当时在德国渐渐形成的历史主义拥有了更为坚实广泛的基础，那是维柯"真理就是被做成者"（verum et factum convertuntur）的观念所无法做到的。的确，维柯主张我们只能对自己所造就的东西即历史世界获得真实和恰当的理解，这一教义可以归结为与18世纪晚期斯宾诺莎主义的"同一哲学"相当一致的东西，拒斥任何主体和客体之间不可逾越的障碍，不论它是康德式的或是由新教直觉引发的。但维柯只是遥远那不勒斯的孤立天才，而斯宾诺莎主义则在由康德批判

的撕裂所构成的就是新教徒。"见 M. Stirner, *The Ego and Its Own*, ed. David Leopold (Cambridge, 1995), 82。我们还可以回到亚当·斯密："当我致力于审视自己的举止，用句子描述它，赞成或是谴责它，在这些情况下，我显然可以说是把自己分成两个人；作为审视者的我和法官的我代表的是一个不同于其举止被审视和判断的他我的角色。前者是观察者，通过将自己放在他的处境中，通过考虑当从那个特定的角度看时它对我会呈现为什么样的，我竭力想进入他对我的行为的看法。后者是行为人，是那个我可以称之为本人的人，在观察者的角色下，我正着意对其行为形成某些观点。前者是法官；后者是被评判者。但是，法官无论在任何方面与被评判者会是同一个人，这是不可能的。就像原因无论在哪一方面会是结果一样不可能。"见 A. Smith, *The Theory of Moral Sentiments*, ed. D. D. Raphael and A. L. Macfie (Oxford, 1976), 113。

哲学激起的所有智力漩涡中获得重生。

因此,辩证法是在斯宾诺莎主义的庇护下产生的。辩证法三个主要建筑师荷尔德林(Hoealderlin)[39]、谢林[40]和黑格尔的斯宾诺莎主义是证据确凿的。说到黑格尔,我们会想起他在其《哲学史》中的话:"当一个人开始研究哲学,他必须首先做一个斯宾诺莎主义者。灵魂必须澡雪于唯一实体的空气中,人所关注的一切东西均沉浸在这实体中。"[41] 弗里德里克·贝瑟对黑格尔从斯宾诺莎那里学了什么,以及为什么我们如果不能认识其斯宾诺莎主义就会看不清其哲学系统的主干,有相当明确的表述:

> 黑格尔对斯宾诺莎的一元论十分推崇,因为当二元论在康德、费希特(Fichte)和雅科比那里一仍其旧,它揭示了如何克服它。对斯宾诺莎来说,[他的]主—客统一原则本质上意味着主体性与客体性,思想的与经验的,理想和现实——不论一方如何构成另一方的对立面——不是分别的实体,而只是同一实体的不同方面、性质或属性。[42]

但黑格尔在斯宾诺莎主义中加入了一些最重要的东西,在此我们可以清楚地看到他作为一个哲学家的天才所在。斯宾诺莎的

---

39 关于荷尔德林的斯宾诺莎主义,见 M. Wegenast 相当博学的著作:Hölderlins Spinoza-Rezeption und ihre Bedeutung für die Konzeption des *"Haperion"*, (Tübingen, 1990)。

40 在1795年给黑格尔的一封信中,谢林这样志得意满地宣称:"那时我已经是一个斯宾诺莎主义者!"

41 转引自 E. Beiser, *Hegel* (New York, 2005), 46, 47。

42 E. Beiser, *Hegel* (New York, 2005), 64.

第一章 历史主义

体系仍然是完全静止的。黑格尔拿来这个体系,给了它,这么说吧,巨大的推动,这样一来,斯宾诺莎《伦理学》中纯粹逻辑和无时间的各种联系变成在时间中展开的关系。正是这一修正让黑格尔成为历史上和那个时代最伟大的思想家之一。

有三点可以表明黑格尔对斯宾诺莎体系的推进究竟是什么。第一,他勇敢地扭转了康德对主体与客体,或者说语言与世界的割裂,使之从有缺陷的成为先进的。完全不是默认这些割裂,黑格尔的辩证法大力强调它们之间持续的相互作用。在这一点上,他尽其可能地极端。他要求我们抛弃心中可能存有的关于主体(或语言)追寻对客体(事物、世界)的认识这样的想法。这并不意味着对黑格尔而言认识是不可能的——完全不是这样!——毋宁说他心目中的认识不是"主体关于客体的"那种类型的知识。相反,认识在黑格尔看来是一个**辩证的**过程的结果,是由二者之间的**辩证**法来描述和分析的,这二者被我们可悲却难以根治地倾向于称为"主体"和"客体",我们对这两个词应该随用随扫(sous rature[*])。在黑格尔看来,不存在一方面主体和语言的领域,另一方面客体与物质存在的领域。[43]

---

[*] 根据维基百科,Sous rature 最初是由海德格尔提出的重要的哲学方法,通常译为"抹去"(under erasure)。它涉及在文本中交叉锁定一个语词,但又让它保持原样和明晰性。德里达常使用这个词,用以表明一个词的意义乃是"不恰当而又必须的"。——译者

[43] 此中一个隐含的意思是,这里没有笛卡尔身/心之别的立足之地:"这是黑格尔思想的基本原则,不论主体及其功能是如何'精神性的',它无可避免地是被实体化的;这表现在两个相关的维度中:作为'理性的动物',即一个有思想的活的存在;以及作为表达的存在,即其思维总是和必然地通过媒介表达自己。这一我们称之为必定实体化的原则,是黑格尔精神概念中最核心的部分。"见 C. Taylor, *Hegel* (Cambridege, 1975), 82, 83。

因此，以违反逻辑规则的论据攻击黑格尔的辩证法实属大谬不然。正如查尔斯·泰勒所言，黑格尔青睐"可以被称之为辩证的思维方式，它呈现给我们一些不能用不违反不矛盾律的单一或系列句子来把握的东西"。[44] 对黑格尔来说，思维根本不能切断其与世界的关联——而逻辑则往往如此。根据泰勒的看法，辩证思维对黑格尔来说始终是"及物的思想，事物乃思想的客体，正如将手抬起的意向始终是当你抬起手来时所做事情的一部分。"[45]

其次，对所有关于黑格尔辩证法的理解至关重要的是要认识到，在他获取关于世界的形上真理的努力中，黑格尔总是从概念（Begriff）入手。这与唯心主义无关，与概念在本体上先于事物这一主张无关，而只和这样的事实相关：（1）概念是普遍的而事物是特殊的；（2）我们只能通过前者通达后者。在此我们也不应将概念的普遍性与普遍或一般真理联系在一起，而应与（康德式的）"无条件的"联系起来。也就是说，概念的普遍性在于其完全的自足性，它不依赖于自身之外的任何事物以获得对它自己的恰当表

---

44 见 Taylor, *Hegel*, 80。

45 "思想与其借以运行的规定性（思维规定或范畴）并非主体君临与对抗世界的领地，而是居于事物本身的根基中。"见 Taylor, 225。正是在这里，波普尔对（黑格尔）辩证法的著名"驳斥"是对后者的漫画化。波普尔首先宣称（1）假如"p"是真的，"p 或 q"同样也是真的（在此，q 可以是任何你喜欢的命题）。进而，以"p 或 q"替换（1）中的"p"，由此得出（2）"p 或 q 为真，而 p 不是真的"，由此可得（3）"q 为真"。所以，在辩证法的基础上，你可以"证明"任何事情为真，这显然是荒谬的。见 K. R. Popper, *Conjectures and Refutations* (New York, 1968), 319。关于辩证法另一类似的误解，见列夫（G. Leff），*The Tyanny of Concepts* (London, 1969)。列夫指责辩证法思想家，尤其是马克思说实在物相互"矛盾"是混淆了语言和实在。列夫宣称，只有**概念**才会相互矛盾。可是，他忽视这样的事实，所有辩证法都是从抛弃我们通常所以为的世界／语言（二分）体制入手的。

达。[46]这是概念的焦点,是它竭力追求的东西;正是这要求它将自身之外,与之异在的所有东西排除在外。引进事物的外在联系将无可避免地歪曲概念,使我们对事情的本质陷入盲目。概念中所包含的世界和事物必须被视为"绝对",也就是说,必须被看作"在它们自身之内"的存在。[47]"理性必须这样把握每一事物,仿佛它就是整个世界,在此之外无物存在"。[48]只有这样(辩证)理性才能把握形上真理与本体必然性。[49]正如黑格尔本人在《精神现象学》导言中所说的那样,"真理因而是所有出席者无不沉醉其中的酒神盛宴:由于每个人一旦置身其外即失据消隐——整个的这场盛宴是为透明的和单纯的静止。"[50]

只有通过认真追寻事物之概念的引导,以及让自身被贝瑟所说的概念的"自组织""内在必然性"或"固有的运动"所引

---

[46] "但黑格尔自身关于无限或无条件的概念完全是内在的。"见 Beiser, *Hegel*, 55。

[47] 对此的最好示范也许可以在任何关于黑格尔辩证法本身的阐述中看到。就像泰勒说的,"黑格尔哲学中有些东西让人不可抑制地想起明希豪森(Baron Munchhausen)"(Taylor, 101)。这就是说,当你开始论述黑格尔,最好是先从黑格尔某个隐晦的口号开始,然后看看它在哪些地方得加以修正,接着考虑在哪里这些修正本身得加以修正——如此无穷进行下去。这就是我们可以称之为的"辩证经验",在此我们有可能辨识出黑格尔哲学的崇高与不可超越的宏伟。在此,它再现了某些对于人类境况十分根本的东西:生活(以及历史!)就是这么回事。

[48] Beiser, *Hegel*, 61.

[49] "是的,就超越形式逻辑走向先验逻辑而言,康德不无可赞之处。但这全被他的局限给弄坏了,因为他把结论局限于我们认识的世界(与世界本身相对立)。黑格尔致力于给我们一个先验逻辑,它同时是本体论的。"见 Taylor, 227。通过消除主体/客体之间的分裂,黑格尔成功地从语言的领域中将必然性引进世界本身。"借助于必然性,黑格尔的论证与对事物存在基础的关注相一致。这是**本体的**必然性。"见 Taylor, 99。

[50] 转引自 Taylor, 108。

导,[51]理性才能在这一形上真理中获得。或者如贝瑟还说过的,"辩证法即那从事物的概念中出来的东西。"[52]

事实上,这回答了前边提出的黑格尔是如何成功地将运动引入斯宾诺莎体系的问题。在概念中就有令其运动的"内在的必然性"。[53]在此,我们同样必须避免将黑格尔的"概念"处理为心灵实体的念头,通常我们往往将这个词跟心灵实体联系在一起。对黑格尔来说,概念栖于(我们称之为的)观念与事物二者的领域中。用泰勒的话说,"思想与其借以运行的规定性(Denkbestimmungen,思维规定或范畴)并非主体君临与对抗世界的领地,而是居于事物本身的根基中"。[54]

假定我们居然成功地中止了这一"运动":也许它自动到达一个终点,或者是在自我发展的某个阶段止步。在这种情况下,关于概念的黑格尔式范畴将变成众所周知并信赖的主体(语言)与客体(实在)的领地,其关系典型地被固定在真值语句中。进而,回想起来,这一实在的确在黑格尔的概念王国中有其前身——虽

---

51 在此也许有关于莱布尼茨单子论的隐晦提示?

52 Beiser, 61.

53 "概念的延续不再是转至他者亦非显现成他者,而是发展,方法是直接同时把有别者设定成彼此同一者且与整体同一者,设定确定性为整个概念的一种自由存在。理念是自在自为的真,是概念与客观性的绝对统一。理念的思想内容无非是有确定性的概念;理念的真正内容只是阐述概念,概念以外部定在的形式赋予自己以阐述(表现),而且这种形态包括在概念的观念性中,在概念的威力中,所以包含在理念中。"见 G. W. F. Hegel, *Enzyklopaedie der Philosophischen Wissenschafter im Grnudriss* (1830; repr., Hamburg, 1991), 151. "发展在理念中达到顶点:理念是自在自为的真,是概念与客观性的绝对统一。理念的思想内容无非是有确定性的概念;理念的真正内容只是阐述概念,概念以外部定在的形式赋予自己以阐述(表现),而且这种形态包括在概念的观念性中,在概念的威力中,所以包含在理念中。"同上书,第182页。

54 见 Taylor, 225。

说在那个阶段上总是处于随时被扬弃的状态。因此，我们不应试图由前此所述得出推论说，如真值陈述中所描述的那样的实在现在突然从虚无中被创造出来。相反，我们可以想想糖水在温度降低后的溶解度曲线上方凝结的情形。在这一意义上，你也许可以谈论黑格尔式（或表现地使用的）"热"语言与笛卡尔式"冷"语言的对峙——在此，黑格尔通常将前者与理性（Vernunft），后者与知性（Verstand）概念联系在一起。

辩证法家在此常常说到"物化"（reification）。这个词的意思是明显的：由辩证的王国向笛卡尔王国的转换导致"物"的诞生，它们与语言处于这样一种关系中，于此不再有历史的余地。物化是去历史化的当下的经验主义的意识形态，这种当下是懒惰心灵的流连之处。更准确地说，这一懒惰心灵也许跟现代商人和银行家一样忙活，但这给他带来的只是可疑的知性之果而绝不可能是充满生机的理性之果。这于是成了黑格尔所说的"恶无限性"（schlechte Unendlichkeit）的牺牲品，在此，量的变化代替了质的演化。辩证法终止了，时间趋于静止。

这让我来到了第三点。与大多数赞成对康德的斯宾诺莎式反对的人一样，黑格尔乐于赋予自然一个与其在斯氏《伦理学》中同样显要的地位，但有一个重要的保留：18世纪晚期的斯宾诺莎主义者们坚定地拒绝斯宾诺莎"更为几何化"的做法，以及他关于自然的机械论与决定论的观念。[55] 他们用明显是有机主义的自然

55　康德在这个问题上应该会有保留地表示同意；想一下他在第三《批判》里所说的，关于一片草叶的生长，永远不可能有它的牛顿。康德在此还小心地补充道，我们只有对自己创造的东西才能有彻底的了解，由此在他本来相当反历史主义的思想中不期然引进了维柯著名的历史主义命题：真理即创造。

概念代替了斯宾诺莎的自然:

> 有机论的世界观看起来急切地向 18 世纪末整个一代思想家呼吁。有机论范式的巨大吸引力在于,它似乎通过依照单一的范式解释心灵的与物质的东西而支持自然的同一性与连续性。这似乎是在实现自 17 世纪以来所有科学长期追寻的理想:关于生命和心灵非还原论然而却是自然主义的解释。有机范式是非还原论的,因为,它通过表明每一事物在整体中的必要作用而对它们提供一个通盘的解释。有机范式同时是自然主义的……因为它依照规律理解所有事情,在此,这些规律是整体性的而非机械性的。[56]

因此,与当时的思想潮流相一致,黑格尔"激活"了斯宾诺莎。他赞同引用亚里士多德的形式因和目的因来描述这一被激活的自然;他在自然中分辨出隐得来希原则——他称之为"理念"[57]——

---

[56] Berser, *Hegel*, 85, 86. 在此,贝瑟与扎米托德国唯心主义的基本特征相一致:"他们不想否认绝对者的生命与存在,而是把**生命**自身领会成一与全(一切的统一)。由于年轻的唯心主义者以为斯宾诺莎关于原始本质(Urwesen)的设想更为内在地与存在者的世界融合,他们把一个绝非无生命的绝对者与通灵的自然合一。自然对他们而言不仅是单纯的物质,自然是鲜活的。"见 J. Zammito, "Die Ursprünge des deutschen Idealismus", in M. Heina (Hg.), *Herder und die Philosophie des des deutschen Idealismus* (Amsterdam 1977), 128。

[57] 在此,黑格尔的论证与早期历史主义者如兰克和洪堡所主张的所谓历史理念的教义有惊人的相似性。贝瑟在探讨黑格尔的亚里士多德主义时评论道:"如果我们记住黑格尔的亚里士多德式的理念概念,则其唯心主义具有本质上的目的论意味。声称每一事物都是理念的表象意味着它竭力追求去实现绝对理念,或者说每一事物的运动都是为了一个目的,那就是绝对理念"(见 Beiser, *Hegel*, 67)。这完全抓住了历史主义关于历史理念的概念。此外,关于黑格尔"观念"与"理念"概念的关系,见该书第 23 页脚注⑤。历史主义关于历史理念的概念可以看作是这二者的整合。

第一章 历史主义

它们追求其自身的实现,并且他将这些原则视为自然和生命与人类历史场域之间的中介(trait d'union)。

这清楚地说明了黑格尔和历史主义者实际上有多么接近。因为,我们不会不注意到他们各自在理念概念的使用方面的相似性。对二者而言,理念乃准亚里士多德式的隐得来希,运行于语言与世界之间含糊的居间地带,思辨哲学家或历史学家必须把握其本质以理解过去。历史认识是关于理念的认识。因而,贝瑟说:

> 追随亚里士多德对柏拉图的批评,黑格尔认为,普遍的东西只存在于物中,在具体事物中。作为内在于事物中的形式,作为具体的普遍性,"普遍者"在亚里士多德的语言里,乃是事物的形式因—目的因。形式因存在于事物的实质或本质中,它使事物是其所是,目的因乃物体力图实现的目的,是其发展的目标。[58]

在这两种情形中,斯宾诺莎式的同一哲学给予理念以哲学上的尊荣。因而,历史主义显然从来就不是与黑格尔(及其他思辨历史哲学家)势不两立的。进而,我们只须回忆围绕"文艺复兴"或"冷战"这样一些观念的史学论辩就会看到,这样的论辩由于典型地将言说过去与对相关历史观念的言说不可分割地混在一起,最好地阐明了黑格尔与兰克派历史主义者双方视为历史著述核心的东西,以及将二者与试图理解过去的当代历史学家联系在一起

---

[58] Beiser, *Hegel*, 67.

的纽带。历史理念概念将三者统一起来。

然而，以黑格尔为一方，历史主义者和当代历史学家为另一方，彼此之间亦存在深刻的区别。黑格尔不但将历史本质化；他还将历史**理性化**。理性内在于本质中；如同约翰·扎米托所说的："本质不但是世界中活生生的力，而且还是最高的原则。她是内在的理性。"[59] 我们在此看到黑格尔向斯多葛"逻各斯哲学"的回归，以及他气派地将康德批判哲学的全部努力抛进垃圾箱。[60] 在斯多葛主义和17、18世纪自然法哲学中，理性有两个而非一个（即人类心灵）栖息地。在斯多葛派的"logoi spermatikoi"即"逻辑种子"确保客体在世界中的理性和可预见行为这一意义上，理性被认为呈现在世界本身中。我们丢下东西时它们不会猛地往上飞向天空，这就是黑格尔所说的"客观理性"（客观精神）。但是，同一个理性亦呈现在我们心中，从而让我们能够弄清自然的秘密——在此它是"主观理性"（主观精神）。这是黑格尔版的同一哲学：主体和客体是统一的，它们都是理性的展现；所以，理性是那支配我们所说的"主体"和"客体"（重申一遍，它们也是随用随扫的）辩证相互作用的东西。

所以黑格尔会对历史哲学有如此庄重的宣示："哲学带给当代历史思考的唯一思想，就是质朴的理性概念：理性是世界的主宰。"[61]

59　Zammito, "Die Ursprueange des deutschen Idealismus", 128, 另见 pp. 130, 131。

60　贝瑟这样写道："令人震惊的是，黑格尔对老的理性主义赞誉有加，完全是因为它认定思维在其自身中可以把握实在；在这一方面，他甚至认为，它比康德批判哲学层次更高。"见 Beiser, *Hegel*, 55。

61　G. W. E. Hegel, *The Philosophy of History*, trans J. Sibree (Kitchener, 2001), 22.

不论你对黑格尔关于世界历史的理性化——他在其《历史哲学讲演录》第二到第四卷超过100页的篇幅中对此有详细的阐述——有什么看法，无可否认的是，所有这一切都完全在黑格尔斯宾诺莎主义的范围内：哲学反思会引导我们走到主客观理性的斯宾诺莎统一。理性是被历史化了，但却从未超出斯宾诺莎一元论的范围。

但是，对历史主义我们却**没法**讲述这样一个令人满意的故事。理由是，历史主义最终抛弃了斯宾诺莎走向康德。伽达默尔在其《真理与方法》涉及兰克、德罗伊森和狄尔泰的章节中对此有很多论述。狄尔泰本人在论及他的前辈兰克和德罗伊森时对问题早已有过正确的诊断："他们没有追溯历史学派以及从康德到黑格尔唯心主义的认识论预设，从而认识到这些预设的不相容性，而是将二者不假思索地弄到了一起。"[62]

也就是说，早期历史主义者本身并没有意识到，他们对历史世界的斯宾诺莎式理解——这对黑格尔的思辨历史哲学仍然是一个激励——和他们那康德式的真正"历史科学"的观念是不搭调的。[63] 这一直是他们的真正弱点，对此，伽达默尔试图加以纠正：

> 这一目的本身显示出他从思辨唯心论的后退。它给出了一个完全是从字面上去理解的类比关系。狄尔泰想说，历史理性要求像纯粹理性一样的合理性论证。《纯粹理性批判》的划时代成就不仅是摧毁了作为世界、灵魂和上帝的纯粹理性

---

[62] 引自 H. G. Gadamer, *Truth and Method*, trans, J. Weinsheimer and D. G. Marshall, 2nd ed. (New York, 2003), 219。

[63] 对此，我们可以补充一句，在大量当今关于历史写作的反思中，这仍是个盲点。

科学的形而上学，同时，它还揭示了一个领域，在此不仅可以合法地使用先验概念，并且使认识成为可能。[64]

我们可以用明克的普遍史概念对以上内容加以重述。在黑格尔的思辨唯心主义中，关于历史的辩证和理性反思将产生关于过去的理念，正如在他的普遍史概貌中所勾勒的那样。从纯粹哲学的角度看，这样做是没什么问题的。历史主义者从思辨哲学中采纳普遍史的观念，甚至肯认其理论阐述是一切历史写作的最高目标。[65] 他们同样赞同思辨哲学的历史理念概念，但在这样做的时候忽略了普遍史与历史理念均属哲学、思辨概念这一事实。他们因而毫不犹豫地将它们投射在过去本身中，并进而提出关于它们的

---

[64] Gadamer, *Truth and Method*, 219.

[65] 同样的，对于兰克来说，唯有普遍史能呈现给我们一个完美和彻底理解过去的正确视野。"我自己对上帝——假如允许这样评论的话——是这样想的：上帝（因为在上帝面前不存在时间）是在人类整体中通观整个历史的人类，并且发现任何人都具有同样价值。"他还有以下的评论："此处，无限知性（intellectus infinitus）的理念被重塑成历史公正的原型，对无限知性而言，一切都是同时存在的。"见 L. von Ranke, *Weltgeschichte*, vol. 9 (Leipzig, 1883), 4ff。（此处汉译参考了洪汉鼎：《真理与方法》中的中译文。商务印书馆，2007，第290页。——译者）兰克的直觉与路易斯·明克的"构形理解"惊人相似，在明克看来，历史主义正是借此赋予过去以意义："对时间性延续的把握意味着同时在两个方向上把握它，这样，时间不再是我们被裹挟其中顺流而下的江河，而是从高空中鸟瞰所见之河，水流在顺逆两个方向上瞬间尽收眼底。"见 Mink, *Historical Understanding*, 57。在此，甚至上帝也进来了。因为，明克在另一处论及构形把握时写道："波爱修斯（Boethius）在关于总体的另一形象中将上帝式的全知表述为**永恒**（totum simul），在此，时间中的所有瞬间在单一神圣的视角中同时当下呈现——历史就像风景一样对我们展现为一全景图。"见同上，38. 史学文本可以被认为给予我们这一瞬间创造成型（omnia simul，兰克）或是永恒（totum simul，明克），这进而解释了史学文本为什么永远不能仅依过去本身决定，因为后者根本不具有这样的性质。以及为什么过去不能被看作"非言说的故事"。关于这一点，详见第二章第五节。

第一章 历史主义

可靠历史认识是如何可能的认识论问题。哲学上的问题因此非法转换为史学问题。狄尔泰虽说比他的历史主义前辈更多意识到问题所在,却仍然止步于做完全一样的事情。当他用先验解释学替换历史主义者的认识论问题,他只是将问题换了个说法,却没有解决它。

具有讽刺意味的是,作为到今天为止所有历史理论中最完美的历史主义,却是这样出自哲学上的混淆:出自将内在思辨的理念概念投射在过去自身中,从而出自探寻关于一个思辨概念的经验性历史认识。令这一讽刺更为刺眼的是,辩证法本身不能被责以哲学上的混淆,因为它始终尊重从斯宾诺莎主义的历史化中所引出的结论的一致性。然而,它似乎已变得与当代关于过去及历史著述的反思没有关系。黑格尔的思辨辩证法让我们想起维特根斯坦式用过即撤的梯子,其作用只是给历史主义者提供理念概念,这对历史实践极其富有成果,虽然历史主义者们事实上误解了这一术语的原始含意。这是思想史有时展现给我们的那种"创造性误解"的好例。

但是,不论历史理念概念的祖先是如何令人生疑,它对我们恰当理解历史著述仍然是不可或缺的。这是历史主义留给后来所有历史哲学的遗产,忽视它的话,所付出的代价是执迷于科学主义的梦幻。普遍历史和历史理念不应再被看作是思辨思想的产物,也不是有待于被历史探究的过去实体。相反,它们只存活在历史表现中。最大的讽刺是,它们在此就像理论之于科学一样是不可或缺的:因此,科学主义的历史哲学家应该比它的历史主义同行更加热诚地珍视历史理念!

七　结语：历史主义与语言哲学

历史哲学有其文学转向，但尚未有其语言学转向。[66] 当然了，明克是一个例外。但是，由于其过早逝世，包含在他的见解中的承诺从来没有被兑现。的确有许多理论家表达了他们对明克观点的同意，但几乎没有人真正意识到其观念的革命性意涵。他们从来没有意识到，明克在史学中对普遍史的公开谴责和奎因在语言哲学中所做，并在戴维森对概念图式观念的攻击中达到顶峰的事是一样的。二者的批判将一直以来被当作为语言和实在提供了某种共享的背景的所有框架清除干净，依照这一框架，它们之间的认识论关系可以被界定。

为恰当把握这些革命性意涵，我们可以回到罗蒂。我们已经看到，罗蒂意识到在海德格尔对新康德主义认识论传统的攻击与奎因、戴维森语言哲学的反认识论后果之间的平行关系。在《哲学和自然之镜》中，[67] 罗蒂由此得出在我看来是正确的结论，指出海德格尔从他的老师文德尔班和李凯尔特那里继承下来的历史主义可以很好地被当作盎格鲁风语言哲学的一个新出发点，由此可以描画出迄今为止尚未被开发的新疆域。为使这一构想成为现实，语言哲学家们应该将史学文本当作他们哲学反思的对象。但是罗

66　关于这一表述的讨论，见第六章第四节。

67　以及 R. Rorty, *Consequences of Pragmatism* (Sussex, 1982), chap. 3。

第一章 历史主义

蒂绝不会这么做。部分的理由是,作为其主要指南的海德格尔由于其对人类个体排他性的狭隘关注而预先屏蔽了任何真正的历史向度。对海德格尔最有名的门生伽达默尔来说,情况也是一样。罗蒂在《哲学和自然之镜》的结尾部分对他曾经有过讨论。和盎格鲁—美利坚的解释学不同,基于其对人类行为的先入之见,伽达默尔解释学主要探讨的是文本的阐释。这同样导致将我们的注意力限定在个体(写、读及文本阐释)上。所有这些可以解释并且部分地证明以下这点的合理性,即罗蒂为何似乎很快失去对海德格尔、伽达默尔和整个历史主义问题的兴趣。

然而,罗蒂在某一点上置于其议程中的那些问题仍有待处理。他正确地指出,由奎因和戴维森例示的英美语言哲学正不可阻挡地走向历史主义。只有正视这一事实,语言哲学中才可望产生新的有意思的成果。而同样重要的是,历史哲学应当远比目前更多地意识到历史主义传统在哲学上的丰富性。如果他们可以让自己重新发现这一传统,回报是,其学科将在哲学领域中扮演与在前一世纪开初同样的核心角色。

而这就是我在本书以下部分试图做的事。我将把兰克和洪堡一支的历史主义转译为更为现代的哲学词汇。这将使我们领会关于语言与世界关系的一些最根本的问题,这些问题自戈特洛布·弗雷格以来的语言哲学从未讨论过。

第二章 时间

一 引言

在前一章中我们看到,根据历史主义的观点,事物的性质、本性或身份均系其历史。19世纪早期受历史主义影响的史无前例的思想革命赋予人类存在的所有方面以时间性维度,它甚至直到今天还给我们关于自身与世界的理解带来不可逆转的复杂后果。历史主义在时间中推出所有东西,就像在空间中你可以用擀面杖碾出张馅饼皮。一切事物现在都被看作服从于时间中的发展。而历史学家庄严而崇高的使命是证明,从这一新发现的、本质上**时间性**的视角看,我们的世界是什么样的。时间是历史主义最基本的范畴,并且,不论是否拥护历史主义,历史学家都绝不会希望对时间在历史写作中的作用提出异议。

由此会有这样的期待:时间问题在历史主义传统中吸引了很多关注,但是,哪怕只是随便检索一下主要的历史主义史家所写的关于历史著述的论著,这一期望立即就会落空:他们无尽地谈论成长、发展、有机进化、遗传力、具体时代的独特性、命运与偶然等,却几乎从来没有同样谈及时间概念。[1] 看上去似乎时间概

---

[1] 我所知道的唯一例外是本书第一章注释65提及的兰克关于时间的观点。当然,有许多历史哲学家讨论过时间概念。

念本身始终就嵌在我们刚刚提到的那类概念中,没有人感觉到有将时间从它们中仔细剥离出来的挑战。就在他2006年逝世前不久,始终保持与历史主义最密切联系的20世纪晚期德国历史哲学家莱因哈特,科泽勒克发表了题为《时间诸层次》的论文集,[2] 有人会期待他至少在书中某处给出关于时间的全面分析。但是,虽说在不同的上下文中时间概念被相当频繁地提及,却从未给出关于时间的实质性分析。我们在此想起维特根斯坦的话:"在世界的哪个地方形而上学的主体被注意到?你会说这完全就像眼睛和视野的情况,但你并没有真的看到眼睛。在视野中根本没有什么东西可以告诉你这是从一双眼睛中看到的。"[3] 这看上去就像历史写作中的时间:历史主义从时间的视角看一切——可看起来恰恰是这一点使得对时间自身的言说成为不可能。

这表明了在这一章中我的论证安排会是什么。我将试图解释,为什么历史主义的历史学家在史学和时间话题上兴趣缺缺基本上是正确的。我会通过讨论一些历史哲学家——丹托、明克、卡尔、利科和鲍姆伽特纳——对时间(和叙述)说过些什么做到这一点。在以下的论证过程中,我将从三个不同方面阐释时间:(1)作为康德式的先验范畴,(2)作为编年时间(或"钟表时间"),以及(3)作为体现在人类历史性中的("生命时间")。我们将会看到,在这三种形式的时间中,时间对历史写作而言都没有什么重要性。

---

2 R. Koselleck, *Zeitschichten. Sutdien zur Historik* (Frankfurt am Main, 2000).

3 L. Wittgenstein, *Tractatus logico-philosophicus*, trans. C. K. Ogden (London, 1922), sec. 5. 633.

让我把话说得更直白些。我希望能表明，明克关于时间在历史研究中的功能恰恰就是使它自己成为隐形的说法是正确的。时间在历史写作中当然是有其作用的，但这作用与其说是**积极的**不如说是**消极的**——这可以解释为什么对它的注意如此之少。在对这一多少有些吊诡的结论加以论证之后，我将转到先验主义的路径。但我的方式与康德的不同，而是探讨鲍姆伽特纳富有价值的建议，将"叙述"看作历史认识可能性的先验条件。虽然我将避免陷入其先验主义，他关于叙述的概念接近于本书后边将要探究的表现概念。

二 作为先验概念的时间

我说过时间是历史研究及其探究对象的重要组成部分。史学研究事物在时间中的发展。形构这一直觉的方式之一是把时间视为（康德意义上）历史认识可能性的先验条件。

在康德看来，空间与时间作为"纯粹"概念本身不含有任何经验内容。但是，只有当我们根据这两种"直观形式"赋予经验实在以形式，关于实在的可靠经验认识才成为可能。认识总是关于时—空实在的认识。正如康德在《导论》中以对他来说少见的清晰方式所表达的那样："空间与时间是纯粹数学的全部认知及判断建基其上的直观，它们同时是确定无疑的和必然的……然而，这一先验直观能力与表象的内容——即对表象的感知无关，因为感知涉及经验，而与表象的形式——即空间和时间有关。"[4]

4　I. Kant, *Prolegomena to Any Future Metaphysics*, trans. and ed. Gary Hartfield (Cambridge, 2004), 34, 35.

第二章 时间

继续这一先验主义的论证，我们可以接着说，在康德看来，所有历史，一切关于过去的认识仅因为时间直观形式才成为可能。由此可见，时间对历史写作来说不是偶然的概念：它的确是所有历史认识可能性的条件。没法设想比时间和历史写作的关系更强和更内在的联系。

然而，对这一先验主义的思路，有两点反对意见。第一，康德本人一点也没有以他的先验感性论给出关于历史认识可能性的先验说明的意思。他感兴趣的是运用数学于我们对世界和自然科学的理解。作为启蒙运动的典型代表，他对历史写作既无兴趣亦乏尊重。他的论述与历史研究毫无关系，却致力于为诸如天文学、地质学以及康德尤为萦怀的牛顿力学这样的学科奠定认识论基础。32 时间在力学中扮演一个关键的角色，在此它出现在大量公式中。这该已经让我们警惕。因为，正如斯宾格勒极其敏锐地观察到的那样，康德的时间概念关注的是"一个可以在 t^2，$\sqrt{-t}$ 这样的形式中被数学地表达的'时间'，据此，零值时间或负值时间的假定至少说没有被排除在外。显然，这是某种完全在生命、命运和活的历史时间之外的东西。"[5] 换言之，不是所有时间都是历史时间。

我的第二点反对意见涉及作为认识形式的史学。历史认识或历史见解总是体现在史学文本中。在此我特意强调史学文本，而非包含其中的各单一陈述。一切历史书写的主要问题，以及我们在关注历史认识时所欲解决的问题都是选择问题。这是关于哪些

---

5 Oswald Spengler, *The Decline of the West: Form and Actuality*, trans, C. F. Atkinson, vol. 1 (New York, 1946), 124.

真值陈述被纳入我们关于过去的说明中的问题。对于历史学家来说，其主要的困难不是给出关于过去的真实陈述。这是一个相比较而言容易做到的事情，虽说它本身当然也包含自己的挑战。更难对付的是在所有可知的真值陈述中如何选出适宜的陈述。在历史写作实践中，尤其是在史学论辩中，真值陈述因而应当被看作是原子而非分子：我们可以说并不看"进"它们。在构成史学文本的陈述中你总是会看到时间的指示（例如，"法国大革命于1789年爆发"），并且因此可以说是处在"原子"水平上。可能有这样的反对意见，说这些句子层面的原子在史家文本层面上是编年地联系在一起的——因而时间顺序同样发生在文本层面。的确，历史可以这样写。在这种情况下，我们谈论的是编年或年鉴（在下一节里我将详说这些概念）。但是，现代历史写作不再采用编年或年鉴的纪年顺序。其含意是，时间在历史研究中可以只有些微的意义。而这意味着先验主义选项的终结。

三 作为钟表时间的时间

时间在哲学上是那些最大的谜题之一。从奥古斯丁《忏悔录》中著名的说法开始——他就说过，时间是如果别人不问他倒知道的事情——哲学家们试图理解这个概念的努力极其乏善可陈。然而，在钟表时间中，我们有一个从哲学的观点看相当没问题的时间概念。钟表时间简单说就是那种我们在时钟上读出的时间。60分钟一小时，24小时一天——以及由此而来的星期、月份、年、数十年到数世纪。钟表时间是依客观可感的物理或宇宙现象界定的。

对历史研究来说，钟表时间的意义是什么？我们可以通过对纪年或编年史的思考回答这个问题。海登·怀特将圣加仑的编年史当作纪年的一个例子（因而，在这个词的确切意义上，它们不属于编年史）。怀特引用了如下的段落："722，大丰收；723，——；724，——；725，撒拉森人第一次到来；726，——；727，——；728，——；729，——；730，——；731，神圣的贝打（Beda）逝世；732，卡尔于星期六在波义梯尔反抗撒拉森人。"[6]

如例所示，纪年或钟表时间在此构造了历史叙述——假如我们首先愿意谈论历史**叙述**的话。这在很大程度上对编年史来说也是一样。与纪年一样，编年史亦按年编写，但它们并不局限于单纯大事纪式的说明。编年史在一点上跟纪年不同，它通常集中于某些特定的历史实体，如修道院、城市、政权或者国家。编年史因而具有纪年所不具备的一种连贯性。第二，编年史较之纪年更进一步，它尝试给出个别历史事件之间的联系。

海登·怀特正确地指出，我们不应该从当代历史书写的角度蔑视纪年或是编年史。在千年前的那些欧洲社会中，引人注目的是其政治或体制聚合程度的低下，个体跟依赖于其同伴的行为一样仰赖于无常的自然，纪年与编年史可能恰好是说明过去的最有意义的方式。时间和历史那时就是这样被经验的：一件糟糕的事

6　H. White, *The Content of the Form: Narrative Discourse and Historical Representation* (Baltimore. 1987), 8.

接着一件糟糕的事。此外没有更多可说的。更重要的是,纪年或编年史在客观性、真理和实在性方面并不低于当代史学。事实上,与我们从兰克以来的历史著述中发现的常常是繁复和纤细的理论建构相比,它们在这些方面并不逊色。

然而,今天没有一个历史学家会采取纪年或编年史的立场。与现代历史写作相比,二者均缺乏闭合感,一个开始与结局的结构。它们亦不像现代历史著述那样成功地衡评与阐释历史资料。因而,即使是编年史中的杰作——这无疑是有的——在当代读者眼中也显得奇怪的草率。笔触如波纹在时间的水面上平缓流动,根本没有一个对过去事件的全局总揽。它缺乏"眼界"。文本在此不是一个网络而是一条线,从来不考虑提出关于深度、视野或连贯性的建议。引用怀特的话,纪年或编年史算不上"真正的历史,至少对晚近的评论者而言,是由于以下两点。一、话语顺序按编年顺序;它依事件发生的顺序展示事件,因而,不能提供叙述学主导的描述所能提供的那种意义。二、大概由于话语的'编年'顺序,其描述只是简单地说到那时为止而不是结束了"。[7]

总之,纪年和编年史没有成功地将意义赋予过去。富有意义的历史阐释恰恰是现代历史书写的目的和功能,单纯钟表时间的编年顺序对此并无助益。因此,钟表时间同样也被排除在历史书写构成性范畴之外。

---

7 H. White, *The Content of the Form: Narrative Discourse and Historical Representation* (Baltimore, 1987), 7.

四 作为历史性的时间（生活的时间）

到现在为止我已经可以说"迷失"了两次。我对先验的时间概念期望过高，因为它同样可以成为史学研究之外学科的认识论基础。我对钟表时间则期望过低：编年钟表时间只对纪年和编年史有价值；它对现代历史写作没有真正的意义。不过，当代历史理论提供我们第三种尝试。

我所想的是保罗·利科的《时间与叙述》，以及尤其大卫·卡尔的《时间、叙述和历史》（1986），还有他后来发表的文章，在这些文章中，他的主要命题得到进一步的详细展开。[8] 从书名上看就很清楚，时间在二者的这些著作中是中心论题。更重要的是，二者的著作都可被置于现象学的传统中。现象学意在就世界如何向我们显现给出最大限度无偏颇的、准科学式的描述，把日常生活经验当作其出发点。埃德蒙德·胡塞尔指出，这一出发点既不应等同于经验主体（因为这将不可避免地导致某种唯心论），也不应等同于被经验的客体（这将导致某种经验论）。胡塞尔希望由此能避开甚或超越在唯心论与实在论之间迫不得已的抉择。自胡塞尔之后现象学普遍关心的始终是强调所有现象学经验的时间性或历史性。对于利科和卡尔来说，这是他们的出发点。他们的基本观念是，经验的时间性不仅适用于个体经验世界的方式。相反，

---

8 P. Ricoeur, *Time and Narrative*, trans. Kathleen MacLaughlin and David Pellauer, 3 vols (Chicago 1984—1988); D. carr, *Time, Narrative and History* (Bloonington, 1986).

他们认为，在个体经验的基本层次，群体或集体的层次（例如，国家或民族），以及最后历史书写的层次上，时间始终扮演着一样的角色。

很难将利科关于时间的论述与他三部曲中探讨的其他论题剥离开来，这些论题与我们当下的语境无关。而卡尔则专注于时间，因此，为简省与清晰计，我将讨论卡尔的书而非利科本来更深刻和令人印象深刻的著作。

卡尔的论证分两个步骤。第一，他想要表明，时间对描述个体经验与行为是一个根本的范畴（卡尔在此可以援引其现象学前辈）；第二，他希望证明刚刚提及的时间和历史性在个体、群体及历史书写中所扮演角色的连续性。第一步是最容易的。卡尔在此追随胡塞尔这样的观点：经验总是预设对过去的记忆（"滞留"）与对未来的预期（"延展"）。借助恰当的隐喻，卡尔将经验比喻为听一段旋律的经验：要辨认出一段旋律，我们必须不仅听到片断的音符，而且记得我们已经听过的，对尚未听到的有特定的预期。换句话说——这一构想对卡尔非常重要——我们的生活经验本身已然具有**叙述**结构。时间性与叙述性是两个紧密关联的概念，并且，它们是卡尔的所有论证赖以支撑的两根支柱。他一次次地重复，我们不但在关于（过去）实在的历史叙述层面上遭遇叙述性和时间性，它们同样是实在本身相关方面的一部分，这就是说，是生活本身的一部分。卡尔说，叙述性和时间性不是"覆盖在其他东西身上的文饰，而是内在于人类经验和行为的结构"。[9]

9　Carr, *Time, Narrative and History*, 65.

第二章 时间

第二步是更具挑战性的。它涉及叙述性和时间性对集体及其历史是否与对个体一样重要。换言之,是否有叙述的社会时间这回事,它提供一个与个体生活经验的结构相一致的结构?在一个平衡与公道的分析中,卡尔得出结论,胡塞尔、海德格尔以及阿尔弗莱德·舒尔茨(胡塞尔的一个追随者)试图由个体到群体的论证是不成功的。[10] 为了对治他们的短处,卡尔现在转向黑格尔,尤其是黑格尔主—奴关系的辩证法,通过亚历山大·科耶夫和他的法国马克思主义门徒(以及最近的弗兰西斯·福山),它被弄得很出名。黑格尔声称,主人只有当他被奴隶承认为主时才成其为主人。在更普遍的意义上,我们承认自己,第一次成为我们之所是,也是在且通过别人的承认(中)实现的。在卡尔看来,黑格尔所定义的承认是个体在特定社会组合中整合进集体的模式。集体因而不是单纯分离和原子化的霍布斯式个体的总和。相反,个体是依群体及存在于群体中的承认模式界定与阐释自己。这意味着——这是卡尔所感兴趣的——幸赖承认的机制,在个体与群体间存在着连续性。在卡尔看来,这一连续性意味着,叙述性与时间性既是关于个体的范畴,同样也是关于群体的范畴。群体的叙述性及时间性结构首先是在历史叙述中形成的,人类在此讲述自己的故事。

总之,根据卡尔的观点,对于过去实在本身以及对此的历史叙述,时间都是重要的范畴。时间建构人类个体和群体的行为。时间决定所有历史叙述的结构,只要历史叙述正视人类行为的时

---

10 Carr, *Time, Narrative and History*, 117, 127。

间性。因此，在本体论和认识论二者的角度上，时间都是历史和历史著述的根本范畴。所以，如果我们想到的是生活时间而非先验时间或钟表时间，时间无疑是所有历史著述的基本范畴。

五　卡尔和明克之间的分歧

我们受惠于卡尔对时间在历史研究中的作用的清晰与严格的解释。然而，我们在路易斯·明克和海登·怀特的著作中能看到与他的主要命题强烈对立的论点。与卡尔不同，明克在一方面个体与群体生活，另一方面历史学家可以给出的关于它们的故事之间看到的是不连续性。与卡尔将时间性与生活和叙述性联系在一起不同，明克仅仅将时间与生活本身联系起来，而不与叙述性，即不与历史学家所讲述的故事相联系。因此，明克不会同意卡尔视时间为历史研究基本范畴的命题。

那么，让我们将卡尔和明克的观点做一个比较。卡尔命题中的第一个问题是这样的。如同我们已经看到的那样，他的出发点是个体的经验与行为。社会或历史群体（一个国家、一个民族，等等）只在个体打算承认它时才存在：只有这时时间性与叙述性才可以从个体向群体转换。因此卡尔写道："只有由其成员有意识与积极的参与而可以被辨识的群体，才有资格在我们所讨论的意义上作为我们—主体……我们所说的是，只有当个体们当它是存在的并依此行动时，我们—主体方始存在。"[11] 记得卡尔对黑格尔主

11　Carr, *Time, Narrative and History*, 161.

奴关系观点的使用，我们可以预期他关于群体的类似观点。进而，历史学家本身也被要求能够与所涉及的个体或群体相认同。惟有这样的认同才保证我们—主体的存在。情形似乎是，历史学家与某一群体的认同赋予后者像路易十五和贝多芬之为个体那样的个体性。

然而，卡尔之接受我们—视角（作为我—视角的扩展）意味着，历史写作始终且不可分割地与某一个体历史行为者及其社会或历史群体视角联系在一起。假如历史学家欲超越这一视角，形成他自己的视角，他将最终割裂个体、群体及历史学家之间的连续性，而这乃是卡尔全部立论的基础。但是，历史学家——这是其观点的关键问题——对于其所探究的个体或群体通常甚至本质上乃是旁观者。历史学家在书写过去时典型地是从他们—视角而非我们—视角出发的。他们对过去感兴趣完全是因为它与现在不同，因为历史当事人的生活经验对于历史学家来说已然变得陌生。

更有甚者，历史学家通常想要讲的过去，是历史当事者——不论个人还是群体——不知道且也许不可能会知道的关于他们自己的事情。在黑格尔著名的"理性的狡诈"的观念中已经包含着对此的直觉理解：我们只有在回顾中才意识到特定历史发展所具有的真实意义。说明问题的是，尽管他满嘴的黑格尔主义，卡尔这一推理的全部理路没有为黑格尔的著名观念留下任何余地。此外，卡尔乐于承认，在历史学家与历史当事人之间通常存在着巨大的鸿沟；说到底，他不能否认，历史学家毫不迟疑地言及古埃及或中世纪早期。但接下来，卡尔想消除由于这一让步而造成的困难，宣称**我们—主体**——从而历史学家同样——"在一个追溯至遥远时空的更大历史全景中是与我们相联系的"。[12] 在此，我们—视角被扩展到这样的程度，以至于他们—视角成为完全不可设想的。

这让我有了进一步的思考。我们不应忘记，承认历史学家的视角与历史当事者视角间有差异乃至直截了当的冲突，事实上正是现代历史理论中叙述主义的起源。只有当历史叙述在与其所述说的过去（或实历的过去）的关系中被赋予一定的自主性，叙述结构、叙述的逻辑及历史叙述本身才成为理论反思的合法对象。因此，卡尔在持有明确的叙述主义立场的同时居然否定这一自主性，是特别让人吃惊的。这引出了这样一个问题，这一分歧在叙述主义者中间是如何成为可能的。

依卡尔本人在他的书的导言中的说法，明克那句名言"故事不是活出来的而是说出来的"是此中关键。[13] 另一方面，卡尔想将故事嵌入生活，因为在他看来，经验与行动总是具有叙述性的结构。这可以解释卡尔的下述陈述："当路易斯·明克说故事不是活出来的而是说出来的，他所做的这种区分是完全错误的。故事是通过被活出来而被说出来的，是通过被说出来而被活出来的。"[14] 因而，卡尔和明克间的分歧涉及时间或时间性与叙述性的关系。卡

12　Carr, *Time, Narrative and History*, 174.

13　同上书, 10, 62。另见 L. O. Mink, *Historical Understanding*, ed Brain Fay, Eugene. O. Golob, and Richard T. Vann (Ithaca, 1987), 60。显然，这一说法跟前面章节所述明克对普遍历史的抨击是一致的。普遍史是关于内在于过去本身中但未曾进入言说的故事的，它是历史学家所竭力趋近的对象。这样的想法是所有像卡尔宣称故事不但是说出来的，并且是活出来的那一类观点背后隐藏着的假设。

14　同上书, 61。

第二章 时间

尔不断地同时提及二者：生活将时间和时间性与叙述性统一起来。

卡尔与明克的不一致也许可以依经验—自我与认知—自我间的区别加以澄清。你可以同意卡尔的看法，经验—自我总是时间性的，如果说从概念上讲我们只能在此时此地经验我们自身。的确，我们可以知道关于我们过去经验的一些事情，但这种认知**本身**不是**经验**。如果说我知道自己十年前牙疼，在对此的回忆中我并没有再次经历那个痛。看起来卡尔似乎没有看到经验—自我与认知—自我——这是在叙述中被表达的——之间的差别，因而导致将**认知**—自我的叙述性投射到无疑是**经验**—自我的时间性的特征上。

假如是这样的话，在明克的推理中，故事不是活出来的而是说出来的这一事实标示出时间性（生活）与历史叙述之间的区别。为了支持关于时间性与历史叙述之间区别的观点，明克给出了许多论证。其中最重要的一个论点是，历史学家的任务所在，就是在叙述中并通过叙述将生活中或过去**本身**中原本在时间上**分开**的东西放在**一起**。历史叙述在生活或过去本身的时间性延续中将经验中分开和循序的东西统摄在同一个概述中。明克如此写道：

> 在关于故事的塑形把握中……结尾与开始所预示的东西相连，正如开始与结尾所承诺的东西相关联，因后溯而致的必然性可以说取消了前行中的偶然性。对时间性延续的把握意味着同时在两个方向上思考它，而时间也不再是那条带着我们顺流而下的河流，而是在航拍视角中的江河，河流的顺

逆两个维度于一瞥中尽收眼底。[15]

是否并非所有历史学家都了解，时间与编年在历史著述中扮演一个越不重要的角色，对于我们开始理解给定历史事件或历史时代就越好？资料对于历史见解来说只具有初步的意义，历史写作中真正重要的事情只有当时间和事件已留在我们身后时才开始。20世纪历史著述中的伟大杰作极少提及史料。尤其是考虑一下所谓的跨学科研究，像费尔南·布罗代尔关于菲力普二世时代的地中海世界那样的著作，它并未向我们展示一个伴随时间而来的发展，而是满足于描述那个世界在一个特定的时间交错点上所呈现的样貌。因此，我们完全有理由同意明克的观点，"时间在叙述中不是本质的东西"。[16] 进而，历史叙述中本质的东西是尽可能将时间因素**消除**掉或者**超越**时间。历史叙述必须将时间放在背景上，或者更好是把时间消除掉；可以这么说，它将时间"吃掉"和"消化"掉。

明克的观点完全不意味着强迫我们拒绝时间和叙述性对个体来说的重要性，这一点是卡尔正确地着重强调的。因为，我们在特定情境中为什么不能成为自己的历史学家？明克没有必要否认，我们作为个体也许经常会讲说关于自己的自传性、历史性的故事，并且我们始终在这样的故事的基础上奠基我们的实践定向，不论这故事是具体的或者不是。然而，明克坚持认为，不论有人能在多大程度上明智地将一切有意义的行为置于他或她自己生活的故事（或某一个故事）中，做成和写出关于自己的故事在概念上是

15　Mink, *Historical Understanding*, 57. 同时参见第一章注释65。
16　同上。

两件不一样的事情。无论谁说一个故事，都不是在实际中做成故事，反之亦然。卡尔的连续性命题的问题是没有看到这两个层次之间的差异，而之所以如此，是因为没有意识到，历史当事人与历史学家完全可能被统一在同一个人身上。

我承认卡尔对明克的批评不是完全没道理。明克和怀特倾向于认为，历史事实和叙述之间的区别与生活及其历史性阐释之间的差别是一回事。由于将这两种区别混为一谈，他们得出这样一个准实证主义的想象：一个内在无意义的实在静静地等待着一个完全独立于它的叙述性阐释。卡尔对这一准实证主义图式的批评是正确的，他指出，通过我们的行动，我们有时在叙述性言说的基础上赋予历史实在（而非单单其阐释）以形貌。但是，当卡尔将生活与叙述性完全画等号的时候，他落入了另一极端。事实上，这两种东西之间的关系类似于阅读与对所读东西的阐释的关系；二者彼此互补甚至预设彼此，但它们各自所为最终仍然是不同的。

六 再论先验主义

我们在第二节里讨论过康德关于时间（和空间）的先验阐明。[41] 我们的结论是，关于时间在历史写作中的地位，不能指望在那里找到任何的说明。由于康德对科学的痴迷，历史主义者对这一负面结果不会有太大的惊讶。他们可能会声称，史学和科学是完全不同的两个学科，我们在思考历史写作的时候，应该永远避开科学主义的诱惑。因此，他们会说，康德先验主义在说明历史性时间问题上的失败，丝毫不在于它取消了关于历史性时间的先验性解说的可能性，这种解说的确认真地想要填平科学与史学和人文学说之间的鸿沟。狄尔泰难道不是希望为历史提供一个解释学版本的先验主义基础吗？

在这样的思考方向上，我们应该记住，明克对丹托1965年的经典之作《分析的历史哲学》非常钦佩。在那本书中，丹托引入了所谓计划动词与叙述句子概念。不把这两个观念记在心里，就不能真正理解明克关于历史时间的阐述。计划动词是出现在比如"种玫瑰""造船"或"写书"这样的短语中的动词。丹托感兴趣的是，我们可以基于对尚未确定的未来的预想用这样的动词来描述人的当下行为。假如有人在他家屋后往土里埋下玫瑰的种子，那么，我们就可以将他的行为——或者用丹托喜欢的说法，他的"计划"——恰当描述为"在种玫瑰"。尽管存在着这样的可能性：这些种子由于干旱也许根本没有真正长成玫瑰。对于正在写一本书的人来说事情当然也是一样。准此，一方面是我们关于某人正在干什么事情的描述，另一方面是也许会或不会成为其行为结果的事情，二者之间存在着潜在的不平衡。我们说他正在种玫瑰，然而，历史（或不如说未来）会表明，他并没有种出玫瑰来，因为种子死在土里了。在此，在我们碰巧用的语言跟事情的实际结果之间出现了潜在的张力或不平衡。令人赞叹的是，这些计划动词点明了历史是怎么样成其为历史的，因为，我们所用的刚好是这样一种语言（即计划动词的语言），它会被历史的实际或将来情况证明为不正确。历史在所使用的这种计划动词与实际所发生的事情的张力之间呈现。如果没有这些含蓄指向未来的计划动词，语言将永远一定只记录当下实际发生之事——那历史将永远不会在语言中呈现。[17]

进而，丹托在讨论计划动词的逻辑特征时常常提到"时间性整体"。[18]这一概念直观明白，因为，在播种与长出玫瑰之间的时间间隔难道不正是构成一个时间上的完整单位吗？因此，将计划动词的历史性维度与这些时间性整体联系起来似乎是蛮自然的。事实上，这也就是人们通常关于丹托论点的阅读与解释。但我们必须拒绝这种解释。实际上，历史并非伴随这样的一些时间性整体而到场，而是伴随着（如时间性整体所示）关于未来的预期与历史事件的实际进程之间的潜在差异到场的。可以这么说，历史是在语言令我们措手不及处出场的。

回忆一下"人类有意行为的非意想后果"的著名概念会有助于对这一观点的了解，在黑格尔的历史哲学中，这一概念具有相当重要的作用。[19]这刚好是又一个例子，说明将历史主义者如黑格

17　Danto, *Narration and Knowledge*, with a new introduction by Lydia Goehr and a new conclusion by Frank Ankersmit (New York, 2007), 159ff.

18　例如 Danto, *Narration and Knowledge*, 183ff。

19　"因为那种关联包含此点，即在世界史中，由于人的行为还会出别的事，不同于他们所图、所及，不同于他们直接所知、所欲。他们实现其兴趣；但由此还实现另一事，它也内蕴于其中，但却并非他们自觉和有意为之。"见 G. W. F. Hegel, *Vorlesungen über die Philosophie der Weltgeschichte. Band I. Die Vernunft in der Geschichte*, Hamburg 1970 (Felix Meiner Verlag)；88。理性用意向与未曾意想的结果之间的断裂实现其隐秘的目的；黑格尔在此提到"理性的狡诈"。在黑格尔之前半个世纪，亚当·弗格森就已经以更为雄辩的方式提出了这个观点："即使是在被称为启蒙了的年代里，民众的每一步骤和每一运动都是盲目的，和我们在面对未来时的盲目性一样；国家意外地被创立，这确乎是人类行为的产物，但却非出自人类的设计。克伦威尔说，人在不知道是在往哪走的情况下，不可能走得多高。对人类共同体有更多的理由作出这样的断言，在并未想要改变什么的时候，他们听任重大革命发生，即便最有教养的政治家也并不总是知道他们是否在按自己的方案引领国家。"见 A. Ferguson, *An Essay on the History of Civil Society*, Cambridge 1995 (1767*)，119。

尔关于**过去**所写的话转换成关于历史著述中语言使用的陈述的必要性。再举一个著名的例子。作为教皇克莱芒七世的顾问，圭恰迪尼敦促教皇加入反对查理五世的联盟。然而，弗兰切斯科这一政策建议的最终结果是罗马在1527年的大洗劫。在其余生中，圭恰迪尼对这一灾难性结局唏嘘不已，尽管最初在他看来其政策建议是合理和值得一荐的。在这个意义上有人会说，这让圭恰迪尼领教了历史冷酷可怕的力量；接着，他实际上就转向了历史著述，以把握如何**历史地**解释在他良好的意愿与未可预见和未曾预想的实际后果之间的致命差距。关于非意向后果的经验由此赋予圭恰迪尼以历史意识。在更一般的意义上，在16世纪西方历史意识的源起，**的确**与对人类意向性行为之非意向后果的意识的日益增长之间存在着内在的密切关联。[20] 丹托的计划动词在"微观水平"上为我们展示了这一机理。

现在让我们转向丹托所谓的叙述句子。他关于叙述句子的正式定义是这样的："我现在所关注的这类描述涉及两个时间上分立的不同事件 E-1 和 E-2，它们描述的是所涉及事件中最前的那个。"[21] 丹托所举的一个例子是这样一个陈述，"《原理》的作者生于伍尔索普。"注意，在1642年的圣诞节有人完全可以说"伊萨克·牛顿生于伍尔索普"，但却说不出"《原理》的作者生于伍尔索普"这样的话，因为后一陈述只可能在1687年后才可能被恰当说出:《原理》在那一年出版。或者如丹托在另一处所说的那样，

20　关于这一论点的详细展开，见 F. R. Ankersmit, *Sublime Historical Experience* (Stanford, 2005), chap. 8。

21　Danto, *Philosophy of History,* 152; *Narration*, 152.

第二章 时间

假定有这样一部理想纪年，特定时间中世界上发生的一切事情均在其掌握之中，但在1642年圣诞这一时间却不可能说出"《原理》的作者生于伍尔索普"这样的句子，因为没有人在那个时候能知道牛顿会写出那本书。另一个例子是"三十年战争始于1618年"。在此，这一叙述句子蕴涵对1648年的指涉，此时战争接近结束，而只有在1648年才可能造出这样的句子。只能此时才能确知这场战争会延续三十年。

计划动词和叙述句子二者都成功地在其自身中将原本在时间上分开的事情统一起来。以这样的方式，语言，用明克的术语来说，将实际在过去发生在不同时间的事情统摄为一。在此，语言可以说"消化"了时间距离，从而能将在时间上间隔多少年的事情瞬间把握。进而言之，这一视而为一正是历史洞见之所在：正是基于对意向与非意向后果间不对称性的理解导致全部历史意识的产生。仅当历史将自身径直置于我们通常是美好的意愿与同样通常由之导致的灾难性后果之间，才令人感受到历史的力度。而这样的后果只在后见之明即历史的维度上才会被觉察。

要点是，特定的语言运用——丹托的计划动词和叙述句子——可以被恰当地描述为历史洞见得以产生的条件。因此我们可以回到先验命题：基于计划动词及叙述句子的先验的时间性乃是历史认识得以可能的先验条件。

丹托本人从未将他的论点用先验论的术语来表达，汉斯·迈克尔·鲍姆伽特纳走出了这一步，他是丹托最令人感兴趣的评论者，他的书是在丹托《分析的历史哲学》问世七年之后出版的。鲍姆伽特纳同意丹托的所有论证及丹托所探究的关于过去与未来间在语言使用上所产生的不对称性的论题。他因而承认"一切历史写作本质上的回溯性"(die prinzipielle Retrospektivität der Historie),[22] 一切历史认识由之被组织起来。

至此鲍姆伽特纳仍停留在丹托本身的论述范围内。但是,一旦他将丹托的论证推进到关于历史语言的**先验**分析中,变化就出现了。这一推进的出发点是鲍姆伽特纳的这一看法,他认为丹托仍然依赖于天真的历史本体论。丹托谈论中世纪、法国革命或者是文艺复兴,仿佛这样一些表述指称的是与恺撒、拿破仑之类专名之所指具有同样本体论地位的事物。但是,传记——其对象是诸如恺撒或拿破仑这样的主体——对于恰当把握历史语言的特殊性是完全不合适的。[23] 这是因为,就这些概念是标示已然在时间中具有特定统一性或连续性的客体的范畴而言,像恺撒或拿破仑这样一些个体的统一性或连续性,由于基于诸如人物、个体这样的概念(或者如哲学家所说,类概念),被看作是理所应当的。但对于像中世纪、法国革命或文艺复兴这样的概念而言,事情在本质上是完全不同的。这样一些(典型历史性的)概念并不**预设**(如人物、个体这样一些概念所具有的)统一性和连续性,而是**创设**统一性和连续性。[24]

说得多少极端些:最初只是一片混沌和无序,只有当历史学家带着诸如"中世纪"这样一些概念来了——只有这样,正是因

22　H. M. Baumgartner, *Kontinuitaeet und Geschichte. Zur Kritik und Metakritic der historischen Vernunft* (Frankfurt am Maim, 1972), 281.

23　鉴于这些考虑,传记的历史理论范式先入之见就被证明是误导性的。见 Baumgartner, *Kontinuitaeet*, 299。

24　对这一论点的辩护,见 F. R. Ankersmit, *Narrative Logic: A Semantic Analysis of the Historian's Language* (The Hague, 1983)。

其使用了这样一些概念,混沌被代之以统一性和连续性。相反,人类个体存在、动物、桌子、椅子不需等待语言赋予其统一性和连续性——在语词被说出或终将被说出之前,他们已然拥有这些可贵的属性。[25] 因此,历史语言——在这方面丹托曾提出那么多的深刻见解——是我们关于诸如中世纪、法国革命或文艺复兴这样一些典型的历史客体的认识之所以可能的条件。由此有鲍姆伽特纳的命题,丹托在《分析的历史哲学》中的论证尚待被赋予先验形式。[26]

这不仅仅是从哲学观点的角度把事情理清的事,因为,鲍姆伽特纳的论证中实际上已然蕴含关于历史写作实践及历史研究应以何为指导这样的内容。历史学家们几乎天然倾向于可以称之为"历史表现的复写理论"的观念。他们相信,存在着一个过去,他们应该尽可能用他们所用以描述它的语言来"复写"它。[27] 他们关于过去所说的一切都在过去本身中有其确切的对应物——在此,语言无所添加,否则就会是对过去**真实所是***的歪曲。丹托已经指

---

[25] 在第七章第五、六节中,对此有重要的限定。

[26] 鲍姆伽特纳数年后重申了这一论点:"首先应确定,用作结构概念的叙述这种表达不具有文学意蕴,而具有逻辑意蕴。(……)因为若依其本质性基本特征分析历史对象的叙述结构,则表明,任何历史产物,亦即被领会成历史事实的任何事实,一、是局部的,二、是追溯的,三、是构造性的,四、就历史的意蕴内涵而言未结束,亦即对未来是悬而未决的。"见 H. M. Baumgartner, "Die Erzaeehlstruktur des historischen Wissens und ihr Verhaeeltnis zu den Formen seiner Vermittlung", in *Historisches Erzählen*, ed. S. Quandt and H. Smüssmuth (Goeettingen, 1984), 73, 74。

[27] 我关于这一问题的想法,将在第十章第二节"关于历史写作的马格利特概念"中加以探讨。

* 作者在此用的是兰克名言 wie as eigentlich gewesen,直译应是"如其所是"。——译者

出过他的叙述句子在什么情况下与复写理论将不可避免存在冲突。因为，叙述句子中总是包含着超出对过去的单纯语言复写或复制的内容，后者是哪怕最琐碎与详尽的描述都能提供给我们的。如上所述的理想纪年在提供丰富信息的同时是坏的史学。因而，追求过去与历史语言间的完全符合注定会让历史学家陷入迷途。这让他们看不到这样的事实，即语言所给出的统一性和连续性是历史认识之所以可能的先验条件；并且让他们比起连贯性和精确性来更倾向于不融贯的原始信息——如 20 世纪 70 年代法国的"年鉴派"。

在鲍姆伽特纳看来，其论说中的先验蕴涵在丹托本人那里并未得到展开，因为他认为，除非存在"变化的主体"，否则就不可能有什么历史的变化。[28] 不用说，这正是我们在这个问题上直觉的倾向：首先有一个拿破仑，这是变化的持续主体，进而我们可以给出其在时空坐标上的复杂活动轨迹。没有前者就不可能有后者。但是，鲍姆伽特纳坚持认为，在诸如中世纪这样的历史现象中，不存在先于和独立于我们所写的关于它们的历史叙述的变化主体。[29] 这类现象只活在历史叙述中；它们生于斯，灭于斯（在历史学家们一致认为某一特定概念于历史理解无所助益的情况下）。换言之，当丹托隐含地给出对应于诸如中世纪这样的概念的内在变化主体时，他尚未完全将自己从明克所说的普遍史概念的诱惑

---

28 "一种叙述只有以一个统一、持续的主体为基础（根据）才能解释。"见 Baumgartner, *Kontinuität*, 289。另见我在第一章第四节中的论述。

29 关于这一问题在技术上更精致以及更具体的论证，见 Ankersmit, *Narrative Logic*, chap. 5。

中解脱出来，这一概念令我们以为，历史叙述中的所有成分均在作为未经言说的故事的过去本身中有其对应物。

然而，正如鲍姆伽特纳所强调的那样，像中世纪这样一些历史现象彻头彻尾的语言性品格完全不应被理解为有利于丹托理论偏好的补充论据，依此偏好，历史中充斥着实际上并不存在的（变化）主体。[30] 因为，统一性与连续性应该被视为对运用这样的概念于历史写作的一种先验的阻遏：在历史叙述的统一性和连续性中，我们可以发现判断史家在解释过去时是否成功的先验标准。统一性和连续性乃叙述整合的产物（**自足的历史综合**）[31]，而非过去实在面貌的写照。[32] 这就是我们对丹托下述主张的应有解读：叙述**作为其本身**可以进行解释，叙述解释正是历史写作区别于科学之处。[33]

七 结语

我们可以同意鲍姆伽特纳关于丹托的论点有待于先验化的主

---

30 见 Baumgartner, *Kontinuität*, 294.

31 同上书, 299。

32 我们不能合宜地说拿破仑**本人**是连续性的，虽然一部关于其生平的**历史描述**我们完全可以这样说。见 Baumgartner, *Kontinuität*, 301。

33 俄罗斯历史哲学家奥里尼科夫（Andrej Oleynikov）表达了与鲍氏相近的观点。见 A. A. Oleynikov, "The Experience of Time and the Subject of Narration: The Problem of Their Correlation in Phenomenology and in the 'New' Philosophy of History", *Intellectual History Reviwe* 6 (2001): 248—274。这篇文章基于作者未经发表的博士论文 "History: Event and Story: A Critical Analysis of Narrativist Philosophy of History" (Ph. D. Diss., Moscow University, 1999)。奥里尼科夫在他的这篇文章和博士论文中强调，关于历史写作的现象学方法（保罗·利科及大卫·卡尔）不能公平对待丹托关于过去与未来不对称的观点。

张。但同时我们应该强调,当鲍姆伽特纳提出这一观点时,他并未将其论点限制在丹托的计划动词和叙述句子。相反,通过不但坚持丹托的论点应该被先验化,并且同时强调正是**叙述本身**必须被先验化,他玉成了丹托著作的潜在承诺。说实在的,这真是丹托自身论证令人惊讶的不足之处:他在对叙述句子给出如此具有挑战性的洞见的同时,对叙述本身却完全保持沉默。计划动词和叙述句子只有在叙述的构架内才能展露它们引人注目的性质。因而,鲍姆伽特纳宣称,叙述本身乃是历史认识得以可能的先验条件。

虽然,基于其引出的康德哲学体系的思想幽灵,我本人宁可避免使用先验主义的词汇,它却在很大程度上是激发了本书余下部分内容的观点。虽然我从现在起将只使用"历史表现"而非(历史)叙述的提法,我的主要论点是,在历史表现之外无历史写作,这一点对所有历史写作及探究都具有决定性的意义。因而,如果想要把握历史理解的本质,尤其是,如果我们想要回答任何涉及如何把握历史写作的指称、真理以及意义的重大问题,我们就必须对历史表现做认真和彻底的研究。

第三章 阐释

一 引言

在通常用语中,"历史表现"和"历史阐释"这两个词常常可以替换使用。史学文本可以被交替描述成"关于过去的阐释"或者是"表现"。然而,这两个词算不上是同义词。这一点在这一事实上表现得十分清楚:语言,不论是口头还是书面的,是阐释的标准对象,而表现的对象则是实在。文本被阐释,而风景或静物则被关于它们的绘画所表现。将我们从自家窗中看到的风景说成"阐释"是没有意义的。但是,这一区别并不是那么截然清楚,因为,(1)文本(尤其是史学文本)同样可以被说成是(对过去的)表现;(2)尽管听上去有些怪,但把文本说成表现其他文本并非毫无意义。试想概述性的文本不就是如此吗。进而,一幅肖像可以被恰当地说成是对写生对象人格的阐释。但是,尽管存在着这些交集,阐释和表现各有其应用上的偏好范围。这就提出了在以阐释和表现为两轴而确定的空间中如何定位历史著述的问题。

二　阐释与表现[1]

本书卷首扬·哈克特（1628—1699）的那幅画是人类生命空虚的象征——这是17世纪众多荷兰风景画家所青睐的主题。[2]

根据黄金律，你可以看出画中的一条纵贯线将全画分成两个相互独立的部分：位于左侧的明亮部分和位于右侧的暗影部分。每一部分都有自己的地平线（画面右半部的远低于左半部的）和自身的绘画语言，两个部分之间彼此似乎毫不相干。看上去，这幅画两个自成一体的部分是基于某种不可能的巧合而被整在一块的。然而，这两个截然不同的部分却整合成一幅非常谐调一致的整体画面。更重要的是，它们整合得如此自然，以至于许多漫不经心的观众可能对这幅画到底是怎么回事一无所知，其所感受到的只是博斯、阿瑟莱恩、贝尔赫姆、派纳克*那一派富有吸引力的意大利风的风景画。这的确是画家高超的技巧与奇迹。要获得像

---

[1] 本节和下一节中的论证曾以原始和不完整的形式出现在我的前此著述中：*De Navel van de geschiedenis*, (Groningen, 1990), 9—11、60。

[2] 从20世纪70年代以来，已有许多作者如维甘德（Wilfried Wiegand）、德容（Eddy de Jongh）及布勒因（Joshua Bruyn）等对潘诺夫斯基（Ervin Panofsky）大约40年前提出的图像学思路推崇有加，以获得对17世纪荷兰风景画奇迹一个更为令人满意的理解。这一思路受到其他一些艺术史家的质疑，其中最著名的是阿尔佩斯（Svetlana Alpers）。关于这一论辩的说明，参见 B. Bakker, *Landschap en Wereldbeeld. Van Van Eyck tot Rembrandt* (Bussum, 2004, chap. 11)。不过，不管你在此持何种立场，无人怀疑哈克特在这幅画中想传达一种图像意义。画中的符号是那么多且明显，因而不容忽视，也无法用什么话将之打发掉。

* 这里列举的这些人都是17世纪荷兰风景画家。——译者

第三章 阐释

这幅画这样的征服力殊非易事。[3]

幽暗的右部代表的是必朽的人类,这是由男人(手指生命之瀑——我们所来之处)和女人象征的,两个人物的位置都接近于分割画幅两部分的纵贯线。男人骑在驴上,他的妻子则站着——这也许反映了我们17世纪的前辈关于男人和女人的等级观念;他们右边的那只狗无疑意指尚武信念。画面左侧表现的是死后世界。在远处山峰处我们可以辨认出上帝之城。

我们还可以在树和山峰顶部画一直线,在画面右下角沿瀑布和河岸上长长的阳光带画另一条线。这两条线大致在画面左侧的中部交会,从而像某种箭头指示所描绘风景中光芒的来源——明显指向我们由之寻找上帝的方向。最后,在分割开生命与死后世界的纵贯线上,我们看到一块形状怪异而不自然的石头,它在整个画面上占据重要地位;这是我们在看这幅画时首先映入眼帘的东西。这块明显是墓石样式的石头像十字架的形状——因而确乎是基督教传统中用以分割生命与死亡的物质象征。只要你还看着它,你就还活着,一旦你在它之下,你就死了。总之,作为17世纪末勒内·马格利特[*]出现前的马格利特,哈克特成功地令这一意

---

[3] 我碰巧知道雷斯达尔(Jacob van Ruisdael)的两幅画,在这两幅画里,我们可以感受到相当类似的效果——虽说不具有哈克特绘画中明白的图像意义。见 S. Slive, *Jacob van Ruisdael: A Complete Catalogue of His Paintings and Etchings* (New Haven, 2001) 中的第84和563号。尽管雷斯达尔是比哈克特更伟大的风景画家——事实上,在我看来他是17世纪荷兰最伟大的风景画家,在力度和勇气方面甚至超越普桑和洛兰——他令人信服的效果却远赶不上哈克特。

[*] 马格利特(1898—1967),比利时超现实主义画家,其画风带有明显的符号语言,如《戴黑帽的男人》。作者在第十章中有对马氏画作的专门讨论。另外,有兴趣的读者还可以参阅刘云卿:《马格利特:图像的哲学》,广西师范大学出版社,2010。——译者

大利风的风景画富于意义。

现在，让我们考虑这一纵贯线，自己想一想，到底是真的有这条线，还是它只不过是一个幻影。或者换一种更有益的方式提问，这条线是**被表现**的实在（尽管是想象的实在）的一部分，抑或它确定了画家希望我们这样**阐释**画面上的东西？在此，决定性的到底是想象的实在还是画家的意向？简言之，这条线属于表现或者是阐释？在我们试图理解画面中线条的地位与功能时，我们必得信靠**美学**——它关涉表现，还是只能仰赖**解释学**——关于阐释的学问？美学是关于表现的学问，而阐释则是解释学家的超绝之技。

在此我们显然容易感到两难：被表现的实在是客观地被给予我们的，反之，阐释则始终是**主体**的作为。因此，只要我们相信客体与主体的区分是合理的，两难的困窘将始终存在——或看上去是这样。在这种情况下，二难命题的任何一方都可以有很好的论证。一方面，我们可以说那条线必定是真实和客观地在那里的，并且在绘画所描绘的（尽管是想象的）风景的相关特点中有**本质基础的**（*fundamentum in re*）。这情形跟轮廓剪影别无二致，在此，没人会怀疑有某物与将黑白表面彼此分开的线条真实对应。因此，在被表现的实在中必定有这样一条纵贯线——所以，表现观是正确的取向。另一方面，我们同样可以声称，线条不是真实与客观地在那儿的，因为，它是我们将画看作瓦尼塔斯（*vanitas*）*的结果，这是由画面右侧暗部（生命）和左侧（死后生命）明亮部分的并置所象征的。换一种说法，纵贯线乃是我们（以阐释）**投射**

---

* "vanitas"一词在拉丁文中是"虚空"的意思。在绘画上，瓦尼塔斯乃静物绘画的一种，以死亡作为主旨，多见于16—17世纪的荷兰绘画作品。——译者

到画面上的东西。这样,线条不是**真实地**在那的——这跟我们投射到天空云彩上的面容或航船并不是真有的东西是一回事。(在曼特尼亚1460年的圣舍巴蒂安一画中,画面左上部云彩中也没有一个真的人在真的马上,虽然曼特尼亚明显在那绘制表现了一个人和一匹马)。[4] 这样,这一考虑提示了阐释论者或解释学家在纵贯线问题上的方法。

我们发现自己真的陷入了一个死胡同,绘画所告诉我们的东西中没有什么能帮助我们解脱困境。所有由图中获得的进一步的信息可以被用于以上刚刚所描述的任何一种方式,从而只会加剧冲突。因此,能帮我们解决难题的不是绘画**本身**,而只能是我们关于它的**反思**——即便事情仍然是,只有**这幅画**包含着要求我们对表现与阐释间的关系做进一步反思的特征,其他的画可能就不是这样。

现在,最简单和决定性的事情是,只有**在此确实有**这么一条线的情况下,才可能提出这样的问题,即其存在究竟只是一种巧合,并非画家有意所为,抑或这正是画家希望我们对画意做出的解读。**线条不存在,则阐释的问题亦不存在。**(当然,第一种可能性机会很小。因为哈克特无疑有意画了个"瓦尼塔斯",画作非常明白的象征性不可能被忽视或否认。)

因此,事实上这根线条是**既**真实存在**又**是当我们将之阐释为"瓦尼塔斯"时投射到画作上的。然而,只有在我们首先确认线条

---

[4] 也许我们最好说,曼特尼亚画作的这一部分呈现给我们的是阐释的表现。然而,我们这样说的条件是,我们由看到一个人骑在马上的表现开始,因而,重申一遍,表现先于阐释。

在画作所表现的（想象）实在中真实存在的情况下，才能进入第二个阶段。只有这时有关阐释的问题才能提出。我们也许会说，挺奇怪的，美学与阐释在此骤然相合，但这只是在美学善意地为这一愉快欢聚准备了场地之后才实现的。哈克特的绘画以这样的方式显示和证明了表现（或者说美学）对于阐释（或解释学）的优先性。美学（表现）和解释学（阐释）不应被看成是相互排斥的（*ex aequo*）；但二者之间确乎存在着等级秩序。

这是我们从绘画中学到的重要一课。一般而言，关于 X 的阐释的问题只有在 X 表现了什么的背景下被提出和讨论。阐释的所有对象都拖曳着它们在其所表现的（想象）实在中的根，因而这些也都得被纳入关于阐释的考虑中。（试比较货币的价值只有在考虑使用且支撑该货币的经济体时才能被恰当衡量。）阐释的问题不能因而被限制在阐释对象及其阐释之间所发生的事情上。阐释的对象始终携带着表现的辎重，这是我们在阐释中没法无视的。

如果说当代阐释理论在很大程度上会让我们想起一条随风漂荡的船，这是因为它已经忘记了阐释的表现主义之锚。阐释之风吹向何方，阐释就朝哪走，就像我们在解构的事例中所看到的一样。不论谁得出了这样的遗憾结论，认为我们在过去二三十年里[5]过于轻易地默认了阐释的非符合论观点，都最好在美学和表现中重新寻找坚固的地基。总是存在着一个为各种表现——不论其为文本的或是绘画的——所"涉及"的（想象的）世界或实在，关于这一实在它们或多或少是"真的"（在此我是在最宽泛的意义上

---

5 关于（解构主义）皇帝什么也没穿的令人信服的阐述，见 A. Compagnon, *Le demon de la Theorie. Litterature et Sens Commun* (Paris 1998)。

使用"真"这个词的);谁在阐释文本或绘画时不将此考虑在内,用另一个与航海有关的隐喻来说,他必定像一个没有罗盘的航海者。未能认识到这一点是解构主义及相关的文本阐释理论的原罪。

对此海登·怀特曾给出十分相似的论述,他批评(后)结构主义在语言中去掉所指,只留下能指的倾向:

> 文本作为没有所指的能指游戏(的概念)——我们得将之归诸拉康和雅克·德里达,他们提出,所有被认定为所指的都不过是被当作如此的能指——令一系列的区别崩溃,自解释学出现以来,阐释传统上正是借这些区别以磨砺其武器……如果文本像符号那样被理解为除了其表面外与事物无关,那么,阐释可以被认为只是生产(同样东西的不断再产生),或者换个说法,只是游戏……在任何条件下,文本都不能像宗教符号被假定的那样看作是**玉成***已然意义。[6]

总之,由于它们对文本符号化了的外部实在的无情消解,解构和(后)结构主义令阐释成为毫无意义之事。在能指无尽呈现的表面之下事实上存在着一些东西,一旦我们忘记这一点,阐释

---

* 此处原文为 incarnate,在基督教语境中,它指的是"道成肉身"。这不但意指上帝借基督以肉身示人,并且,亦用于上帝之言即现实的意义上,如"上帝说'光',于是就有了光"。伽达默尔对此曾加以阐述(伽达默尔:《真理与方法》(诠释学1),洪汉鼎译,商务印书馆,2007,第564页)。——译者

[6] H. White, "The Interpretation of Texts, " in White, *The Fiction of Narrative: Essays on History, Literature and Theory 1974—2007*, ed. Robert Doran (Baltimore, 2010), 214, 215.

将不再有任何节制——这与我们对这个概念的日常理解相去甚远。

不过，我们对怀特在此所诉诸的符号概念当然可以有自己的质疑，因为，这一概念并未真正让我们跳出可阐释意义的领域，从而超越解构主义论证之樊篱。因此，上述引文中最后一句最好改写成"宗教符号将事物符号化那样"，从而保留符号与其所符号化的东西（从而在符号之外）之间的区别。进而言之，我们应避免将阐释"之外"的东西归结为被符号所符号化的东西，因为，阐释并不必然和在一切情况下均预设符号与符号化。因而，我们在此最好说表现而不说符号化。文本可以被阐释，相反，被它所表现的东西只有在相当特殊的情况下才能说是被文本"符号化"。通常一幅肖像画并不符号化被画者。然而，我们仍然可以说，怀特的论述在结构上与我们在本节中的论述基本相似。

把所有这些用一句话来说：只要你不知道或特意回避一个文本或一幅画是**关于**什么（即它**表现**了什么）的问题，那你根本就没法理解这本书或这幅画的意义（或者说**阐释**它）。**美学**（表现）因而逻辑地先于**解释学**（阐释）及其后来分支。这就是哈克特的画教给我们的东西。它要求我们对过去三四十年中激辩文学与史学关系时实际上说的是什么加以认真的再思考。

三　表现对阐释的优先性

也许有人会反对说，我所说的表现对阐释的优先性只适用于哈克特的画。的确，绘画的意义源始地奠基于其所表现的东西。除去其所表现的东西，一幅画就只是上面有许多笔触的画布。但

第三章 阐释

有人会说,这只是对画来说是如此。在绘画之外,在无须表现性支撑的情况下阐释蛮可以做得很好。因此,现在让我们从表现和阐释光谱中对立的那一端中找个例子来看——在此情境中,所有的牌似乎都在阐释一边,而乍看起来好像没表现什么事。

阐释从未像在弗洛伊德的《梦的解析》(*Traumdeutung*, 1900)中被赋予那么优越的地位。因此,让我们想想看它在表现与阐释对抗中置我们于何地。我将以《梦的解析》中被讨论很多的一个段落作为出发点。其内容如下:

> 恰恰是在被最成功地阐释了的梦中,我们经常得将它的一部分留在黑暗中,因为,我们在此发现自己遇到了我们从未成功解开的梦观念的死结,此外,它并未提供梦的内容。这是梦的肚脐眼,在此,梦化为"未知之事"。梦的内容——这是阐释令我们趋近之物——在此将永远保持为未了结的;它将伸向我们心灵的网状构造中所有可能的方向。梦的欲望将自己从这个更为紧致的地方提升出来,就像蘑菇从菌丝中长出。[7]

在对这段话进行讨论之前,有两点要说的。首先,我不是心理学家。因此,我将不贸然从当今心理学的角度谈论弗氏上述观察的优点,而专注于考虑这段话对帮助我们澄清阐释与表现的关系有何助益。其次,没有一个仔细阅读这段话的人会看不出,弗

---

7 见 S. Freud, *Studienausgabe*, vol. 2, *Die Traumdeutung* (Frankfurt am Main, 1982) 503。

洛伊德在写这段话时心里想的会是什么远非一清二楚。其中有某些相当踌躇不定的地方；看起来弗洛伊德本人没法找到适当语词来表达恰恰是由这些"最成功阐释了的梦"（best-gedeuteten Träume）构成的神秘性。他**点到了**阐释之谜，但没有**界定**它。

不言而喻，这使得这一段话成了巴塔耶、拉康和德里达这些理论家最喜欢讨论的话题。我不打算在此着手做探讨这些作者观点这样一件不那么有吸引力的事情，而是专注于弗洛伊德在所引段落中所使用的修辞手法。弗洛伊德被普遍认为可以跻身于史上最伟大散文家之列，他具有无与伦比的天才，总是能够找到那个正确的和最成功的隐喻。因此，以下我的问题是，关于**阐释**与**表现**的关系，弗洛伊德的隐喻能告诉我们些什么。

弗洛伊德说到最成功阐释的梦——最成功释义了的创伤记忆[8]——他的观点是，恰恰是这些被最好地阐释了的梦容易将我们引导到他以无法打开的死结（Knäuel）这一引人注目的隐喻所刻画的特殊困境，这是我们在试图解开梦的意义时将遭遇到的。这当然是相当反直觉且令人感兴趣的：阐释的这些难以克服的障碍为什么和如何似乎是无中生有地出现的，恰恰是在我们确信自己已经罕有地成功对梦做出了阐释这个最有希望和最吉祥的时刻？或者更一般地说，我们的阐释能力为什么最终总是必然遭遇到某些障碍，令我们寻求进一步阐释的最顽强的努力无以成功？

在这一阶段上，我将再次将阐释和表现概念并置在一起，就像我们在讨论哈克特的风景画时一样。事实上，弗洛伊德对梦的

---

8 弗洛伊德以他自己对"爱玛的梦"的阐释构想出被引述的这个段落，在此，弗洛伊德所提出的阐释似乎让每件事都各得其所。

第三章 阐释

阐释是一个**阐释性**的过程,它能让我们从梦的所谓显在内容转向其隐在内容。在我们的梦里有许多怪异的事情——这是梦的显在内容——尔后精神分析学家出场了,假如一切顺利,他就会在所有那些怪念头中发现些门道。这将揭示梦的隐晦意义。但是,我们能说**被阐释了的**梦乃是梦的**表现**吗?显然不能。我们可以说成是梦的表现的,至多是梦者以其典型的不确定和凌乱方式告诉释梦者的东西——也就是说,是梦者讲述的关于他的梦的显在内容。56 而对梦的阐释则是完全不同的事;事实上,要是**没有**这一层区别,事情就完全没有意义了。若非有这样的区别,怎么可能指望精神分析学家对梦的阐释能向我们揭示任何新的或是我们感兴趣的东西?

因此,在阐释和表现之间存在着断裂——这断裂如此之深,正如它作为富有意义的释梦的前提条件所要求的那样。因为,假如没有断裂,也就没有阐释的必要。因此,我们要时刻小心,不要将"阐释"和"表现"这两个词当作同义词替换使用,就好像它们指的是同一件事似的。

在以上所述的背景下,不难对阐释和表现这两个概念的逻辑区别做更准确的表述。正如后一个词的词根所示,"表现"是令不在场的某物再度呈现。例如,过去依概念即当下不在场的,但通过历史学家对它的文本表现,过去可以再度出场。正如人们通常所说的那样,表现要能有作为被表现物的替代者或者替换物的功能。[9] 由于被表现者是**实在的一部分**,其表现亦应如此——我在许多场合论述过这一点。因而,**作为实在一部分的本体论地位可以**

---

9 关于这一点,参见第八章第二节。

说是从被表现物转移到了其表现。[10]

我们现在可以理解弗洛伊德对恰恰是最为成功的梦释的不满意。这样说吧：阐释是某种**解释**。它们给出关于实在的解释，我们可以在同样的意义上对比如说著名的"覆盖律模式"说同样的话（虽说在那里解释当然有相当不同的特点）。因此，阐释与解释具有共同的"解释理念"：不在现实中留下任何未解释或未讲清的空白。没有断头！解释和阐释要求尽可能贴近实在本身——贴近到事实上解释／阐释和实在变得无法区分和可以互换。这就是解释的理想。但是，追求这一理想的过程中遇到不可逾越的障碍。如果不能将解释和其意欲解释者区分开来，那就使之成为多余的，那这个解释有什么用？那么，让一个解释或阐释获取一个表现的地位，就是让它自杀，取消其存在的理由。因此，所有表现所独具的东西——即实在或其所表现者可信的替代者——是所有解释和**一切阐释**一方面无望地想要成为，另一方面却又永不可能、永不想要或永不应该成为的东西。好，这就是弗洛伊德在他的"爱玛的梦"的阐释中碰到的障碍：这个阐释是如此成功，它如此令人满意地覆盖了所有的相关事实，于是它开始妄想自己作为梦的表现的地位，以为这是可行之事。可是，唉，这种事从来没有落在阐释（或解释）头上。表现乃所有阐释本能地意欲成为之事，在此阐释会找到其自然的实现。但事实上，它从来不可能真正做到这一点。因为，假设它果然做到了这一点，那它将悖谬地不再是阐释而成了被阐释者的表现。

---

10 亦见第五章第三节。

四 梦的肚脐眼

现在,让我们转向弗洛伊德"梦的肚脐眼"这个隐喻。肚脐眼的隐喻暗示将我们与自己的起源或者对这一起源的提示联结起来的东西;肚脐乃是作为这样一种提示物的一块疤。但是,将我们与起源联结在一起者在我们出生后已经被无情地切断了。由此我们开始了自己作为独立人类个体的一生。如果把这跟我们在阐释和表现那里所看到的联系起来,它意味着,梦之脐可以说是脐带,通过它实在进入梦的阐释。因此,当一个关于梦的阐释跟弗洛伊德自己对"爱玛的梦"的解释同样成功,且当肚脐的隐喻开始进入我们心中,这时,实在正渗入阐释。在通常意义上,实在渗入阐释(和解释)的想法令人费解:实在无非是被阐释和被解释的东西,它不可能穿越自身(也就是说,世界)和我们关于它所说的话之间的森严壁垒。但是,在表现的情况下,只要表现旨在令不在场的实在重新到场,从而旨在跟实在本身"一样真",这一原本不可逾越的障碍就变成多孔透气的了。或者用一个公式来表达:阐释+实在=表现,只有当阐释趋于成功的极限,阐释和实在的无缝对接才会出现。

反过来看,我们可以说,表现是阐释或解释成功的尺度。两个世纪以来,解释学家们一直在考虑如何衡量解释成功与否的问题——在此没法真正展示他们为此所做的精妙复杂的探索。也没法把他们的工作用一些一言以蔽之的话加以概括。然而,一个基本的建议是,成功的阐释必须多少告诉我们实在到底是怎么样的或曾经怎么样。例如，米什莱（Michelet）将历史写作界定为"**过去的复活**"，就展现了相信成功的阐释会让我们回到实在这种直觉。不论是狄尔泰所说的解释学循环，柯林武德"过去的重演"，或是伽达默尔的"视界融合"，其观念始终都是认为阐释总得消除阐释（和阐释性写作）与被阐释者之间的界限。始终存在关于与被阐释对象相同一的想法，这在自然科学中完全没有意义。从来没有一个自然科学家会认为解释的成功在于他（或他的理论）与他的研究对象的同一性。对于他来说，本体论跟认识论是彼此不可归约的；自然科学家可以说天生是康德式的，任何试图弥合这两者之间距离的举动（当今做这种事的不乏其人！）会很自然地被质疑混淆了他自己的学科与人文学科。

相反，在人文学科中，本体论和认识论就像是夫妻，它们总是竭力想克服将彼此分开的东西，努力做到彼此合而为一（不论这种合一是多么不完全和多么短暂），以及消除将阐释和表现分割开来的界限。这就是《梦的解析》让我们认识到并置于恰当视野的东西。

这也正是我们必须看清一切解释学的不完满性之处，它因而需要由美学来补足。美学是探讨表现问题的哲学分支学科。艺术品是美学研究的标准对象；美学首先关心的是，当我们说艺术品是世界的表现时意味着什么。在此，我们有一切理由同意伽达默尔的观点，在《真理与方法》的第一部分中，他表明了当康德，以及首先席勒通过对本体论和认识论的极端割裂将美学边缘化时失去的是什么。艺术、表现及美学那时被排除在认识和真理之外；艺术尽管被捧到远离人类日常事务之地，抬升至人类成就的至高领域，其代价则是，艺术和美学与知识和真理的追求了无干系。

五 历史表现

正是这一点令历史著述成为如此迷人的学问,颠覆了哲学的现有范畴以及在关于经验、真理和认识的概念上被视为天经地义的东西。因为一方面,史学文本和艺术作品一样属于表现的典型例子,它寻求令不在场的过去(重新)到场——在这样做的时候,它驱使我们转向美学以阐明它是如何成功做到这一点的。但另一方面,谁会否认有历史认识和历史真理这么回事——不论究竟我们想怎样理解这些概念?因而,历史著述所做的是现有的哲学分支学科的后席勒式观念认为不可能之事,追寻**美学真理**。

说到这里,我应该稍许评论一下历史表现的概念,它将是本书余下部分的主要话题。也许许多史学家和历史哲学家对这一概念缺少认同——至少当"表现"概念被严肃对待,从而暗示图像表现与历史表现的平行关系,正如颇受尊崇的 16 世纪诗画同流(ut pictura poesis)传统主题的情况那样。也许会有这样的反对意见,认为史学文本有许多层面,这其中任何层面是否具有如绘画所示的与(美学)表现的某些共同点远非那么明白。史学文本一开始典型地给出的是现有证据的分析;它会探讨个别事件与过去的各种其他方面的关系;其文体是推论与论说性的;以及最后,对其他史家关于特定史学论题已经说过的东西会加以考虑。简言之,史学文本包含许多我们会将之与科学而非艺术或美学表现联系在一起的东西。[11]

---

11 关于历史研究的各个方面,包括理论方面和实践方面的,在塔克所编的书中均有详细的探讨。见 A. Tucker, ed., *A Companion to Philosophy of History and Historiography* (Oxford, 2009).

绘画中没有任何因素跟这相对应。因此，如果我们尊重"历史的"和"表现"这两个词的意义，看起来"历史（的）表现"这一短语在语词上是矛盾的。

我将不对这一反对意见的说服力进行争辩。不但每一史学文本确乎都包含刚刚概括的那些要素，对表现概念来说这的确是不相容的，并且我打算承认，所有史学著述的很大一部分都完全由这些因素构成，因而，表现概念不是适用于它的任何一个部分或是方面。因此，历史著述的什么方面，如果它存在的话，可以被标示为"历史表现"，这一点需要有更清楚的说明。

在这一语境下，我们应该牢记历史研究（Geschichtsforschung）和历史写作（Geschichtsschreibung）的区别，许多19世纪的史学理论家像德罗伊森都曾提出了这一区别。[12] 历史研究牵涉到史家对过去存留下来的证据的分析。它处理史料的选择、阐释以及分析，还有这一分析如何帮助我们对证据所告诉我们的过去做出因果（或其他的）解释。[13] 毫无疑问，历史学家关于过去所写的很多

12　J. G, Droysen, *Historik. Vorlesungen über Enzyklopedie und Methodologie der Geschichte. Herausgegeben von Rudolf Hübner* (1857; repr., Munich, 1971).

13　在描述由短语**历史研究**到**历史著述**的"转换"时，中世纪学家胡文（Ebels Hoving）写道，"二者［之间］存在着一个活动的空间。此后出现的是新的努力，带着自身固有的风险。所有关于故事自动讲述自己的希望一下子消失了。嘻，没有什么会自动地向心灵呈现，没有什么会自己浮出水面；相反，所有那些费劲收集在一起、考证和阐释的东西都失去其自明性，开始提出令人尴尬的问题，蠢话、事端和疑虑开始出现，同时，也有深深的惊喜甚至是狂喜。最可怕的事情也许会在这时发生，在最糟的情况下，一切都可能是白费功夫。"见 B. Ebels-Hoving, *Geschiedenis als metgazel. Confrontaties met een vak 1950—2010* (Hilversum, 2011), 155。作为在历史系过了全部学术生涯的人，我确认这和我的同事们跟我说起他们的工作时总是说的情况是一致的。因此，我相信，关于历史研究和写作之间完美连续性的信念是神话，它是由关于经验事实的理论负载这一命题引起的。

第三章 阐释

东西都不超出这些内容。但在此之外,还有一个历史著述的层面,历史研究的结果在此被整合进历史叙述或表现。支持区分历史研究和历史写作的人坚持认为,不能将这一阶段上发生的事情归结为历史研究实践。换句话说,在确立历史事实阶段所遇到的问题——包括实践的和理论的——与将这些事实整合进统一史学文本的任务是本质不同的。在第一个层次上,历史学家得确定关于过去的事实;在第二层次上,他得决定在他的文本中使用什么事实,把什么当作是与对过去特定方面的恰当理解无关的东西略去。历史写作本质上是一种**选择**:从被认为无关的东西中分离出对恰当把握历史现象至关重要的东西。

历史研究和历史写作之别——虽然对深思自身实践的历史学家来说始终是不言而喻的——在史学理论家那里没有市场。事实上,我不知道有哪一个当代历史哲学家支持这一区分。当讨论到它的时候,它被当作19世纪粗俗的实证主义的遗存加以拒斥,这种实证主义仍然坚持将事实和理论严格分开的可能性。但是,对这一区分的异议持续存在,事实只有在理论的框架内才能被发现和描述。因此,在科学中是这样,在历史著述中也是这样:历史学家并非像某些流行但多少有些不雅的隐喻所说的那样是"赤条条地"走进档案馆的。认为历史学家光着身子穿过大街跨进国家档案馆大门的观念确实是最倒胃口的前景,因此,我们肯定要竭尽避免这种情况发生。从这些的确多少有些奇怪的想法中总是导出这样的结论,我们必须摒弃历史研究和历史写作之间的区别。

我能同意所有这一切——尤其是对历史学家们光身来去的担忧——但其结论除外。要确立、描述、阐释和解释事实肯定是需要"理论"的。正如丹托著名的坚称[14]和经验观察的理论负载命题所经典地阐述的那样,事实总是被置于理论的特定阐述和确定之下。但是,我坚持主张,事实与理论的相互关联应该被视为只限定在历史研究的层面上。事实的确不是先于理论被给予历史学家的。但这并不迫使我们将历史写作归结到历史研究的层面。要接受这样的结论,唯有把在历史著述中所表达的东西看作是一个大历史事实的表现。在直觉上是这样的,史学文本的具体内容描述的是各种琐细之事,而文本作为整体所言说的则是大历史事实(大概是由所有这些琐细事实加在一起构成的某种大东西吧)。这样一来,经验事实的理论负载命题的领地看起来将由琐细事实层面扩展到这些大历史事实的层面(从而扩展至历史写作的层面)。

但是,大历史事实的观念可以被诊断为明克所说的普遍史综合征的一个更典型的表现。[15]并没有这样的大历史事实,将经验承载理论命题用在这上面(从而用在历史写作层面上)完全是误导性的。历史研究与历史写作之间的区别完全是无可置疑的。历史写作不能被归结到历史研究层面上——虽说,再次重申,如果历史学家宁愿根本不理会历史写作,也未必是错的。

在本书中,我将使用历史表现概念指涉与历史研究相区别的历史写作。历史表现关注作为一个整体的史学文本,而不是构成它的组成部分。这一术语意在反映这样一个事实,史学文本(作为一个整体)与历史实在的关系实质上是美学性的,正如对艺术

---

14 A. Danto, *Narration and Knowledge* (New York 2007), 218—223.

15 L. O. Mink, "Narrative Form as a Cognitive Instrument", in Mink, *Historical Understanding*, ed. Brain Fay, Eugene Golob, and Richard T. Vann (Ithaca, 1987), 182—204. 尤其注意明克反对通史的论证。亦见本书第二章。

作品可以这样说一样。但是，在这一意义上将历史表现与艺术作品等量齐观不应被看成是对历史学认知目的和取向的背弃。隐喻地说，当我将艺术和史学齐一看待，这是历史理性对艺术和美学的入侵，而不是相反。到目前为止，历史写作与表现并没有被给予其应有的重视，因为史学理论家们担心，为美学所惑或反过来让自己抛开所有的真理约束享受自由快感会让自己背离真理。

但是，历史写作的独特趣处恰在于其对美学与真理的统合。如果我们想揭开美学真理的秘密，历史写作乃是开启它的秘钥。[16]因而历史写作的问题不但对史学理论家是有趣的，对所有哲学家也是如此。历史写作让我们意识到独立于科学合理性的美学合理性的存在，在一个多世纪的时间里，语言哲学家和科学哲学家急切地对前者展开了研究。对艺术品中美学真理的探寻似乎走进了哲学迷宫，我们几乎一开始就迷失了方向——一个原因是大部分的艺术本身已经将这种探寻视为对艺术无知的反常举动——历史表现则在揭示关于过去的真理之外别无目的。

六 结语

在本章中我们得出了两点结论。第一，我们应该将阐释和表现加以区分，尤其是避免只从阐释的角度看待史学文本。第二，在史学文本中，表现先于阐释：只有首先有一个表现从而一个要么真在的要么是想象的实在在文本中被表现之后，才会有阐释。

---

16 详见第六章。

毋庸赘言,由表现引起的被表现实在始终在场的"记忆"将限制阐释实践的回旋余地。当我们阐释一个文本的时候,我们永远不可能完全抛开对文本对之为"真"的东西的想象,不论这种想象是多么不清晰或不完美。[17]

由此可见,历史写作首先是一桩表现的行当。因为美学是探究表现的哲学分支学科,本书中提出的关于历史写作的解说从根本上说是美学性的。

---

17 关于史学文本的真理,见第六章。

第四章　表现

一　引言

如果我们必须区分阐释和表现，如果史学文本首先应该被视为是对过去的表现，由此可见，为了得到对史学文本是什么，以及它如何与其所表现的东西相关联的可靠理解，有必要对（历史）表现概念做深入的分析。这将是本章和第五到第七章要讨论的问题。本章将聚焦（历史）表现概念本身。在接下来的三章中，将从（1）指称，（2）真理，和（3）意义的角度对这一概念做进一步的分析。在我这四章的论述过程中——它们共同构成了本书的核心部分，这一点会逐渐变得清楚：在（历史）表现中，意义比指称和真理更基本。由此可见，在我的阐述中，意义必定保持未界定的状态（假定真理和指称是界定意义的唯二选项），因为，要是意义可以依这两个概念中的一个或二者来界定，真理和／或指称必定比意义更基本。这同样可以解释我在这四章中论述的倒溯性质——从表现经由指称和真理到意义。那在概念上最基本的必须保持未被界定的状态，只有当指称和真理已经被证明如何将我们指引到比它们更基本的东西之后，它才能被恰当地理解。

二　表现和描述

我们的出发点是，应该严格区分描述与表现。[1]在真正的描述的情况下——想想形式为"A 是 φ"的陈述——个人总是可以区分出其中指称的部分和另外只将性质归诸陈述所指称对象的谓述部分。在诸如"A 是 φ"这样的陈述中，"A"指称世界中的某个对象——在此，"指称"依语言哲学的通常用法理解，指"唯一被拈出的"——而"……是 φ"则将性质 φ 归诸 A。指称的操作（第五章的论题）或"唯一地拈出"可以通过像路易十四这样的（逻辑）专名，或通过唯一可确认的描述如"第一个踏足月球的人"实现。这唯一地拈出对于描述可以是有真假的确属至关重要；只要我们还不确定陈述或描述指称的是世界上的什么东西，我们就不能确定命题的真假。如果满足唯一拈出这个条件，你就可以转向陈述所指称的对象，看它是否具有那些性质。如果答案是肯定的，陈述或描述就是真的；如果答案是否定的，那个陈述就是假的。

因此，真值陈述（或描述）的逻辑形式中蕴含着特殊的本体论：关于由可确定的独特客体所构成的世界的本体论，依真值陈述中的谓述我们可以描述它的性质，其主语指称这些客体。这正是尼采奇特地与彼得·弗雷德里克·斯特劳森先生的《个体：描述形而上学》一致之处。存在出自真假；实在是我们的真值陈述——不论单称或是全称的——因之为真者（奎因）。20 世纪语言

1　关于这一点更广泛的讨论，见 F. R. Ankersmit, *Historical Representation* (Stanford, 2000), chap. 1。

第四章 表现

哲学大部分都是在探究这一简单图画所引出的种种复杂问题。但是我相信，自弗雷格以来关于这一点说过的所有话，决不能被说成是对这里所勾勒的这一诚然相当初步的框架的驳斥。这一框架决定了在本体论和认识论上真假概念的使用是如何操作的——即便在实际语言哲学和科学哲学研究中，我们可能进入离单称真值陈述范围相距甚远的领域。

但表现的情况相当不同。考虑一下绘画——更具体一些，考虑一下以某人为对象的肖像画。在肖像画中，你没法区分出专门指称和专门描绘对象特征的笔触。在肖像绘画中，这样的区分是没有意义的。因此，从逻辑的观点看，绘画表现跟描述有本质的区别。历史表现也是如此。[2] 在这两种情况下，指称与谓述没法彼此清楚分开。考虑一本关于法国大革命的著作。其中你不能确指哪些章、哪一节、哪个段落或句子**专一**指称法国革命，而其他的那些则**专一地**将特定属性归诸它，像在单一真值陈述中典型地所是的那样。指称和描述总是不可分割地彼此相连。这也解释了为何我们不能说关于（如我们在肖像或历史书中看到的）表现的命题真假。[3]

有人可能会反对说，历史著作是由关于过去的陈述构成的，

---

[2] 利科同样强调表现与图像在逻辑上的一致性（虽然并没真的对之加以论证）："一种交错配列被建立起来，它让图画说话，叙述呈现，每一表现模式在他者那找到其最特殊、最本己的效果。由此我们对自己说我们读一幅画。" 见 Paul Ricoeur, *Memory, History, Forgetting*, trans. Kathleen Balmey and David Pellauer (Chicago, 2004), 267。

[3] 除非真理概念被这样重新界定，以令其适用于历史表现。在第六章中将提出一个关于表现真理的定义；在第七章中我们会看看它是否与命题真理不同，虽然说后者可以被归约为前者。

而这可以指导我们在历史表现中如何区分指称和谓述。可是，我们怎样做到从陈述到表现层次的转换？也许通过将历史表现的指涉物与陈述所指称的相等同？显然，说历史表现指称某些其所包含的陈述不指称的东西是没有意义的。然而，正如任何对历史著述哪怕有些微了解的人都会知道的那样，一个历史表现中各个陈述句的主语典型地指称各种不同的事物。那么，其中哪一个最可能成为历史表现指称对象？也许是在那一表现中的各种陈述里最常被提及的那个？可是，难道我们不应该考虑那个表现中所指称对象的相对重要性？在出现频率和重要性之间我们如何权衡？尤其是，有没有史学文本是这样读的？显然没有。更重要的是，关于属性也可以讲几乎一样的话。

因而，一旦我们转向语言的表现性运用层次时，我们必须把真值陈述模式撇在一边。[4] 因为在这种情况下，你不再可能将指称与属性区分开来；不存在可以以任何程度的精确性加以确定的 A

---

[4] 奎因、戴维森及罗蒂著作中的反认识论倾向常常被表述为"反表现主义"。在这里，这个词特意用来批判我称之为"真值描述"的认识论—逻辑主张。因此，通常所说的反表现主义不应误解为是对我在这所说的表现的拒斥。事实上，现有的语言哲学对关于表现的这一特殊概念尚不知晓。在这方面，本书可以被看作是吁请语言哲学探索新的领域——即史学文本的领域。在此还有一个与此相关的观察。没有人会看不到这一事实：我在此所辩护的主张，即描述不表现，较之奎因等人的反表现主义远为简单、直白和更为自明。这不免让我们猜测，奎因的反表现主义只是这里所论说的（与真值描述相关的）反表现主义的边缘性个例。这在相当程度上取决于我们把什么认作语言使用的最基本形式：文本或真值陈述。如果是后者，我关于奎因反表现主义的边缘性之说无立足之地；但如果是前者，那就是另一回事了。这的确是最可信的立场：真值陈述只在包含它的文本的上下文中才有意义。当我们从文本转向真值陈述，我们走在非本然的抽象的方向上。只有当我们转向相反方向时，我们才看到语言的当行本色。另见我的 *Narrative Logic: A Semantic Analysis of the Historian's Language* (The Hague, 1983), 144—169。

的或 φ 的指称、意义和内容。结果是你不能说语言（表现）的这一部分是真的还是假的。假设你没法不这样想，那么，有什么证据支持你关于真假的主张？我得马上补一句，这当然不意味着在倾向于这个表现（例如，关于法国大革命的表现）而非那个表现时不能有理性的论说。我所说的全部意思是，**命题性**的真假标准在此了无助益——因此，我们应转而寻求**其他**标准，那些**适用于**关于过去的历史表现的标准。在第六章中我们将会看到，这一探寻的确会得出非命题性的真理。

现在可以提出，既然在肖像绘画中指称与属性没法被区分开，这两个逻辑步骤在此同时发生，表现的神奇之处在于，与真值陈述不同，它总是成功地在同一过程中将指称与属性拉在一起。而这就是表现之所是：它在一个步骤中完成描述在两个步骤中完成的事。因此，从逻辑的观点看，在描述和表现之间不存在真正的区别。二者都可以被归约到指称和属性概念上。由此可知，仅就指称而言，被表现者（即由表现形式所表现的）和真值陈述对之为真者之间并不存在有趣的逻辑区别。

三 表现是一个三阶概念：样貌[5]概念

但那个结论不能令人满意。如果我们对什么是由表现形式所

---

[5] 在其《哲学研究》第二部分第 11 节中，维特根斯坦以相当篇幅处理样貌的概念。他主要感兴趣的是我们是怎样对同样的感知刺激做出不同阐释的，他的主要用例有颈瓶和鸭兔图。但在这节和本书其他部分，我关注的是很不一样的事，即样貌和它是其一个样貌的那个对象之间的关系。在维特根斯坦那里，其所关注的则是一种样貌潜在地是不同事物的样貌。

表现的这个问题做更深入的思考，描述与表现之间的不对称性就会更清楚地显现出来。

乍看之下，这肯定像是个愚蠢的问题。在一幅拿破仑肖像或是一本拿破仑传记中，被表现的除了拿破仑之外还能有谁？难道拿破仑不就是相关表现的明显指称，尔后有一些特性被归诸它？于是，看起来由一个表现形式所表现的就是世界上某一可确定的单一对象（如拿破仑），表现指称他，就像真值陈述中的主词所做的那样。按照这样的思路考虑问题似乎正是简朴常识所要求的。进而，如果说一幅拿破仑像或者传记所表现的不是他本人，还可能是谁，并且我们该怎么理解它跟拿破仑本人的关系？

再想想肖像画。我们本能地将被表现者跟世界中一个单一可确认的对象等量齐观，并且说在此被表现者就是那个被艺术家画在肖像上的那个人。想一想一幅拿破仑的肖像。难道我们不能说这幅画真的是一幅拿破仑的像，而不是比如说路易十四的？因此，这幅肖像（表现）与拿破仑有关，正如真值陈述跟世界有关？看起来事情就是这样。但是，这样我们就是把两个分开的步骤混为一谈了。的确，作为一个关于肖像的陈述来说它是对的，但如果对作为表现来看的肖像（即作为对被表现者的表现）则是**不对**的。在眼下阶段上，我们首先探讨的问题是表现，其次才是关于表现的陈述。我们不应将前者的逻辑投射到后者。因此，我们不能由我们可以真实（或虚假）地指出说那是一幅拿破仑的像这一正确的断言推出一个完全不同（且错误）的断言，说拿破仑像可以为真或为假。我们必须清楚区分关于表现的陈述（那可以有真假）和表现本身（那不可以有命题性的真假）。

第四章 表现

其次，试想我们有关于某一个人的多幅绘画（即表现）——例如，有大卫、格罗斯、吉罗代—特里奥松以及吉尔雷等所画的拿破仑像。这些表现都不一样，甚至极端不同（比较一下大卫所画的拿破仑和吉尔雷的）；如果说表现是关于一个被表现者的，就被表现者是由表现形式所表现的而言，那么，这些"被表现者"必定也是不一样的。这就要求我们摒弃将（画布上）被表现者等同于肖像画所画的（那个现实中的）人的观点。我们必须拒绝将被表现者与指称的对象混为一谈，认识到将二者混同是非法地将命题的结构投射到表现上。我们别无选择，因为我们知道，大卫和吉尔雷所表现的拿破仑的差异正是这些表现的目的所在，是驱使艺术家赋予它们以其所具有的特质的地方。如果有人对大卫和吉尔雷说，他们两人画的拿破仑的不同只是无关紧要的细节上的差异，那一定会遭到他们双方的强烈反对，因为他们都着意让自己的表现指向**那同一个人**，即拿破仑。

现在，让我们考虑从不同角度拍的同一个人的一组照片。同样，乍一看，我们会说每次所表现的——照片中的人——是一样的。但这种说法是不恰当的，因为这样说没有恰当体现下述事实，在一张照片上拍的一个人的侧面，而另一张相拍的是背面，等等。还有，说从头到尾只有一个被表现对象（即相片中的那个人）不只是错的，而且是误导性的，因为它是全部真理的一部分。这一说法可以恰当地被理解为缩略表达，正确说法是：**这张**照片所表现的是一个人的侧面像，**那张**是他的背面，等等。由于从不同角度着眼，每次我们看到同一个人的不同**样貌**。我们不应将被照片或绘画描绘的人和由表现形式所表现的东西混为一谈，后者只是那个人的一个**样貌**。因此,被表现的只是各个"样貌"——这将是本书中几个主要的专门术语之一。[6][*]

现在可能有这样的反对意见,认为被表现的人物与由表现形式所表现的东西之间的区别只是缺乏实践和理论意义的把戏。试想我们有一组不同的人的照片。谁会说我们手上的是人的不同**样貌**的一些照片,而不是简单地说我们有一些不同的人的(不同)照片:在这里说什么样子匪夷所思,由此得不到任何东西。对历史写作来说这会有什么不同吗?大多数史学文本写的是此前没有触及过的话题。谁会说这些文本是关于过去的一些面相而非过去本身?

对这一反对意见我有两点回应。第一,拿照片来说。当我们说在不同人的一组照片中,被表现者每次都是被照片表现的那个人,这也是下述正确说法的缩略表达,即每个被表现的事实上只是一个人的一个样貌,而非他或她本人。诚然,在这种情况下,人与其样貌的混淆并不产生实际危害,因为,根据这些样貌,我们通常很容易就可以将他们分辨出来,就跟当面看到他们本人时一样。我们的想象精巧地将这些样貌汇成图像,就像我们预期在现实生活中如果遇到具有这些相貌特征的人时会看到的那样。这

---

[6] 关于这一部分中提及的"样貌"(aspect)一词,我必须提醒不应在比喻的意义上理解它,那很容易遮蔽其原本的实际字面意义。"样貌"一词很容易被立即联系到一个特定的视角看待事物,让我们相信只有可以被看到、触及的事物才会有各个面。与此相反,在我对这个词的使用中,我将其词源及比喻的起源放在一边,从而可以比如说某一事物是生活、当下经济现实或事实上历史的样貌。因此,我是在字面而非比喻的意义上使用这个词。

[*] 这里英文原文为"aspect",中译有"方面""外表"等意,在本文中,其意偏重于后者。为中文顺遂,中译在不同语境下分别采用"样貌""形象",但主要是"样貌"加以表述。特此说明。——译者

是我们所拥有而其他高等动物所没有的能力。狗不能从照片上认出它们的主人。[7]

样貌有时甚至被以这样的方式处理，使得对它的辨识甚至比对实际的人本身的表现更容易。样貌有时比它们之为其样貌之物具有更明确的个体性——这一点在漫画中得到充分的体现。某一政客的大鼻子被放大到不成比例的程度——你比在照片中更容易认出他。

我们常常如此轻易地由样貌转向它们之为其样貌之物，以至于完全忘记了我们面对的是前者而不是后者。在这一意义上，我们生活在一个样貌的世界，其程度远较我们所意识到的强；将样貌错认为它们之为其样貌的物是我们事实上总是在做的事。以这种方式，表现（的逻辑）契入我们与世界的相互关系远比我们日常意识到的深。因此，这是哲学家的新任务：样貌无处不在，但在哲学论说中却无迹可寻。[8]

现在来看历史。首先，大量历史著述不断言说同样的话题。

---

[7] 但它们的确能辨认出录制下来的主人的声音。可是，这些复制的声音所呈示给我们的不是样貌而是人的性质的模拟或复制。进而，注意，这一论据一点也不排除动物如狗拥有对周遭事物的表现。它们无疑拥有表现能力。但是，拥有表现的能力并不必然意味着有将样貌精巧汇成对这些样貌是其部分的对象的想象。

[8] 有一个例外。这里所提出的样貌概念与范登艾克（Van den Akker）阐述的"通过例子的方式显示"很接近，当他这样写道时，明显与样貌概念相关联，"我提议使用'通过例子显示'的说法。历史研究所指向的过去的方方面面（过去事物的清单）从历史命题是获取意义，对于这些命题来说，它们是其例示。"见 C. van den Akker, "Historische representative en de betekenis ban het verleden", *Tijdschrift voor Geschiedenis* 12 (2010): 431, 432。进而，范登艾克关于过去的样貌由表现中获取其意义的论点，跟我在第六章里讨论的关于表现的真理如何由历史表现所揭示的说法很接近。关于范登艾克对历史表现的戴维森式论述，详见 van den Akker, *Beweren en tonen. Waarheid, taal en het verieden* (Amsterdam, 2009)。

试想一下法国和俄国革命（后者有两个，即1917年的一次和1991年那次），大屠杀，等等。即便是我想象中的反对者也会立刻同意，现在的问题是面相（什么不只是法国革命的某种**面相**，而是其**全部**？）。但现在考虑一个更困难的个案：那些第一次探讨的论题。比如，关于拿破仑的第一本书。在这种情况下，将书中被表现的跟拿破仑本人等同行不行，就像我的反对者也许会提议的那样？当然不行。假如在那本书之后写出了更多的拿破仑传记，所有这些书将拿破仑的各种样貌呈现给我们——即便语言使用上的不严格性会让我们说它们都是关于拿破仑本人的。对语言的不严格性可以不必计较，但不严格就是不严格。那么，第一本书怎么说？是不是它将始终是唯一一本真正关于拿破仑本身的书，后来的那些则只是关于拿破仑的各种样貌的？或者更多的拿破仑传记的出现会迫使我们将第一本传记的地位从关于拿破仑本人的降级至只是关于拿破仑某些样貌的？这些问题显然是不合理的，这样就使面相的观点成为仅存的选项。

最后一点看法。关于历史，我们往往受制于对具体性的错误信心。当我们思考过去和它的样貌的时候，我们往往将范围局限于人物、战争、城市、绘画、家具等等。但我们知道，历史学家还写了许多其他和更抽象、面目不清的东西，如工业化、社会抗争、经济增长或人文文化等。在这些情形中，什么被算作客体以及其样貌是什么样的？如果我们仔细审视，每一客体是否最终不过是一种样貌并且 / 或者反过来，一种样貌即是一个客体？如果是这样，那么，在客体和样貌彼此之外有什么客体或者样貌？因此，我们是不是将历史本身中不存在的（客体及其样貌的）区别

第四章 表现

塞进了历史研究？我乐于同意这一点。

但是，这一论断偏离了要点。对具体性的错误信心让我们从这里所辩护的表现理论转向了本体论命题。这使我们（1）把世界本身感知为由事物及其样貌所构成，它们对应于由表现形式所表现的东西以及被表现的；（2）声称在诸如革命、人文文化等相对抽象事物的情况下，对象及其样貌的区分是没有意义的；以及（3）由所有这一切中得出结论，表现理论必须被拒斥。然而，这里所辩护的表现理论不是一个本体论命题，而是一个涉及历史写作（乃至表现）的逻辑的理论。我所能达到的与本体论阐释最接近之处，是允许所表现的东西应能在我们拥有关于它的历史的证据的地方——在这里强调的是"关于"（当然不是"作为"），以及证据范围涵盖历史学家所探讨的所有事情的地方给出，从个体历史行为者到社会或文化史的抽象对象。历史客体的确常常是物质性的事物，却不必然如此。最终，是表现——而非关于过去自身本质的本体论反思或理论——将过去划分为由表现形式所表现的东西和被表现的样貌。

这样，每一个表现在自身中带着它自己的被表现者或是样貌——很像在阳光下我们每个人都带着个影子——这些被表现者中的每一个都不可消解地跟一个且唯一一个与之对应的特定表现联系在一起。因而，从逻辑的观点看，表现是三阶而非二阶概念。一个表现（1）界定一个被表现者（2），依此，世界（3）被看到——关键是不要把（2）和（3）相混淆。对于那些将这些观点当作弗雷格式观点的可疑和过度阐释加以拒斥的人，我想提醒他们，（1）语词具有（2）它们的指称或内涵，且（3）它们的意义或外延，指称和意义不应该被混为一谈。在此我们同样有一个三阶概念。我将在下文中详细讨论表现与弗雷格模式的区别。[9]

最后,有一个术语方面的问题。[10]"被表现的"(represtnted)是一个笨拙且误导的词,因为人们完全可以将(2)和(3)二者都说成是在表现中被表现者,而我论证的全部观点恰恰是**不要混淆(2)和(3)**。因此,在(2)的意义上,我将以"所呈现的"(presented)替换"被表现的"。这一用词使我可以这样总结我的论点:**表现(1)为我们提供了被表现实在之(3)被呈现的,或样貌(2)**,颇如我们将某人的注意力引向某一事物的特定样子一般。虽然这些样貌既不能被归结为该事物本身,也不能归结为其性质。正如我们在第六章第二节将看到的,样貌或所呈现的少于事情本身,多于性质(properties)。

四 表现,隐喻和风格

将表现看作三阶而非二阶概念同样可以解释为什么(历史)表现往往被与隐喻相联系。[11] 隐喻和表现拥有同样的结构。考虑隐喻"地球是艘太空船"。我们可以说这个隐喻(1)提议或邀请我们把"地球"(2)看成"太空船"(3)。在此,(3)代表(2)的

---

9 我在这里没有暗示表现应该被描绘进语词如何与世界相连的图景:被表现者乃是世界的诸方面,在这说意义的事情是很奇怪的。因此,相似性仅仅是结构上的。详见第六章第二节。

10 我要感谢穆伊(Hans Mooij)建议我采用"所呈现的"(presented)一词。

11 因而科泽勒克说:"作为科学的史学与仅基于隐喻的史学是不同的。"见 R. Koselleck, "über die Theoricherürfigkeit der Geschichtswissenschaft", in Zeischichten (Frankfurt am Main, 2000), 305。

第四章 表现

样貌，这是由该隐喻所突出的。隐喻将我们的注意力聚焦于**事物的样貌**，就像在表现中那样；隐喻因而和表现一样有它们"所呈现的"。丹托在澄清表现与隐喻的关系上用力甚多：

> 当拿破仑被表现得像个罗马皇帝的样子，雕塑家［安东尼奥·卡诺瓦尔］不仅用过去的装饰如据信为罗马皇帝所穿的服装表现拿破仑。雕塑家还急于让观众对主体［拿破仑］采取一个适合于较显赫的罗马皇帝——恺撒或奥古斯都——的态度［如果是马库斯·奥略留，则多少得有一种不同的态度］。如此穿着的那个形象是一个尊严、权威、伟大、权力和十足政治性的隐喻。的确，将 a 描述或描绘为 b 总是具有这样的隐喻结构：沙斯基娅之为花神，玛丽·安托瓦内特扮作牧羊女，西邓斯夫人扮作悲剧女神——格雷高尔·萨姆沙变成甲虫——绘画仿佛成了依 b 的属性看待 a 的某种指令（带着这样的意味，当然不必然合理，即 a 不是 b：早先介绍过的艺术的同一性的概念可以看成是具有这样的隐喻性结构）。[12]

这里一个关键的观念是，所有的表现都是表现**为**——拿破仑（被卡诺瓦）表现**为**罗马皇帝，沙斯基娅被表现**为**花神，玛丽·安托瓦内特被表现**为**牧羊女，等等。[13] 很明显，没有人会不注意到

---

12 A. C. Danto, *The Transfiguration of the Commonplace: A Philosophy of Art* (Cambridge, MA, 1983), 167.

13 我要说西邓斯夫人的情况有些不同，因为庚斯博罗（Gainsborough）并没有把她画成悲剧女神：这是一幅西邓斯夫人的肖像，穿着我们认为适合于悲剧女神的服装。服装在此对被画者没有影响——这和卡诺瓦雕塑的情况显然不同。

在卡诺瓦雕塑的例子里表现的这一特征。但是,即便是在那些不像卡氏那么直白地表达他们希望自己的表现被怎样理解的雕塑家和画家那里,表现始终具有表现为——的特征。从丹托所坚持的观点中已看得相当清楚,表现的部分工作是要求观众对其所表现的东西采取一定的态度。在丹托看来,这是表现和隐喻所共有的:即"表现为——"在此,后一用语将我们的注意力集中在世界的一个**样貌**,而当然无须成为这样一个样貌**本身**。

如同我在别处所坚持过的,[14]对于典型的历史概念如文艺复兴、启蒙运动等来说情况也完全一样。与之相关的历史著作的确可以看成是一种隐喻,它们吁请读者依与"复兴"(或"重生")或"启明"这些词相联的意思关注过去(16世纪意大利,18世纪欧洲)的某一阶段。再一次,我们不会对其与表现作为三阶概念的结构相似性没有印象。(1)18世纪心灵的理智框架通过(2)历史学家对启蒙运动的表现,其内容是(3)表现所呈现者。

隐喻通常被看作纯粹是一种语言现象:在"地球"和"太空船"两个词之间的语义关系并未将我们带到语言领域之外,更准确地说,没有把我们带到与这些词相关联的东西的外部。隐喻是意义的互动——虽说当然了,这一互动对我们如何理解世界和/或者我们对它的认识、对最终我们如何行动都是有后果的。麦克斯·布莱克以"人是狼"作为隐喻的例子,指出,"读者所需要的实际上并不是了解'狼'的标准字典意义——或者说能正确使用这个字——而是知道我想称之为'相关的日常事物系统'的东西。"[15]隐喻令联

---

14 见我的 *Narrative Logic*, 209—220, 和我的 *Historical Representation*, 13—20。

15 M. Black, "Metaphor", in *Models and Metaphors* (Ithaca, 1962), 40.

系动词两边两个**词的意义**(而不是它们所指的东西)**互动**——这就是布莱克为什么提出"隐喻的互动观点"。实在本身并不加入这一互动。

对于历史隐喻来说情况与此不同。试考虑文艺复兴。这个隐喻让我们将"重生"这一意象投射到过去本身的——因而也是历史**实在的**——某一阶段上(如同在关于西方文化史那一阶段的史书中并通过它所具体阐明的那样)。因此,在此存在着意义的互动,但运动的进程只在一个方向上展开,即从语言到世界。过去本身或多或少只是被动地接受历史学家所赋予它的意义。意义是被投射到实在中的。也许意义对于过去本身来说并不那么若合符节,但无论如何,过去都不会对这种不合理的乱判提出抗辩,就像我们爱给房子上什么色就上什么色。只有(**事后**)历史学家会提出抗辩。这样,在历史隐喻中,我们穿越了语言与世界的界限。这**二者**均在事情之中,相反,在布莱克的讨论中,隐喻从未离开语言和意义的场域。总之,历史隐喻确乎很像是具有 A 是 B 形式的常规隐喻,但在这 A 代表的不仅是与这个词有关的意思(像在常规隐喻中那样),而且是 A 所指向的实在的一部分。在下一章中我们将会看到,历史表现——以及由它所定型的隐喻——穿越语言/实在樊篱的能力同时使我们能提出一个非命题性的表现真理概念,它能够公正对待我们关于真理总是涉及语言和世界的直觉。[76]跟我们所熟悉的像麦克斯·布莱克、玛丽·黑塞、唐纳德·戴维森、塞缪尔·列文、乔治·雷科夫和马克·约翰逊这些当代理论家相比,这无疑是对隐喻更富雄心的运用。

我们可以将这一论点重述如下。隐喻和表现均提出看待(过去）实在的特定方式。这将引出这样的观点，即表现所呈现的是（特有的）看世界的方式。由于"看世界的方式"这个短语的含混和不严格性，这一说法严格说来不算错，但却可能是误导性的。我们首先把看 X 的方式与我们对 X 的态度联系起来，而不是把它跟 X 本身或它的任何部分联系在一起。我们只会将把沙斯基娅看作花神有意义地归诸伦勃朗不是沙斯基娅（除非她本人正看着所说的那幅画）。但这似乎不仅跟前此我们关于被呈现的乃是由表现形式所表现的实在的一部分——从而是实在**本身**的一部分——的看法相冲突，并且和刚刚说到的关于历史隐喻有沟通语言／实在之间丘壑的能力的观点相左。正如这幅照片中呈现的是一个人的背面本身，另外的照片呈现的是同一个人的正面，历史隐喻同样将我们指向过去实在本身。总之，表现和历史隐喻二者均穿越语言／世界之间的阻隔，并且它们以同样的方式做到这一点。

五 语言和实在

这些观点增强了历史隐喻中语言与实在关系的实质这一问题的迫切性，同样还有表现的客观对象和那一表现所呈现的东西之间关系问题的迫切性。当我们允许隐喻和表现成为沟通语言和世界的津梁，并且是从看上去不太可能的比较事物与语词的路径入手，这到底是怎么回事？

因为丹托在这方面对我们没有太多帮助，我们最好转向纳尔逊·古德曼在他的《艺术语言》（1976）中提出的表现理论。我想到的是古德曼对表现的"相似理论"的批评，根据这一理论，表现必须与其所表现的东西相似。[16]肖像应该和被画的人相像。如果不像，就不能被当成是被画者的肖像。在古德曼看来，相似理论的主要缺点是天真，或本质上的不彻底性，因为它没有提到，断言表现须与其所表现的相一致就得假定，我们手头上有某种定义什么可以被**算作**相似的符号系统。想一下地图绘制。有许多将地球投射到一个二维平面地图上的方式：地平经度投影法（正射投影与等焦投影）、等距投影法、球面投影、圆锥投影、圆柱投影、墨卡托投影法，等等。只要知道所用的投射系统是什么，我们就可以宣称地球上的某个点被准确表现在地图上。这多少就是古德曼所说的符号系统的意思。

关键是，我们采不采用某一投影系统不是由世界本身是什么样子决定的：地球（或世界）不可能担当符号（或投影）系统 X 和 Y 的仲裁者。这正是相似理论没有看到的——也就是说，表现应该恰当和忠实地表现世界。这一无可争辩的事实仍然留下一个未决的问题，就是世界应该怎样被表现。世界只是**存在着**——因此，是**我们**来决定，在考虑到便利、习惯、效率、美观诸因素的基础上，采用哪种符号系统。再想一下绘画中的风格，这首先是和古德曼艺术世界及审美表现的符号系统联系在一起的。关于风格本身没有根基的想法并无争议。实在并不对它应以何种风格来表现发号施令。相反，这是由画家来决定的（如果这也算**是**个决定的话）。但我们也知道，风格通常对一幅画的意义比对什么被画在画里起更多的作用。风格，而非内容，能让我们把伟大的画家和他的那些更缺少才华的同事区分开来。因此，在绘画表现中，

16　N. Goodman, *Languages of Art*, (Indianapolis, 1976), 39, 40. 对这一理论更进一步的澄清，见第八章。

有一个重要（也许甚至是具有独一无二重要性的）因素，它没有根基，不能拿来跟实在相比较，但对绘画的意义和艺术价值来说却是决定性的因素——要在表现所呈现的东西中去发现（重申一遍，不要把这跟绘画所表现的对象混为一谈）。

这在描述与表现区别的清单上又增添了一项。在二者中都存在着具体确定语言如何与实在相联系的规则。在描述中，是一些界定命题真理成立条件的语义规则。在表现中，是将对象，或世界的一部分，与被表现者相联系的规则。后者就是古德曼提出符号系统（或风格）概念时所想的东西。因此，在这一层次上，二者之间的确存在着共同的基础。

然而，区别之处在于强调的方面不同。在（真）描述中，规则是跨主体地被接受的——因而，我们可以跨主体地确定，某个依赖于这些规则的陈述（或理论）是真的还是假的。相反，在表现中，对这些符号系统缺乏普遍一致的同意：成问题的正是**这些规则**。我们将之投射到世界中——正如我们通过历史隐喻和历史表现将意义投射到过去。给定特定的符号系统或风格，我们不会问自己一个画家是否正确地表现了世界的一个部分。这种类型的问题是属于科学的，而不是属于艺术（或者艺术史）的。在这里，作数的是风格而非真理。[17] 或者不如说，在表现的相似理论令我们

---

17 我不想排除这样的可能性：在特定背景下，艺术（以及历史，如我们将看到的）中常规的东西也许同样出现在科学中。也许你会说（虽说这肯定不是我的观点），在库恩（Thomas Kuhn）所说的科学革命中，科学的符号系统骤然失去了通常所具有的自明性，并且暂时变得比真理更重要。这时科学更为表现性的，而非描述性的，但即便这一危险的观点可能会吸引一些人，没有人能否认，这样一种危机在科学中是罕见的。"革命"对理解当代社会来说是一个贫乏的概念，基于同样的原因，我们应谨防将这类危机视为科学发现逻辑的一部分。

第四章 表现

寻找真理的地方，现在占据真理位置的是风格。[18] 相似理论要求我们专注于被表现的及其表现之间的关系。事实上，只有被表现的可以说明表现的风格——因为，依特定的方面显现世界正是我们可以恰当地称为表现的**风格**的东西。[19]

因此，在历史隐喻和表现中，我们从处于语言和世界二者之外的角度寻找语言和世界的关系。我们可以说是后撤一步，跳出语言和世界场域之外；然后我们立即移到一个视点，由此我们可以深思**在这一特定情况下**它们的关系。我们于是自问，语言的哪一块会跟实在的某一块契合得最好；如果说认识论是研究语言和世界是如何彼此联系在一起的哲学分支，你可以说隐喻和表现都呈现给我们某种即时认识论（明显与所有认识论的自我理解相左），分别针对个别隐喻和表现所涉及的这些相当具体的实在。换言之，历史学家在创制其历史表现时事实上牵涉到一种特殊的认识论（或科学哲学、历史哲学），就**一个相当特殊的个例**回答语言和实在实际上如何相互关联的认识论问题。因此，克罗齐最终在这一点上可能是正确的，他宣称，历史学家与哲学家的专业相交。

---

18 在第六章我们将看到，我们可以设想一个跟这里所讨论的风格概念可以兼容的真理概念。

19 将这一论点重构为表现的风格让我们聚焦世界的样貌——这些样貌可以"代表"或"替代"世界本身——会提示我们一个关于表现的替代理论。根据这一理论，表现是其所表现的东西的**替身**。但按照本章中我的论证思路，替换理论得进一步明确化，坚持不是表现本身，而是其所表现者才是被其所呈现者替代的东西。（举例来说，一幅拿破仑像或一部拿破仑传的所表现者都是拿破仑，而其所呈现者则是画中或书中直接可见的表现性描绘。——译者）

六 关于性（Aboutness）

前此的论述可以重述为，历史文本——在与历史研究相对立的历史表现层面上——是"关于言说的言说"：它说如何将言说与世界联系在一起。这让我们想起奎因所称的"语义上行"："爱因斯坦的相对论被接受，不仅仅是反思时间、光、前趋物体，以及水星摄动的结果，而是对作为话语的理论本身，以及对它与其他备选理论相比之下的简洁性的反思的结果。"[20]

语义上行将我们推向关于时间、光、前趋物体等的反思，我们在此处于一个既在关于时间、光、前趋物体等的理论之外，又在这些事物本身之外的位置。因此，语义上行不是像理论言说事物那样关于（世界上的事物）的言说，而是如我们在上一节末尾看到的，在对历史表现来说为真的意义上的关于言说的言说。

我建议用"关于性"（aboutness）这个术语来刻画关于言说的言说。关于性暗示特定的非直接性，它与这样的事实相一致，在语义上行和表现中，我们通过一种**确实**与世界直接相连的言说方式，而间接地作出关于世界的言说。

我眼下所说的可能被误解是指切断表现（关于言说的言说）与世界，或与过去的所有关系。但那是错的。在表现层面上，这一关于言说的言说会仿效我们如何以元语言来说对象语言。这将暗示一种等级结构，在此，每种元语言都是更高一层元语言的对象语言。以这样的方式，的确，与实在的关联将在移向更高等级

20　W. V. Quine, *Word and Object* (Cambridge, MA, 1975), 272.

时失去。但表现与此不同。由于其所呈现的——这是世界本身的某种样貌——关于言说的表现性言说始终保持其与实在或过去本身的关联。用一个空间性的隐喻来说，这些样貌将我们引向一个处于实在和语言的描述性使用之间的地带。将这个空间性的隐喻加以扩展，包含的首先是世界本身，这是语言的描述性所针对的对象；其次是世界的样貌的层次，由于表现，我们得以接近它；其三，描述性语言本身的层次；以及其四，是表现的语言（关于言说的言说）的层次。如空间性隐喻所示，当从描述性语言转向表现性语言，我们从世界上的客体转向这些客体的样貌，并且从命题真理转向表现性真理（关于后者，见第六章）。虽然最深层次的表现语言（即样貌的语言）处于一个比描述性语言（即描述性语言本身）的最高层次更深的层次，语言的这两种使用从来没有真正彼此相交。

先说一说下一章的主题，它是由我所说的不能简单将一个真句子与其所指称对象的关系投射到表现与其所呈现者的关系上而来的。指称属于真值描述而非表现。表现在我所确定的"关于性"的意义上是关于世界的，但它们不指称世界。当然了，在相当特殊的上下文中，指称概念**可以**恰当地被用于与表现有关的情况。假定我们有一个关于过去某一阶段的表现，它由句子 S1、S2 到 Sn 组成。这个表现因而是由这些句子给出的——原来文本中每个句子的改变或是增删都会带来一个关于过去某一阶段的不同表现。表现因而是自我参照或循环确定的——正是自我参照使得（历史）表现是一个整体（totum，在此，整体先于部分），而不只是构成体（compositum，在此，部分先于整体），这里借用康德在"第三批判"中的用语。历史表现中的每个句子都有双重功能：在描述功能上，它给我们关于过去的真理，而在表现功能上，它（与该表现的所有其他句子一起）致力于表现的自我参照和循环确定。[21] 在这一方式上，包含相关句子的表现对句子来说是必然为真的，因为，一个表现不可能包含其所包含的句子之外的句子。因此，在这一层次上，真假和指称概念可以被用于表现。可以给出对于表现（必然地）真和假的陈述，不是因为它们对表现所呈现的东西或者对句子据信所指称的东西为真，而是因为它们对提及它们的表现而言，是自我参照地或是自我循环地为真的。

重申一遍，要点是，我们必须始终小心注意历史著述中语词的描述性使用和表现性使用。这一提醒是如此紧迫，因为，由于令人遗憾的巧合，我们常常在这两种情况下正好使用的是同样的词汇。例如，拿破仑的名字可以在上述两种情况中的任何一种中使用，因而我们必须始终清楚到底我们用它指称名为拿破仑的人类个体，或是用于关于他的某一表现。我们往往容易混淆这两种情况，因为我们经常忘记表现不是一个二阶概念而是三阶概念，从而导致将被表现的实在和历史表现所呈现的混淆起来。许多史学讨论均受挫于这一混淆。历史学家经常由于以为后者是前者而把事实真理（关于拿破仑的真理）和理性真理（关于拿破仑的表现的分析真理）二者弄混了。当我们面对诸如文艺复兴或启蒙运动这样的话题时，将比较不容易陷入类似的混淆，因为我们对于这些词汇的表现性本质，比对像拿破仑这样的历史个体的专名可能涉及的表现性使用有更多的认识。

21　支持这一观点的更详细的论证，见我的著作 *Narrative Logic*, 169—179。

但在这些情况下，我们容易成为一个不同错误的牺牲品，即开始假定与这里提到的那些词汇相符合的过去实在，类似像与专名拿破仑相对应的历史上的拿破仑。显然，我们这是又得了普遍史综合症。

七 存在

大多数历史哲学家（以及也许甚至所有的历史学家）对这样一个观念无疑是颇感踌躇的，即并不像我们理所当然地认为存在拿破仑那样存在着诸如文艺复兴或启蒙运动这样的事情。他们会提出异议说，必定存在着某一像是文艺复兴这样的事情，某种这个词所指向的实体。因为如果不是这样，就没法将这种言说跟无用的思辨区别开来。我的论述也许会引起义愤的反驳，认为这给怀疑大屠杀存在的怀疑论留下了地盘。[22]

首先，历史表现由其所包括的句子（自我参照地）所确定，这些句子继而指称过去。这些句子与过去之间的指称性关联对"文艺复兴"或"启蒙运动"这些词的意思及其运用施加了严格的限制。历史表现会是关于什么的，这依赖于包含在其中的句子所提供的支持。因此，除了我们通常将之与这个词联系在一起的东西，文艺复兴概念永远不可能真正跟过去的其他部分相关联。进而，有一些历史词汇，我们用来指具有一定复杂性的历史个体，

---

[22] 关于这一指控，见 H. Sarri, "On Frank Ankersmit's Postmodernist Theory of Historical Narrativity", *Rethinking History* 9, no. 1 (March 2005): 5—23，以及我的反驳，F. R. Ankersmit, "Reply to Professor Sarri", *Rethinking History*, 9, no. 1 (March 2005): 23—35。

如"1950年法国的国民生产总值",它——尽管很难给出定论——的本体论地位与像恺撒或拿破仑这样的历史个体别无二致。在光谱的另一端是诸如"文艺复兴"或"启蒙运动"这样的语词,它们不具有这一本体论地位,其首要任务是将(在描述性真句子中所表达的)我们关于过去的知识组织成一个融贯和一致的整体。这些词汇中的每一个——在此我尤其考虑的是同一个词的竞争性使用——以一种不同的方式执行这一功能,这就是我们为什么用W. B. 加利的话把它们称作"本质上竞争的概念"。[23] 它们的使用并不(必然地)涉及任何存在主张。然而,怀疑大屠杀的存在意味着怀疑大约600万犹太人被纳粹残酷地谋杀——这一怀疑立即会被无数的历史证据所拒斥。这使"大屠杀"这个词相当接近于"法国1950年国民生产总值",而不是"文艺复兴"。跟路易十四或拿破仑一样,大屠杀是过去清单上的事物的一部分,即使从没有历史学家提及它也一样。在此,这些概念与其所代表的东西跟文艺复兴或冷战不同。否认大屠杀因而与简单的历史事实不符,相反,否认曾经有过文艺复兴或冷战则不是这样。对大屠杀的否认要求我们转向历史证据,而否认文艺复兴则引出这样的问题,当你提及它的时候你的**意思**是什么?

有着从1950年法国国民生产总值或大屠杀到文艺复兴这样一系列概念光谱,这样的事实有一个怪异和与直觉相违的后果,存在必须被看成只是**等级的问题**,而非有无问题(独角兽存在或是不存在,没有第三种可能)。1950年法国国民生产总值存在或存在过,大屠杀也是如此,相反,文艺复兴纯粹是一个表现性词汇,

---

23　W. B. Gllie, *Philosophy and the Historical Understanding*, (New York, 1968).

在过去本身中并无其对应物。当我们使用后一个词汇时,没有做出存在断言——这,重申之,丝毫也不暗示这个词是没意义、任意的或仅仅是一种思辨。相反,这样的语词在关于历史的理性探讨中是不可或缺的,关于这些语词的理性探讨的可能性体现在由自米什莱和布克哈特关于文艺复兴的历史论辩的进步中。进而,会有像法国、三十年战争或法国革命这样的概念,它们在光谱上的位置在拿破仑或1950年法国国民生产总值为一方,启蒙运动为另一方的中间。在这一意义上我们说历史世界的"存在等级"。当扎米托说我们用以言说过去的概念/语言存在着在"匹配松散性"(奎因)方面平滑的等级时,他所说的大概是同样的事情:"'波兰',不论其边界是如何不确定,如何被瓜分所打破,不只是**我们的**一个隐喻;它有其实际的存在,我们可以知道它。'中产阶级'可能困难些,'文艺复兴'则更难。但是,一线历史学家的直觉得认真对待。"[24]

在其《形而上学》的结尾,威廉·沃尔什尝试比较形而上学和历史写作:

> 由这些事例中得到的教训是,在自然科学或数学的真理主张方面将形而上学与之相比较是不公平的。重申其要点:对科学命题做出明确的接受或拒绝的决定是可能的,因为科

---

[24] J. Zammito, "Ankersmit and Historical Representation", *History and Theory* 44 (2005): 161, 164. 在这一意义上,奎因的"本体论相对性"可以说在历史写作的"存在等级"中有其对应物。但在奎因的论点和我们现在所讨论的论点之间并不存在自明的相似性。

学是在统一规则下进行的活动,规则首先确定什么可以算作支持或反对的证据。相反,在形而上学中,我们并不那么在规则支持下活动,而是宣称那些规则……这一状况并未立即摧毁形而上学的理智上的体面,以下事实即是例证:我们在历史中发现与之相似的东西,而史学在任何意义上都是人类行为的重要分支。[25]

在支持沃尔什的主张时,我坚持认为,形而上学家和史学家处理的都是世界的样貌。形而上学家的做法是,在大量沉思之后,断言世界的某些特定方面——如水、物质、精神,神或自然,等等——是比其他方面更基本的,其他的东西最终可以依之而得到解释。历史学家所为与之相似,在仔细研究过所有相关历史证据后,主张过去的某一**样貌**对于正确理解历史是基本的。[26] 这样表述问题表明,形而上学家一直以来给自己提出了过于宏大的任务。(和形而上学家一样)问自己世界的哪一方面应被赋予作为所有其他一切事物的基础的荣光,就是逾越了人类理性的边界,产生不

25　W. Walsh, *Metaphisics* (London, 1963), 76, 177.
26　这让人想起黑格尔所使用的"解释的秩序"和"存在的秩序"之别。贝瑟这样表述这一区别:"[根据]黑格尔的看法,在解释的秩序中普遍是是第一位的,特殊是在存在的秩序上。普遍的在解释秩序上是第一位的,是因为,要确定一个东西是什么,必须将普遍性归之于它……然而,在存在秩序中特殊性是第一位的,因为,存在就是成为确定的,成为某种个体性事物。"见 F. Beiser, *Hegel* (New York, 2005), 56。贝瑟继而坚持,我们必须始终抵制在这两种秩序之间制造等级结构的诱惑。它们是平等地共存与合作的。黑格尔就是这样避开传统的"实在论对唯心论"之争的。黑格尔的论点为我们所提议的存在等级的观念提供了进一步的支持。主张某物或者存在或者不存在显然是将存在的秩序凌驾于解释秩序之上。这是经验论本体论的规范化。

出任何除了有趣但（用历史学家的术语来说）"主观的"答案外的任何结果。这也就是历史学家为什么斥责诸如孔多塞、康德、黑格尔或马克思那样的思辨历史哲学的缘故：在他们之间没有可判定是非的证据。然而，如果我们限定在探究过去的某一部分的样貌，如文艺复兴、拿破仑或是冷战，它就成了一桩服从理性讨论的可行的事情，正如我们由史学实践所知的一样。在这一情况下，我们在下一章中会看到，证据可以帮助我们在竞争性建议中做出决定。

在这一上下文里，还有一个历史写作的相关性质。今天我们关于文艺复兴的理解较之米什莱或布克哈特来远为精致和繁复。假如我们想象在他们和现代文艺复兴学者间进行讨论，不难预见哪一方会有最强和最可信的论据。然而，关于文艺复兴概念的争议从根本上说则一仍其旧；仍未达到关于它的一致观点，在可以预见的未来，争论仍将继续。然而，对在文艺复兴问题上普遍共识的可能性并无原则性异议。不论看上去多么不像是那么回事，这样的共识会出现。在这种情况下，关于文艺复兴的（命题性）历史真理就会被揭示。这样，我们这个世界上就有了一个新的个体，一个我们可以用专名文艺复兴（在这个词最严格的意义上）来指称的对象。关于这一新生事物，就有了可以有关于它为真（或为假）的陈述，它现在是跟拿破仑、恺撒或耶路撒冷神庙比肩的过去存在。

换一种说法，我们关于这个世界所知的一切均在表现中有其最终的起源。表现绝对是基础；即使是原始动物也会表现世界。语言并非令表现可能的必要条件：它属于我们对世界的概念化过程中本质上是后来的阶段。反驳我的人指我将语言视为比表现更基本，因为历史表现是由陈述做成的，此言不得要领。人类在学会如何用砖石建造房子之前就知道房子；因此，我们可以运用在时间T发现的物质构建某一此前已经存在的东西。因而，在这种情况下，我们用语言建构历史表现这一无可争议的事实，一点也不构成对我关于表现在逻辑和时间上均先于语言的主张的反驳。相反，这里所给出的关于表现的说明可以解释语言是如何从先于它的阶段中产生的。因为事情可能是这样，在表现中特定的模式一再出现，我们开始注意到这些反复出现的模式，而且，这些模式变得更广为人知，包括了表现的某些子集的个别性轮廓。在那种情况下，我们会有一个关于新事物的新词，围绕它可以有无数真（或假）的陈述，但我们都用那个新词指称它。样貌（即表现所呈现的）就变成了那些事物的性质。这个世界上的事物就是这样和它们的性质一起成为存在的，当我们将同样的词用于这些事物和它们的性质时，这就是我们可以放心地认同的形而上学。[27]

八 结语

本章的主要结果是认为，不可将表现归结为描述。事实上，其反面是正确的。正如我们已经看到的，表现先于语言从而先于描述。由此可见，当语言被表现地使用——如同在历史写作的情况下——这一使用在现存语言哲学的词汇中不能得到满意的解释，后者无视语言的表现性使用问题。其结果是，现行的（1）指称、

---

27 在第七章第六节，我会回到这一论题。

(2)真理,以及(3)意义的理论不能自动地被假定适用于历史表现。尽管事情可能是这样,我们只有在对这些概念是否可以被运用在历史表现上,以及如果可以,它们可以有什么内容等问题做仔细和无偏见的审视后,才能得出这一结论。这将是以下三章的任务。

第五章 指称

一 引言

我们倾向于把指称考虑为语言最突出和不可或缺的功能。试想一种没有指称的语言，这样一种语言对人类大多数交往行为来说是没有用的。它只会给我们要么沉默要么巴比伦式混乱这两个无一如意的选项。因此，让我们为语言指涉世界的能力而高兴，赞叹它是成功的人类交往的一个主要保证！

说真的，如果想一下的话，这难道不是一个真正奇妙之事，指称让我们能从大爆炸直到当下大千世界林立的事物中独一挑出恰恰是这一个个体？你说一声恺撒或是西敏寺——大多数人立刻知道在世界上的芸芸众物中你所指的那个独一无二的个体存在。

的确，自从弗雷格和罗素的时代一路到斯特劳森和塞尔以来，指称在哲学论辩中一直是被热切探讨和热烈争辩的话题。但是，从20世纪70年代中叶以来，指称开始被以日益增长的质疑和不感兴趣的目光看待。它逐渐失去了往日的大部分人气。这个概念显得问题重重，它被认为甚至不能自我持存，从而不能指望是能支持任何在其自身之外事物的选项。指称开始显得像一个衰亡中的国度，真理和意义逐渐将之从哲学版图中排斥出去。

第五章 指称

基思·唐纳伦（Keith Donnellan）1972年关于专名和限定摹状词的文章[1]是一个好例。其论证大致是这样的。指称典型地通过专名实现。指称发生要满足两个要求。其一是专名的使用者要能够给出专名所指向者的一系列限定摹状词（这一要求在关于指称的大部分探讨中居于中心地位）。第二个要求是，专名所指称的对象应该唯一地与充分数量的这组限定摹状词相匹配。（关于指称的这一阐述获得几近普遍的同意，而关于如何界定充分数量的限定摹状词的不同意见同样普遍。）唐纳伦接着给出许多反例：这两个要求得到满足，而指称却失败了的情况。所有这些反例的共同之处，是一组正确的限定摹状词的确能给出唯一独特的事物。但这却是个**错**的个体事物。唐纳伦得出结论，几乎是被普遍地接受的关于指称的解说肯定是错的。于是他试图纠正传统解说的问题，这一行动迈出了第一步，由此方向发展出了自索尔·克里普克以来以指称的因果理论而为人所知的观点。[2]

---

[1] K. S. Donnellan, "Proper Names and Identifying Description", in *Semantics of Natural Language*, ed. D. Davidson and G. Harman (Dordrecht, 1972), 356—380.

[2] 我对唐纳伦文章的反对意见是它非法将真理的问题偷运到关于指称的讨论中。从语言哲学的观点看，关于指称真正有趣的事是它**唯一地给出**。而这并不是简单由"指称"这个词的意思做到的。因此，这是有关指称真正有意思的主张。我不知道有任何关于指称的解说成功地提出这个问题。我第一个承认，指称中有时会给出错的个体，正如唐纳伦如此让人信服地论证的那样。但这一点完全不重要。以地图为例。地图的奇妙之处是它帮助我们找到从一个地方到另一个地方的路。地图事实上有时候有错误，或是我们有时看错地图（我妻子就常做这样的事），但这不应让我们认定绘制地图这个观念本身是根本和无可更改的错误。没有一个头脑正常的人会要求一个关于地图是怎么回事的解说还得提供它们从来不会错的保证。同样地，"指称"的意义中并不必然包含这样的内容：指称句子对于其所指称的东西应该总是正确的。我的直感是，当将指称与真理联系在一起时，唐纳伦隐含地，并且也许是无意地接受了认识论的学科模式。因为，的确是，在那个模式内，要求指称应担保（认识论）真理是有意义的。因而，唐纳伦混淆了指称和真理，在这种混淆中，对指称能唯一地给出事物的认知失去了。

但是，主要是由于科学哲学对语言哲学日益增加的影响，指称问题上还有更多的考验等在前头。我在这里所想到的尤其是所谓的奎因—杜衡命题，对此，奎因是这样表述的："我的对应建议是，它在根本上是从卡尔纳普《世界的逻辑构造》关于物理世界的信条出发的，我们关于外部世界的陈述面对感知经验的裁断，这些经验并不是个体性的，而是某种集合体。"[3]

粗略地看，这意味着，在理论与实际事实相冲突的情况下，问题所在不仅仅是这个理论本身，而是与这一理论相关的整个其他科学理论的网络。奎因由这一信念中推出三点不确定性：（1）理论的证据支持的不确定性，（2）翻译的不确定性，以及（3）指称的"难以捉摸性"。关于最后这一点，其观念是："语言松散地与世界相联系"——如奎因所述；而以为指称可以疗治它，可以恢复语词与对象间的固定关系的想法是一个幻觉。[4]

奎因的科学主义对他的"指称的不可捉摸性"命题来说是不可或缺的（对其他两个命题也是如此）。的确，在科学中存在着科学理论间的相互依赖，因此，一个地方的改变不可避免地会在别的地方产生反应，结果是理论总是汇合成一个（整全）整体。**因此**，在理论与事实发生冲突的情况下，问题可能出在整全网络的任何地方。这就是为什么奎因将理论（语言）与事实（世界）关系上的不确定性当成指称的不确定性。

但这一整体论在自然语言中就不那么有道理了。在科学之外

3　W. V. O. Quine, *From a Logical Point of View* (Cambridge, MA, 1961), 41.

4　关于科学哲学相关背景的一个精彩阐述，见 J. Zammito, *A Nice Derangement of Epistemes. Post-Positivism in the Study of Science from Quine to Latour* (Chicago, 2004), 15—52。

第五章 指称

很少有它的余地。在日常生活中,事实与意见(doxai)通常与关于**其他**事实(即便是很相近的事实)的陈述的真或假是不相干的。一个信念的改变通常对其他信念没有影响,也不会在其他信念中发生响应。你得猜疑成癖或是赞同莱布尼茨的**先定和谐**的观念,才会有不同的想法。这样一种猜疑在科学中显然是可取的,但对于人类生活和历史来说则是不可取的。影响了多数当代语言哲学的唯科学偏见的一个例证是,戴维森虽说不赞同奎因的科学主义,他却延续了奎因整体主义理念下的指称相对性,并不觉得有必要说明,他为什么在抛弃了整体主义后仍然坚持科学主义。而这样的一个论证是不可或缺的,因为,自然语言缺乏科学理论严密网络那种形式融贯性的特征。

历史学家的语言较科学家的更接近自然语言(虽说不必急忙将之等同于后者!)。关于法国革命的新见解对历史学家关于中世纪所说和想的事情来说并不具有可觉察的后果,反之亦然。欲达成对过去的所有说明的彼此相互依存,需要诉诸像黑格尔或马克思那样的思辨历史哲学,它让我们想起奎因的整体主义。史学解说可以说有成为一个个孤岛的倾向,顺便指出,这是历史主义古老的本体性主张——即所有过去之事的独特性——的认知主义对应物。[5]

无论如何,我在本章中将得出的关于指称的结论,与唐纳兰、

---

5 确实,像我在《叙述的逻辑》(*Narrative Logic: A Semantic Analysis of the Historian's Language*, the Hague, 1983)和本书第一章中所说的,兰克和洪堡的历史主义(别跟波普尔所理解的历史决定论混在一起!)如果从关于历史对象的理论转变为关于历史学家语言的理论,就会变成一个很好的历史理论。

奎因以及戴维森的结论十分相似。我将主张，在历史写作中，指称也比我们所以为的更成问题，如果我们仔细分析其语义功能的话，那些看上去像是指称的历史词汇会被发现并非如此。我说这些时心里想到的是历史表现。这提出了这样的问题，历史表现是否可以被说成是在指称，如果是，为什么。假如它们并不指称，我们得说明，关于表现与世界的关系，我们应该持另一种什么样的理论。因此，本章的主题断然**不是**诸如拿破仑或兰克这类专名的指称，因为它们仅仅是（历史）表现的成分——即表现中陈述句的主词——因而其本身并不是表现。所以，我将不（或只是偶尔）考虑从弗雷格以来的语言哲学中发展出来的专名和限定性摹状词的指称理论。此外，我坚持认为，指称在当代语言哲学中如何被设问和它在历史表现中的角色之间的相似性纯属巧合。因为，在这两个领域，彼此关于什么是问题之所在几乎毫无共同基础。

当代语言哲学对指称概念的提问是由这一概念在20世纪60年代以后所遭遇的困难引起的（对此我前面有所提及）。因而，这一设问可以被看成是对大致从弗雷格到斯特劳森时期发展出来的指称概念的精致化。但这一考虑跟这里所关注的对历史写作中指称问题的探究不同。实际上，后者要求我们往相反的方向上走。它敦促我们回到关于指称的反思的最早阶段，以发现它是在哪儿离开了如何界定历史表现的指称这个问题的。这样，为了恰当地处理历史表现和指称问题，我们必须准备将盎格鲁—美利坚语言哲学关于指称已经说过的话暂时搁置起来。[6] 需要有一个新的起点。因此，我不担心有人会抱怨我对表现和指称的说明跟

---

6 回忆一下前章的结论。

当代语言哲学中已被接受的明见相抵触。事实上,甚至不存在任何这样的冲突,因为我所讨论的主题跟那里所说的问题有本质的区别。[7]

二　指称主义幻觉

对表现之为三阶概念(前一章)的领会使我们意识到我将称之为"指称主义幻觉"的观念——即认为当语言被表现地使用时,对实在做出了指称。试回想描述与表现的区别。它意味着,表现并未做出对世界中个别事物的指称。由于在表现中根本就没有主词,指称在此完全文不对题。指称主义幻觉通过让我们在表现中套用真值描述的模式而让我们相信另外一套。

现在可能会有这样的反对意见,认为这和我在前一章中的论证不一致,即对于每一表现来说,有且仅有一个被呈现的(即样貌)与之相吻合。因此,难道我们不能把这个被呈现的当作表现所指称的东西?难道表现不是将这一特定的被呈现者或样貌唯一地拈出,就如指称成功地在世界上林立的事物中唯一地拈出那独一之物一样?我对这一反对意见的回答分两步进行。

首先,尽管表现的确唯一地拈出一个被呈现者,但它并不

---

[7]　因而我不同意扎米特的观点,"[我的]看法是(历史表现中的)综合概念可以认为是以与自然科学理论中大致相似的方式在指涉。"见扎米特"安克斯密特与历史表现",《历史和理论》44卷,(2005):第177页。但既然扎米特将他的观点作为个人看法而非深思熟虑论证的结果提出,对此我也就没什么要补充的了。然而,令人震惊的是扎米特在这一上下文的另一处指责我受害于"某种科学主义"的"遗毒"。这话难道不是更适合于他而不是我吗?参同上,第168页。

（如在指称的情况下那样）唯一地拈出这个世界上的独一个体。被呈现的的确对我们给出世界的某些样貌，但没有与这些样貌相对应的**个体事物**（至少不必然与之对应），正如不存在与"平均纳税人"或"这块板的重力中心"这些概念相对应的事物一样。什么样可确认的单一事物会跟这样的概念相符合？例如，"这块板的重力中心"在概念上是完全无懈可击的，并且，如果能够给出关于这块板的所有物理数据，只要我们愿意，那它就可以被准确地确定下来——**然而它并不指向某个可以作为指称对象的独一个体事物**。重力中心的概念并不指称板块上的一个分子或是原子，乃至这些原子的特定质子或中子。因为它们是世界的某一样貌——这样貌的确可以用任何等级的数学的严格性来确定，但在这个世界上不存在与之对应的**可确定客体**。[8] 宣称它们有与之对应的客体存在将会是亚里士多德式的形而上学，等同于相信，我们关于这个世界可真实和有意义地言说的任何东西都必定在这个世界上有与之相对应的客体。但事情并不是这样。我们也许的确可以将像一块板的重力中心跟特定的个体事物**联系**起来，比如刚好处在我们可以（依绝对准确性）确定的重力中心那个位置的板上的一个节。同样，平均纳税人可能让我们想到某个纳税额刚好是平均值的人。但这样的联系完全是属于我们的而非被给出的或由这些概念本身的意义赋予合法性的。假设你、你的一个邻居和一个同事都正好

---

[8] 在我看来，未能认识到这一点是当代历史哲学中许多盲目性、缺失和不妥的**致命根源**。这是指称主义幻觉跳动着的心脏。但是，依照我的经验，我们在此挑战的偏见就像珠穆朗玛峰。更糟的是，这一偏见甚至没有被认识到是可论辩的前提，哲学家应该对它进行深入的剖析。

第五章 指称

纳了平均数额的税,那你们中谁是那个平均纳税人?

或者,在这方面,考虑由地图所呈现的东西。什么是被地图所呈现的东西所个别化的个体?会有这么一个宇航员,他手头有一些我们这个地球的地图,其中每张图采用不同的投影制图法。在仔细审视了其中一张图后,他从航空舱的窗口看到地球壮丽景象,然后感叹道:"我终于看到了**被这张**图所个别化了的东西和它所指称的(作为与其他东西不同者)是什么了"吗?这纯粹是胡说。即使像现在提到的这些概念的内容可以被限定到任何我们所希望的精度,也不存在以个别事物对应于专名和单一限定摹状词的方式对应于它们的个别事物。

换言之,表现所呈现者跟这块板的重力中心或平均纳税人这样的概念,都具有以绝对的精确性拈出世界或客体的特定样貌的能力,**但却不指称这个世界上任何独一个体**——这是这些概念跟专名和限定摹状词的不同之处。[9] 这一主张同样还意味着可以如何对比以下两方面的真理:一方面是关于所呈现者以及这块板的重力中心的真理,另一方面是包含专名或唯一限定摹状词的命题真理。在后一情况下,专名或唯一限定摹状词将我们引向一个独一的个体——一旦我们确认了这一特定客体,我们也就进入到一系列关于它的其他经验真理。例如,关于1643—1715年身为法国国

---

[9] 我们也许由此同意利科的观点,他写道,"这样的叙述形式将其复杂性和不透明性插入我称之为历史叙述的指称冲动中。叙述结构在自身中形成循环,将叙述的指称性时刻作为文本之外物,作为非法的超语言假设加以排斥。"见 P. Ricoeur, *Memory, History, Forgettiing*, trans. Kathleen Blamey and David Pellauer (Chicago, 2004), 237。应该补充的是,利科本人在此注意到指称冲动是误导性的,但没打算给出一个关于为什么是这样的解释。

王的那个人的独特限定摹状词,令我们进入关于他(即路易十四)的许多其他经验真理集合,如那个告诉莱布尼茨十字军东征已经过气的欧洲君主,或者是 1655 年进入巴黎法国国会时手上拿着马鞭,据说宣称"朕即国家"的人。第一个踏上月球的人的唯一限定摹状词让我们进入诸如他的名字是尼尔·阿姆斯特朗,他于 1969 年 6 月 21 日登上月球等经验真理。

可是,在像是"这块板的重力中心"这样的被呈现者或概念的情况下,我们没有一个这样的钩子可以挂上一堆别的真理集合,一旦我们找到了这样的钩子,我们即刻就能进入这些真理。而"这块板的重力中心"这样的表现或概念永远不能让我们超出它们所表达的内容之外一毫米。因为没有一个个体事物对应于它们,也不存在可能依另外的真(集合)陈述加以描述的任何事物。因此,如果存在表现性指称这样的东西,它必定在范畴上与由真值陈述如何成功指称世界所例示的这种指称不同,因为,和指称不同,表现并不拈出独一的个别事物。

现在可能有这样的反对意见,认为表现以与陈述句的主语拈出独一个体事物完全相同的方式拈出样貌或被呈现者。这当然是这样。但这一反对意见会把我们引向承认指称和表现间另一个不对称的方面。考虑一历史表现 R,它由描述性陈述 S1,S2 到 Sn 组成。如同我们在前一章中看到的,R 因此由 S1 到 Sn 的陈述所界定。只要由 S1 到 Sn 的陈述系列中有任何一点再微小的改变,我们就会有一个严格意义上不同的表现。表现由其所包含的所有陈述所确定。由于任何表现只对应于一个其所呈现者,由此可知,表现与其所呈现者的关系被包含在表现中的所有且只有所有陈述所确定。

第五章 指称

这当然和事物与其指称的关系大不一样。只要**一个**唯一限定摹状词就足以锁定指称。与历史表现与其所呈现者的关系不同，短语"《费加罗的婚礼》的作曲家"和"《女人心》的作曲家"一样都可以成功指称特定的人。我们不需要穷举无数的其他描述以成功指称莫扎特，那个生活于1756—1791年的奥地利作曲家。在历史表现中，我们真的需要表现中所有的描述性陈述——因为只要其中少了一个，我们就会有一个**不同的**表现，因而呈现出不同的东西。总之，表现与其所呈现者的关系和逻辑专名与其所指称者的独特关系相对应。但是，与逻辑专名与其所指称者之间可以由一根非常细（但牢不可破）的线联结起来不同，在表现中，这根线必须跟表现和其所呈现者本身一样粗。在此，那些有份将该表现做成其自身和将之与其所呈现者连接起来的东西一个也不能少。即便是这样，我们在第七章中还会看到，表现与其所呈现者之间的连线由于其他表现的存在而变成不确定的了。

是的，所有这些都会让我们想起奎因所说的指称的不可捉摸性。奎因的整体论在刚刚所探讨的表现中所有陈述的总体性中似乎找到了对应物。奎因的整体论和表现的整体论都妨碍了实现指称的承诺。但又一次双方是不一样的。奎因强调的不确定性的根源是真理，而在表现中则是意义。对奎因来说，当我们试图确定语言和世界间任何联系的强度时，我们得依赖真理；在历史中，这一测试绳是意义。在第六章第四节中我们会看到，在表现中，我们必须严格区分表现意义和表现真理（当然不是命题真理了！）两个层次，并且，我们只能通过前者接近后者。这一区别在奎因的论述中没有意义。因此，当我们从科学转向（历史）表现或反过来时，就有真理和意义各自角色的转换。

承受本节讨论的结果促使我们在刻画表现与其所呈现者的关系时避免使用"指称"一词。也许有人在此会继续用"指称"这个词，但我们在本节中已经发现指称和表现在与世界关系方面的两个不对称性是如此巨大，这样做无助于澄清问题，只会引起混乱。再重复一遍，由此完全推不出历史表现现已割断了它们与历史实在的任何关联的结论。它们通过无数的个别绳索与历史相联系，其中每根绳索都由包含在表现中的一些单一真值陈述构成。而在正确理解的技术含意上，指称不能充分地捕捉到这一联系的本质。因此，我们不说历史表现指称过去，而说它在前一章所定义的"关于性"的意义上与过去相关。

三　指称和真理

我在本章中的论证策略一直是让真理和指称脱离关系。表现不允许我们从真理到指称或是相反。在与表现相关的运用上，这两个概念似乎都失去它们在哲学中大部分的传统分量。现存哲学正统的信徒现在可能会说，我的策略肯定是错的，并且声称（1）真理和指称是不可分割的，并且（2）表现的指称性可以通过诉诸表现真理得以拯救。跟我在第二节中的论证相比较，他们可能会反对说，我们可以确定地说表现的真假，因而没有什么妨碍我们支持表现的指称性。难道历史学家不是经常谈及历史表现是真的还是假的吗？这样说本身不正好就是我们对待表现的方式的一部分吗？例如，试想这样的例子，一幅肖像画将被画人物表现为一

第五章　指称

头黑发，虽然实际上他是个秃子。难道一个人不能正当地指出这一表现是假的或不真实的吗？而如果是这样，这不是意味着我们在涉及表现时可以合法地使用指称概念吗？那个表现指称被画者，并且因它对其头发的表达（不论在上下文中这个词严格表示什么意义）而不真实。难道这不意味着我关于描述与表现间逻辑区别的命题是根本错误的？由此难道不可以推出，哲学家们关于陈述的真理与指称说过的话同样适用于表现，因此（历史）表现的逻辑终归跟真值陈述的逻辑是一样的？

这些话听起来相当可信。但问题是复杂的。我们在肖像画的基础上可以**推出**真（或假）的陈述（我不怀疑这一点），这一事实并不意味着这些陈述**本身**这样或是那样呈现在画作本身中，因而表现可以被归约到真值陈述的逻辑上。[10] 我们在表现中是可以读出这种真或假的陈述来，正像我们可以从温度计上读出一个人的体温。但这样的表现实际上所表达的真理（或者也可能是谬误）跟温度计事实上给出某人的体温为华氏 98.6 度*是一回事。它需要有一个人（或用于此的设备）能够将在温度计上看到的东西转译为真值陈述。表现也是如此。诚然，表现可能会为关于所表现者的真值陈述提供**证据**——正如我们对被表现的实在可以说的一样。但实在本身并不陈述任何东西；它只给出证据。简言之，证据不

10　当然，实在本身也是这样：我们可以将关于实在的真值陈述建立在实在本身是什么样的基础上。但这不应当诱使我们将陈述的逻辑结构投射在实在本身上。巧的是，表现与世界的本体论同一性跟伯克、詹姆斯、伽达默尔、贡布里希和丹托等所主张的所谓表现的替代理论是一致的。根据这一理论，表现是"替身"，它占据其所表现和拥有的东西的位置，并因而具有同样的本体论地位。

*　等于摄氏 37 度。——译者

是真理；证据属于世界，而真理属于语言。说表现的真理的人把真理和证据混起来了。

也许有人会争辩说，就文本表现如史学文本而言事情应该是不一样的。因为这些表现典型地包含关于过去的真值陈述——真理由此被表现所给出。关于这一点现在有两点可以说的。首先，从历史表现中直接抽取事实性信息，预设了对表现是什么和这一操作合法性的认识。更准确地说，由历史表现中抽取真值陈述并非毫无风险，因为，其真理主张部分依赖于作为整体的表现。其次，也是更重要的，这里的一个基本点是，历史表现（当然是由真值陈述组成的）丝毫不改变刚刚所界定的证据与真理的关系。唯一的区别是，在历史表现中，证据是以非常便利和平易的方式被给出。但这也就是全部了。如以上讨论所示。这又一次把历史表现置于跟图像表现不相上下的地位。

在这一背景下，肖像画之富于教益还有另一个理由。请注意，对真值陈述的读解（跟体温计的情况不同）在我们面对实在本身（被画的对象）或其表现（肖像画）时，所做的完全一样：要么你看到被画者然后说，"他是个光头"，要么你看到肖像画尔后可能同样说，"他是个光头"。正像没有人能由此得出结论，"他是个光头"这一真值陈述不管怎么说是那个现实中的光头汉**本人**的一部分，说这个陈述会是光头**肖像画**的一部分是毫无意义的。实在本身（即肖像画的对象）或其表现事实上都没带着块公告牌，上面写着真值陈述如"P 光头"（从而表现与他们所表现的本体论对应）。因此，如果从我们可以根据某人的肖像得出关于他的真值陈述这一无可争辩的事实，就推出陈述的逻辑特性同样也是肖像或表现的逻辑特性，那会是一个糟糕的错误。这意味着援引真理概念以断言表现的指称性的企图的终结。

回想前此论述，我们一定会为这样的事实所触动，即表现有如事物一样在世界中行事的倾向：它们均可以为真值陈述的根据，但本身则从不是这样的陈述。[11] 在（文本的）表现中，语言好像要重新返回实在。这也许会帮助我们了解所谓表现的替代理论的吸引力所在。[12] 就像其名称所指示的那样，表现是其所表现物的替代者（记住表现是一个三阶概念，因此，我们不要对被表现者与表现所呈现的东西拎不清或将二者混为一谈——正如不要把陈述的意义跟对象相混淆）。作为被表现者的替身，表现与其所替代者具有同样的本体论地位。它可以说希望成为与（被表现的）实在**本身**一般无二。想象一个在远离家园的旅途中的人看着她挚爱丈夫的肖像；此时她丈夫在表现（肖像）中真的就**呈现**在她面前。仅仅是关于她丈夫的真值陈述则可悲地没法达到这样的效果（除非，当然，它们凝聚在一表现文本中，就像在典型的历史表现中那样）。伽达默尔曾花费很多的时间和精力在本体论等级问题上。[13]

最后，想一下我们是如何**感知**一幅肖像的。我们并不是把它感知为关于头发、鼻子、肤色、眼形等片断信息（所有这些都和关于被画对象头发，鼻子等等的陈述对应）的组合体，而是将之感知为整体的表现。你首先看到的是整体，只是随后你才由此下行，开始

---

11 关于与此同样主张的不同论证，见我的 *History and Tropology* (Berkeley, 1994), 88—95。

12 这一理论的主要竞争对手是前面说过的表现的相似理论。

13 H. G. 伽达默尔：《真理与方法》，魏斯海默、D. J. 马肖尔译，第二版（纽约，2003），137 页以下。

可以说针对肖像提出关于被画对象事实性信息的"问题"。这是本质上属于后一个阶段的事——如果说你曾想到过要进入这一阶段的话。你可能会相当怀疑走向这一步对我们理解肖像有什么重要性,因为此时成为焦点的细节几乎没有带给表现什么东西。

试想一下漫画。在一幅漫画中,根据漫画家想要传达的表现洞见,一个人外形的样子被极度夸张。虽然在"真"的层面上出现了可确指的歪曲,但漫画或变形的肖像在被画对象人格方面有时却给我们以比照相或其他什么我们会说是逼真的东西更富神韵的形象,或更深刻的洞察。许多政客或名流怪诞地与其漫画神似胜过照片,这提示我们,表现层面所具有的不仅是相对于真值描述的特定自足性,而且甚至是超越后者的**优越性**。

表现是比真理更强的一帖药。表现涵盖真理——看看包含在历史表现中的陈述就知道;表现不是对抗而是超出真理。表现包含真理,但也可以对它做些什么。例如,与我们绝不能从真理到行动,从是到应当(如休谟和康德所说的那样)不同,表现可以给我们一个关于世界的视角,吁请特定类型的行动。表现是在"是"与"应当"之间遗失了的链条,它将我们带到语言的修辞性和创造性运用,带到语言会触动我们之地,并且是欢乐与悲哀的源泉。[14] 表现是那让语言能帮助我们穿越人类存在的最深深渊和成为我们生命之旅可依赖伴侣的东西。它给予我们诗的语言,爱和恨的语言,要是没有它,我们根本不成其为人。所有这些直到现在为止对当代语言哲学家们仍处于遮蔽状态。因此,这是表现可以向他们及我们打开思想新的未知途径的用武之地。

---

14 见第十二章。

四 最后：一个基本的形上事实

关于我们的世界有一个无懈可击的形上真理。这个事实是，世界中的各种个体对象彼此迥异，结果是极易将它们区分开来，指称得以成功。如同本章导言中曾指出的，单单专名或限定摹状词所构成的一些句子即已足够做到这一点。如果考虑到我们的宇宙所包含的无数不同客体，能将这些客体区分开来完全可以认为是我们正好所在的宇宙最令人惊异和迷人的特性。事实上，这是一个奇迹。我们对此麻木不仁等于在这个世界的一个最基本的事实方面陷入盲目性。

我们的宇宙完全不像哲学家们在"存在的巨链"中所思辨的那样一个世界，或是莱布尼茨在说"圆满宇宙"的实现乃是其完美性的标志时心里所想的那样。与世界应是如何的相比，世界的实际所是提示于我们的是在星系空间的无尽虚空中一个孤零零的分子：只是被若干立方公里空间所环绕的单个分子。这一无穷数量的未曾实现的可能性，将实现了的可能性推至不可能性的边界，令指称与个别化在我们这个宇宙中变得如此难以置信地容易和毫无问题，同时，令表现的逻辑如此难以设想。

但这本可以是不一样的。试考虑以下的思想试验。假设星际旅行在不远的未来成为可能，于是我们打算到环绕天狼星的某颗行星去旅行。到达那颗行星的时候，我们发现那上面的居民是很特别的人，有相当复杂的社会生活。他们不但看上去全都长得很像，同时他们的行为也一样，你可以期望他们说完全一样的事，在同一时间里在同一地点出现,具有相当一致的背景,等等。

这让我们面对很独特的问题。现在的问题是,我们能够把他们个体化吗?当我们谈论他们的时候,怎么能够确定我们所指称的是那同一个天狼星人?简单提及名字或尝试一些限定摹状词在此将无济于事。因为他们全都同名,而且,对一个天狼星人为真的描述对其他人同样为真。唯一的出路是,把我们的描述清单不断加长,直至最后在某一点上我们触及某个唯独对**这个**天狼星人为真而对任何别人不为真的描述。他们之间越是相似,这一清单就拉得越长,以确保对所描述对象的正确确认——最终,这越来越像是一部关于某一特定天狼星人的历史!

进而注意,这个天狼星人的世界是通过所有可能的天狼星人的实现而成为现实的;只有这才赋予他们的世界以无间隙的品质。由于这样一个世界与历史写作的世界(当然,这不是历史本身的世界)高度相似,它们均为(莱布尼茨意义上的)完整世界,居于这个世界的个体间没有裂隙,由此可知,我们可以期望由莱布尼茨那种模态逻辑得到有用洞见来进入历史写作的逻辑。[15]

因此,历史是那将单个天狼星人个体化的东西;历史提供了走向作为个体存在的天狼星人的通道。在这一特殊条件下,我们的确可以说指称(即构成对这一个天狼星人限定性描述的长长清单)和表现(这个天狼星人的历史,事实上它是我们借助这一清单加以叙述的)融合为一。是的,在这样的背景下,我们可以说,历史学家让事物化为它们的概念,指称化为表现是正确的。[16]但是,

---

15 如同我曾经试图论证的,见 *Narrative Logic*, chapter 5。

16 更进一步的讨论,见第七章,第五、六节。

我们的世界完全不是这个样的。在本节开头我就说了,我们生活在一个各种事物彼此迥异的世界里。因此我们说指称(或真理)与表现的区别以大且不可磨灭的字体铭刻在这个世界的形上基础中。指称在我们的生活世界里运转良好,但在我们所书写的表现性历史世界中则不是这样。

五 结语

指称概念被当代语言哲学毫不留情地翻检与质疑。一般认为,与大约三四十年前我们所以为的不同,指称不是语言和世界之间可以信靠的桥梁。从表现的角度看,我们对改变指称的这一地位没什么可说的。关于性是我们所能保证的全部东西;但是,关于性至多只是成功指称的必要条件而非充分条件。这是目前关于表现本质的探讨的结果与当代语言哲学的观点相吻合之处。当然,这并不意味着在这二种类型的论述之间存在着相似之处或者共同基础。一方的可信性(或可信性的缺失)对另一方没有影响。

真理和指称在真值描述中是紧密相联的:如果我们知道一个句子所指称的主词,我们就可以确定其真值。但就我们目前所知,当我们由真值描述转向表现时,没有什么是理所当然的。这提出了历史表现中指称的终结对历史真理有何后果的问题。这将是下一章的主题。

第六章 真理

一 引言

在前一章中曾指出,表现没有为命题真理留下地盘。问题是,这是否可以说是我们关于历史真理的最终结论。由于历史学家本人直接了当将真理概念用于历史著述,历史写作的实践充分支持他们关于历史真理的信心,我们不能对这一问题置之不理。也许我们可以在命题真理之外考虑一个另外的选项,它与历史表现的相关事实相一致。[1]

处理这一议题有两种方式。第一种方式是将现有的各种真理理论列举出来——加以探究,然后考虑这其中是否有任何(或是更多的)理论可以被有意义地运用于历史表现。因为这些理论的大部分(如果不说全部的话)都是在语言哲学中发展出来的命题真理的变种或由之而得出的,这一策略看起来不大可能得出界定表现真理的可行选择。语言的表现性运用从未在语言哲学中得到

---

[1] 此外,当我写这一章的时候,我感到了来自扎米托的挑战,他抱怨说我在前此的文章中关于历史写作的认知主张没有给出一个合适的界定。见 J. Zammito, "Ankersmit and Historical Representation", *History and Theory*, 44 (2005): 169。

探讨，因此，由后者不可能生长出合意的表现真理理论。

更为有希望的做法是尝试提出一个真理理论，它对得起前面章节中所确认的与表现有关的各种事实。而这就是我在本章中将采取的策略。

二 样貌

在第四章中我们看到，表现不是一个二阶概念，而是三阶概念，它联结着（1）被表现的实在，（2）表现，以及（3）表现所呈现者。在任何时候都应该避免试图将（1）和（3）相提并论。被呈现者是表现所要表现的事物的样貌，而不是这些事物本身。一个事物的样貌也不应跟它的性质相混淆，因为性质不依赖于表现，而依赖于事物可依陈述表达的内容。表现及其所呈现者的关系不能依陈述加以解释。每种比如说拿破仑一世的表现有其自身的所呈现者，而拿破仑只有一个，他为我们眼下乃至今后所有关于他所可能有的表现所表现。因此，与表现与其所呈现者的关系相比，想象中的那种将现实中的客体与关于它们的表现相连接的链条是系统地远为不确定的。关于拿破仑也许碰巧有无数的图像或历史表现，相反，对这些表现来说只有一个相应的被呈现者，从而只有一种样貌。[2]

从这些想法中我们可以得出结论，如果我们是寻找命题真理的表现相似物，我们应该聚焦在表现与其所呈现者的关系上，而

---

[2] 然而，在下一章中我们会看到，不可能一劳永逸地严格确定这一被呈现者的本质，因为，它随历史论辩的发展而发生改变。这一独特的被呈现者始终是关于某一问题史学论争现存状态的函数。

不是表现与其所表现实在的关系上。虽然在二者中语言都与世界相联，在后者中，这一联系过于不确定，从而没法再分析下去（有什么关于拿破仑的表现可以预先就被排除在外吗？）。[3] 但是，在前者中，我们面对的是一种一对一的关系，这肯定会让我们想到真值陈述与它关于其为真的事情之间一对一的关系。看上去挺好。

由此可见，顺便指出，表现的独特性不应该被认作是对其所表现的个体事物独特性的模写——历史学家倒也许会这么说。一个被表现者可以通过无数的表现来表现它，因而，作为这一被表现者的一种表现绝不能说是这些表现中一个独特的表现。这是所有表现都具有的品质。令一个表现成为独特的，是其所包含的关于过去的整套句子；因此，在表现中，独特性不被归因于世界上的事物或历史，而归因于关于它们的表现。这又一次强调了有必要将历史学家关于过去所说的话转译为关于我们用以言说过去的语言的陈述。

但是，让我们再次回到表现的真理概念，考虑依表现及其所呈现者关系的模式处理表现的真理。在真这个词的任何有意义的使用上，说表现对其所呈现者为"真"是否有意义？很不幸，这样问看起来没什么帮助。因为，任何表现都伴随着其自身所呈现者——且**仅此一个**所呈现者。因此，表现与其所呈现者之间的关系就像陈述与其所描述事态之间的关系一样，在此，前者对后者

---

3 但是，在这一背景下，我们必须区分两种程度的不确定性，它们分别与"通过……表现"和"表现为"相对应。"通过……表现"是完全任意的：我们可以确定通过一个字母（比如说N）、一颗星、一年中的一天、一只苍蝇、一个茶杯或不论什么东西来代表拿破仑。但"表现为"指示被表现者的一种样貌，因而是与被表现者绑定在一起的。"表现为"始终可以是理性讨论的主题。

来说只可能是真的。这似乎没有给假留下任何余地。因而，在这一想法中存在着舍此无它和永恒真理的悖谬厄运。可是，如果没有了假，那什么又是真？

不过，对表现真理的这一不成功界定也不是毫无所获。因为，如果表现及其所呈现者的关系异于真值陈述与其对之为真的事态的关系——因前者没有为相应的假留下余地，那么我们会想，前一关系开始变得类似于语词和它的意义的关系。在这两种情况下，关系是被锁定的，没有为像真和假那样彼此相互排斥这样的选择留下余地。因此，我们假设表现与其所表现者或其所呈现者之间的关系最终得模仿真值陈述模式以便给表现真理以意义，就可能是错误的。我们最好也许仿照真句子的组成部分的模式——因而表现不表达其自身，而只是语言复合物中的成分，它成功表达了表现的真理（假定存在这样的真理）。

这可能会让我们将表现与**语词**或**符号**看作伯仲之间，因为它们和表现有个共同点，即本身不具有真值的性质，虽然它们构成表达真理的条件。设想我说"这个桌子有四条腿"，如果不了解"桌子"这个词的意思，我们就没法肯定这一陈述的真假。对表现来说也许也是这样。因此，我们可以将表现视为符号，虽然这是一个由画家、雕塑家、历史学家或小说家只为一个特定目的而仔细给出的极为复杂的符号——就像只能在一个语境下使用的语词。在这种推测中的确包含一些真理，但我们最终还是得摒弃它——虽然不是在从它那儿学到一些东西之前就抛弃它。看一看弗雷格、皮尔士或奥格登和瑞恰慈对符号是怎么想的。他们都区分（1）符号本身，（2）符号的外延或指称，以及（3）符号的内涵或意义。

的确，这和（1）表现，（2）被表现所表现的实在，以及（3）表现所呈现者的模式是一样的。对二者而言，符号有一伸向实在的伪足和一个更神秘的触角，其中精神与物质最终融合在一起。

但这里同样存在着不对称。表现与被表现的实在的关系首先不能仿照符号、语词与其指称的关系模式处理，其理由就不用在这里重复了。表现与其所呈现者的关系也不能仿照语词与其意义的关系模式处理。诚然，说表现所呈现的乃是该表现的意义或内涵并不完全是胡说八道。因为，意义通常被说成乃是语言所表达的东西。表达当然可以同时覆盖符号的意义与表现所呈现者这两者：这样说看上去像是没有问题的，被呈现者是由其所隶属的表现所"表达"的。

然而，这里有决定性的区别。符号的意义或内涵是一**概念性**实在——是我们在需要知道一个词的意思时会向辞典请教的东西——而表现所呈现的则是**事物的样貌**，从而是**世界本身**的一部分。[4] 从来不存在也不会有样貌辞典。以这样的方式，被呈现者似乎别扭地悬在通常所理解的意义[5]和指称（或是内涵与外延）之间；并且，它是以在现有语义学中没有空间的一种方式这样做的。或者，相反地，你同样也可以说，在弗雷格式的符号中，指称和

---

[4] 我提出样貌的概念部分是为了回应扎米托的批评。在我的《历史表现》（Stanford, 2001）中，我说过，一个人的人格，如关于他的绘画表现所表达的那种，只能与关于他的那个表现相联系，而不能跟这个人相联系。扎米托对这个观点提出批评："肖像画所给出的人格不局限于那个表现，而与被画者有关。我们所给出的不（仅仅）是关于画的见解，而是对一个**实际性格**的见解。"见 Zammito, "Historical Representation", 176. 扎米托当然是对的——因此我在此坚持样貌是实在的一部分。

[5] 在下一章我们将看到意义也可以被归于表现，尽管不是在弗雷格的"Sinn"的含义上。

意义是以从表现的视角看费解的方式联系起来的。[6]因此，仿照命题真理处理表现真理的前景看起来相当无望。

最后的安身之地是放弃让表现作为主词或意义承担者起作用的希望，相反转向作为真值陈述中谓词的对应物的被呈现者。这一建议一眼看去似乎是合理的：我们不能把表现中的被呈现者视为被表现所表现者的**性质**吗？为什么不把事物的样貌视为这些事物的**性质**？一个人的正面或背面不是那个人的**特性**吗？难道我们不能说一个表现是表现地为真的，如果它正确地指出被表现所表现者的确具有特定的样貌？

但是，现在冒出来两个问题。第一，正如依陈述和它对之为真者的关系的模式看待表现及其所呈现者的关系所带来的难以接受的后果，假又一次没了着落，结果我们手上只剩下真，这里同样也是这样。第二，更重要的是，样貌构成客体的部分，并且，跟客体本身一样，这些样貌亦可以说有其性质，但它们本身不是性质。**样貌比之事物则不足，比之性质则有余，必须被置于二者之间的某处**——它最好和最简要地概括了样貌与语言哲学中一般接受的观点之间的冲突。[7]

---

6 不过，在下一章里我们将看到，弗雷格式的符号概念可以由越过表现的界限而从这里所给出的对表现的解说中得出。弗雷格式的符号概念是非法阐释了关于表现的语义学——虽然它在后者中有其根源，正如盗窃预设合法拥有。

7 这解释了为何样貌没有（在纳尔逊·古德曼意义上）"例示"它们之为其样貌之物。古德曼是这样界定例示的："[考虑]裁缝手头装满小块布料的样本册。这些布样的作用是标本，是例示特定性质的符号。可是，小块布料并未例示整块布的所有性质：它象征着布匹的色彩、织法、质地和图案，但却没有表示出其尺寸、形状，或分量和用途。"见 N. Goodman, *Languages of Art*, (Indianapolis, 1976), 52。正如古德曼强调的，性质例示。然而，样貌不是一个东西的性质，而是其**组成部分**；样貌**具有**性质，但**不是**性质本身。

更准确地说,样貌将客体的独特性与对于性质来说典型的一般性结合在一起。一个特定物体的一种样貌是其背面(这可以解释其独特性),但所有物质客体都有其背面(这可以解释其普遍性),然而,说每一物体都有其背面,不一定包含所有这些样貌(即背面)都是一样的意思(像我们讨论性质时那样)。样貌允许普遍化,但这样的普遍化却不会给我们以性质,因为由普遍化产生的性质只是关于客体的,而样貌则将我们下降到这样的阶段:在此,客体与其性质的分离仍有待于成形。在样貌中,物体与其性质的二分仍处于萌芽状态——然而,如此且**惟有**如此,它已然在那。从后一阶段"成熟"客体——著名的日常生活中的"中等尺寸物体"——的角度看,样貌仍有待于劈分为(1)可确认的客体,(2)例示能促使它们成熟的特定一般特征或性质的阶段。样貌可以被看作是事物的缩写,或者换种说法,看作溢出了其逻辑边界的性质。事物性和性质二者均潜在于样貌中,耐心等待尔后事物及其性质井井有条统治的实施。

前此探讨的结果令我们对表现真理多少有点悲观。我们所有想使之运转起来的努力迄今为止都告失败。尽管如此,我们在历史语义学领域的漫步并非完全徒劳。因为后面将清楚显明,我们在这里和那里已经撷取了一些可用于提出如何理解"表现真理"的素材。**我提议将表现真理定义为世界或其客体依其样貌向我们呈示的东西。**

让我们看看表现真理的这个定义。首先,就像晚近关于命题真理的定义一样——诸如符合论或融贯论真理观——表现真理成功弥合语言与实在之间的鸿沟。它通过联结历史表现的文本层面及其所呈现者做到这一点——正如我们已经看到的,其所呈现者不是像语词的意义那样的概念实在，而是世界本身的一种样貌。不过，由于这些样貌不能被等同于过去的个体对象，解释命题真理的符合论或融贯论在此无用武之地。不管怎么说，弥合语言与实在之间的鸿沟是由命题真理与表现真理共同实现的。

其次，虽然命题真理和表现真理二者穿越这一语言／世界的鸿沟，在鸿沟的每一边皆可看到真理的印记。在命题真理中，这一印记在主体及语言一边；真理是我们在世界上**所说的**东西的所有物。在表现真理中，印记在客体一边：它在世界中，在我们在世界上可能**发现**和**看到**的东西中。在此，真理是在世界的一种**样貌**中，它向我们揭示比任何其他竞争者所揭示的更多的样貌。这是一种非主体化的（desubjectified）真理——一个不必仰赖语言或人对它的使用的真理。虽然语言可能被用于让我们意识到它，但表现真理不必然依赖于语言。这是命题真理和表现真理相区别的根本之处。

另一方面，对表现真理做更仔细的审视，有人会说它预示了命题真理。的确，样貌让我们降至事物及其性质尚在未定之天的阶段，可以说只是预示了后来的阶段。尽管如此，**就其本身而论**，命题真理作为客体及其性质的综合被呈现在表现真理中。想一下溶化在水中的盐。或许可以说，盐此时不再存在，因为它已经分解成钠离子和氯离子，不再整合为氯化纳分子。盐在这个词的本意上为我们从盐瓶里倒出的白色颗粒。这将与命题真理相吻合——它将阻止我们使用与表现有关的真理概念。

尽管如此，我们同样可以说盐溶液是咸的，咸是它的一种样貌，而溶液是盐的一个阶段，它先于但并不在本质上异于从调料瓶里倒出来的盐。甚至还可以补充说，大部分的盐在结晶为我们称之为盐的白色颗粒之前首先是盐溶液。不言而喻，看待事物的这一方式与真理的表现观相吻合。说我们只有在盐溶化在水里之前才有盐（命题真理）——或者当然了，相反（与表现真理相吻合）——只不过是一个武断的观点。因为这最终就是命题和表现真理的情形：它们乃是彼此的**显现**，正如从盐瓶里倒出的盐与溶液中的盐。为将问题表达得更清楚，在命题真理之外，**尚有**由世界的样貌所体现或表达的、世界中或者是世界本身的真理。

最后，必须补充的是，某些样貌对世界的揭示较其他的样貌更多（一个人的肖像对他的揭示一般说来比对他后脑勺的描绘要多）。因此，舍此无它和永恒真理的厄运现在被代之以更富实践性的较多或较少表现真理的王国。在此，真理不是像在命题真理的情况下那样非此即彼的事。但在这种情况下什么必然是错的？我们通常面对的是真理与谬误之间一个宽广的光谱，扩大这一光谱经常甚至会加强我们对世界的理智把握，而亚里士多德的"二者必居其一"（*tertium non datur*）必定令我们觉得抽象和不自然，并且与社会生活的现实相左。

三 表现的（历史）真理

将所有这些放到一起，我们得到以下的图景。真理之所二居其一。一方面，我们会看到在关于客体、过去的某些部分的真值陈述中的命题真理。接着我们面对的是在主词和谓词形式下的陈述句，它表达关于现实中客体的某些真理，其中主词指称客体。

第六章 真理

语言于是乃真理之家——这是我们在说真理是真句子的性质时想表达的事实。但真理亦可以选择以世界本身为家。这是表现将我们送到其被呈现者（或样貌）处的情况。因为这一被呈现者乃是世界（部分）的样貌。其次，事物和普遍性二者已经隐含地存在于被呈现的样貌中——因而这两个词可以被整合在一个真的或假的句子里。这给了我们表现的本体论真理。在此，真理不是语言的所有物而是世界及其事物的所有物。

表现通过其所呈现的样貌让我们意识到这个植根于世界的真理，就此而论，表现是令我们在不实际言及世界上的某些事情的情况下言说它们的指令。换言之，如我们在第四章第六节所说，表现依"关于"的方式言说世界。因而，表现涵盖或在自身中包揽了用真值陈述可以表达的关于这个世界的内容，从而可以说让我们在比真值陈述所能达到的"更深"或者说（按沃尔什的表述）"准形上的"层次上把握世界。为进入这一层次所付出的代价是在排他性命题真理意义上清楚明白表达的丧失。

但是，如果我们愿意付出这个代价，表现将展现给我们世界的**自我揭示**。我强调这一非命题真理的自我揭示特征。在命题真理的情况下，我们有一个世界中的客体，进而可以对其性质加以探究。对于我们的问题世界给予怎样的回答取决于所提问题的性质。对主体所提问题的回答是以跟自动取款机一样的傻瓜方式给出的，你输入的取款数目是多少，它吐出多少张票子。自然就是这样回答我们问它的问题的。但是，世界按被呈现者或样貌对其本身的揭示不能被塞进这一问题—回答模式的框架中。表现不是问题，其所呈现者也不是问题的答案：我们需要表现只是为了让过去依某一样貌向我们**显现**。[8] 同样的，说树在晚上被灯照亮是对灯问它的问题的回答是纯粹的胡说。这可以解释为什么命题真理按"揭示"一词的真正意义来说并不是揭示性的，反之，我们可以有意义地说，在表现中世界向我们揭示自身。这就是我们所说的表现性（历史）真理。总之，我们需要表现，从而这个世界的真理会向我们揭示其自己。显然，表现性（历史）真理必定会提示我们海德格尔关于真理之为解蔽（aletheia, αλήθεια）的概念："[一个]陈述为真意味着：它就存在本身揭示存在。它断言，它指明，它在存在的解蔽中'澄明'（άποφάσις）。陈述的为真（真理）应该被理解为打开的存在。在一存在者（主体）跟另一存在者（客体）逐步同一的意义上，真理在此丝毫不具有认识与一个客体符合这样的结构。"[9]

有三点得说的。第一，海德格尔在此明白提及陈述（Aussagen），这不用说与我在此的论述框架是完全不相容的。我心里想的是表现，并且在整本书中始终坚持陈述与表现的逻辑差异。第二，与他对关于真理的传统认识论分析的攻击相一致，颠倒存在和认识的秩序，海德格尔将认识的秩序拖入存在的秩序：对存在自身断言是一个存在。（Das Aussagen ist ein Sein zum seiendem Ding selbst.）[10] 显然，这和我们在此所辩护的主张是一致的，表现和它所

---

8 这一论述显示了柯林武德著名的问题和回答逻辑的短处。这一逻辑对科学可能是个有用的洞见，但它却忽略了对历史和历史表现来说具有本质意义的东西。自然对我们所提出的准确问题给出准确回答。但在如何表现过去的问题上，却没有什么准确的东西。更重要的是，正如伽达默尔所坚持的那样，一个在走向过去时头脑里带着准确问题的历史学家很可能错失那些他应该感兴趣的东西；他对于过去的"异己性"是盲目的。表现过去更像对未知和陌生国度的探索，这是我们唯一确定的事情，我们甚至不知道该问些什么问题。

9 见 M. Heidegger, *Sein und Zeit* (Tueebingen, 2006), 218, 219。

10 同上，218。

表现者拥有同样的本体论地位。第三，与希腊语中真理一词的词根相一致——αληθειά（被解蔽的）——海德格尔将真理与"解蔽"或"揭—开"联系起来。[11] 真理是被揭示给我们的东西，就像前此蒙在它上面的面罩突然被揭开，因而我们可以无遮蔽地（虽然总是局部地）[12]直视世界。"因此揭（α-λήθεια）[13]属于说（λογοζ）。用'真理'这个词来翻译[αληθεια，解蔽]，以及将之与特定的理论内涵联系起来，就会在哲学上掩盖了希腊人在αλήθεια这个词里不言自明地认作根本性的东西。"[14]

这和上述关于表现与其呈现者的观点也是一致的。被呈现者

11　对海德格尔的词根解释始终存在异议。卡普托在一项仔细的探讨中区分了 aletheia 一词的三种含意："[首先]，让我们称之为现象学意义，aletheia 意味着存在的现相，在其成为思维主体的客体之先的自我呈现（在其无遮中，在解蔽中呈现者）……在第二层意义上，在此让我们称之为更极端的、结构的、非历史的意义，aletheia 意味着无遮之域的打开，对在场之在的承认。对于想强调存在本身由根本上难以消除的遮蔽中绽出的人来说，作为图示式的手段，此处引的连字符形式 a-letheia 对突出这个词的这层意思是很有帮助的……海德格尔在 20 世纪 30 年代提出这样的观点，在柏拉图之前，该词意味着无蔽，而在柏拉图那里，aletheia 开始从无蔽转向**矫正**（orthotes）或**正确性**。"见 J. D. Caputo, *Demythologizing Heidegger* (Bloomington 1993), 22—23. 主要的图景是，海德格尔从 aletheia 的第一种意思转向其第三种意义，以之为对 aletheia 这个希腊词意义的正确解读，同时提出真理之为解蔽的哲学论证。在此我心目中所想的是 aletheia 的第一层意思，而其第三层含意则与命题真理相一致。感谢穆伊（Hans Mooij）让我注意到这里所引证的内容。

12　表现依独特的局部样貌呈现世界。事物的样貌只是事物的**一部分**（即便它们代表事物整体）。虽然在表现中我们关于世界的观点是**无遮蔽的**——这是好消息——坏消息则是，**部分和不完全**则是我们为之所付的代价。你可以把这看作是"经验承载理论"命题的表现主义对应。

13　这个希腊词中的 λήθέια 是源自动词 λήθω（遮蔽），意味着"被掩盖的"或"逃离我们的"。

14　Heidegger, *Sein und Zeit*, 219.

是事物的样貌，它是由关于该事物所有真值陈述的子集所界定的。这不只是**一个**陈述，因为，事物的样貌——如我们已经看到的那样——有着远超由事物的单一性质所把握到的复杂性。如同我们在前面章节中看到的，它终归是事物的缩影。事实上，在绘画和历史表现中，通过将一些特定的性质一举突出在前景中，事物的样貌在表现中被特意拈出。被呈现者就是这一"前景突出"的结果。没有可以与它们联结起来的单一可确定事物，它们只是若干性质的松散集合（回忆一下我在第五章将被呈现者与指称客体脱钩的论述）。除非是通过某些必定是任意的规则，不存在可据以将任何一组松散性质子集凌驾于另一子集的根据。因而，尽管我们可以说**所有**特定尺寸的物质客体都有"背面"，却不能由此就得出结论说可以对"背面"这样的被呈现者作一般概括。[15] 这意味着，再次指出，这些松散性质的集合永不可能被切割为一个指称某一单独对象的子集，和另一个将特定性质归诸这一对象的子集。因而我们从来不能从这些松散性质的集合（被呈现者）转向诸如"X是φ"这样在命题上为真或为假的陈述。由这些"前景突出"中我们所能合理期望的所有东西，是它们可以依其被呈现者而给我

---

15 由此可见，在历史写作中找不出可以信赖的普遍规律——不论是在关于同一历史现象的历史叙述中所呈现的被感知规律的基础上，或是在特定类型历史现象的一种表征（即革命、战争、民族国家等等）和其他这样的表征所共有的东西的基础上。因为普遍性概括的这两种变种均依赖于将事物性质的松散集合（即关于**被呈现者**的）完全任意地区分出某一据称是比另一集合更基本的子集，并由此自称有权利作为关于世界的可以有命题性真假的陈述的新生主词。或者从另外一个角度来概括，普遍性概括是**事物**或**客体**的实在可能性，但不是**被呈现者**的实在可能性，虽然——或不如更准确地说因为——被呈现者是事物或客体的**样貌**。

第六章 真理

们以关于事物或客体的**揭示（解蔽）**，在此，揭示的意义是向我们昭示其大写真理——而不是其诸真理。因为，再说一遍，样貌将全套真理融贯地纳入自身，这一融贯性是由将它们整合为一的表现决定的。要把握有关这套真理的命题，想一想一个历史表现中所可能包含的全部真值陈述的总和。这些个真理实际上不是由被呈现者所**论断**的，而是由其**给出轮廓或暗示透露**的。对于这种由表现所呈现者暗示给我们的真理的感知，德语里有一个没法直接翻译成英语的词：**心知**（ahnen）。*

总之，与海德格尔视之为解蔽或无遮（Unverbogenheit）的真理概念一样，表现真理是**实在的澄明**。不是语言而是实在本身点燃了真理之光，虽然实在的这一自我澄明只能通过表现获得。继续使用光这一隐喻：表现中的真理可以被看作是由表现投射到它之上的光的反射；我们建构表现的不二理由就是获得（过去）实在反射的效果。表现提醒我们想起 M. H. 艾布拉姆斯关于浪漫主义诗歌像明灯照亮隐身黑暗中的事物的隐喻，他用柯尔律治评论华兹华斯的"序诗"（*The Prelude*）的一段话来阐明这一点：

> ……关于那些非常的时刻，
> 现在在你的内在生命中和外部，
> 当力从那涌流。你的灵魂感受到

---

* 德语动词 ahnen 从字典上看有"预感""预料"等意，在此语境下，试将之翻译成"心知"，其出处是古代小说中有时会见到的"心知有异"，其所描写的是特定情境下人对某些事情的一时理不清也说不明的某种警觉或不祥预感。——译者

被反射的光,那被赐予的光。[16]

但单单有一个不同:浪漫主义诗歌中光的概念以诗人天才的单纯给予为源泉,而历史叙述中的真理之光则是由精心建构和专精探讨的关于过去的历史表现产生的。浪漫天才的神话在此被代之以历史论说的合理性。尽管我们也许会为历史学家是如何绍续诗歌天才的传统而心驰神往,我们有更多更好的理由为由过去返映于我们的这些光而神旺,承蒙史学的表现投射在被表现者上的光亮——在很大程度上就是这样,在此你必辨出历史著述的"经验主义"维度。这样,对(过去)实在的探究将自己与浪漫主义天才结盟(因此,历史主义的历史著述出现在浪漫主义时代不足为奇)。我们应该对历史著述和令此一非凡成就可能的历史学家心怀崇敬。

的确,与海德格尔的解蔽似乎将我们引向超出科学和学科合理性的海式漫说和哲学蛊惑之域不同,历史真理是与历史探讨的实践及其合理性紧密相连的。体现在某一表现所呈现者中的那种"表现真理"并不把我们带到神话以及不负责任或随意思辨的境地。例如,断言一个人的背部样貌对于表明这人是谁而言不如其

---

[16] 转引自 M. H. Abrams, *The Mirror and the Lamp: Romantic Theory and the Critical Tradition* (New York, 1953), 60。艾布拉姆斯选作其书题词的叶芝的诗同样富于解释力:"[它]必须更进一步:灵魂必须成为它自己的泄密者,自己的信使,活跃的一个,镜成为灯。"遗憾的是罗蒂——《哲学与自然之镜》的作者——从未对由镜到灯的浪漫主义隐喻转换予以置评。关于真理之为光这一隐喻所衍生的复杂影响,布鲁门伯格做了最为深刻与博学的探究。见 H. Blumenberg, "Light as Metaphor", in *Modernity and the Hegemony of Vision*, ed. D. M. Levin (Berkeley, 1993)。

脸部样貌有力，就没有什么特别神秘或说不清的地方。[17]历史也是这样。正如每个了解史学实践的人会知道的，历史探讨进展得令史家和读者都满意，当代历史写作的胜利和科学上的进步一样给人留下深刻的印象。历史哲学家因而没有理由怀疑历史学家获得历史真理。相反，历史表现呈现给哲学家令人着迷的新的真理概念，以及在很大程度上尚未发掘的别一样态的学科合理性。历史哲学家们应避免将与历史著述格格不入的真理概念投射给它，以解释历史写作的实践中真理是否可以获得以及为什么。他们应该从接受历史之所是开始。

四 非符合的真理

罗蒂在1967年发表了他如今很著名的选集《语言性转向：晚近关于哲学方法的论文》。在导言中罗蒂将语言转向界定为"主张哲学问题是这样的问题，它可以通过语言的改写或对我们当下所使用语言更多的了解而获得解决（或消解）"。[18]在此他心目中所想的是由奎因关于经验事实对相应理论的不确定性理论所发起的语言哲学革命，对此我们曾在第五章第一节讨论过。我们也许还

---

17 我们往往乐于由样貌上升到事物。对一个表现的成功把握确乎并不比日常生活中对周围物体漫不经心的反应有更大的障碍。在此，历史哲学得羡慕科学哲学。

18 R. Rorty, *The Linguistic Turn: Recent Essays in Philosophical Method* (Chicago, 1967), 3. 事实上，这里存在着**模糊性**。一方面，自弗雷格以来几乎所有语言分析哲学都可以用这样的方式加以描述——这样，语言转向将等同于整个语言哲学。但另一方面，罗蒂心中想到的还有语言哲学本身中特定的进展，即向关于语言的经验主义解释告别，后者假定语言、真理、意义及指称应在关于世界是怎样的经验材料中有其最终基础。

记得，这里的基本见解是，任何科学理论与不驯经验材料的协调都须通过我们在其他地方关于自然的假定中作出的调适才能实现。其结果是，当理论预测与经验证据之间发生冲突，问题由这些其他假设所引起的可能性丝毫不少于由所涉及的相关理论所引起的。因此，在理论和经验证据之间并没有经验主义者一直以为的那种愉快的一对一关系。经验主义认为理论真理性的根据是事实与理论的符合关系，这种信念现在被当作幻觉揭露出来。因为，在通过经验事实证实（或否证）理论时，理论的整个网络都潜在地卷入其中。关于理论与经验证据材料关系的这一本质上是整体论的概念以奎因—杜衡命题为人所知。其主要的含意是，在与经验证据或世界的关系上，理论或语言有其特定的自足性或惯性。对于认为理论和实在关系中只包含经验证据和逻辑这两个变量的逻辑实证主义观念，这是个噩耗。

但对于人文主义来说，这是个好消息，在人文主义中，资料与理论的关系始终是众所周知地不确定的。人文主义学说的践行者和理论家突然开始觉察到，曾经一直被当作他们不如其自然科学同行的劣势之所在其实同样也是科学的一部分。因此，我们用不着诧异，语言转向在人文主义中受到最热烈的欢迎，它似乎将这些学科从先前在逻辑实证主义者治下所历经的否定和轻视的悲惨命运下解救了出来。

但是，在如此得利于语言转向的同时，人文主义的理论家忘了奎因心里装着的是科学，他的目的肯定不是以某种方式为人文主义平反昭雪，对后者他所有的只是厌恶与轻视。这也许可以解释语言转向对人文主义部分的不相宜之处。奎因对经验主义两个

第六章 真理

教条的攻击从根本上说乃是关于经验事实与科学理论间关系的主张，从而是关于世界的认识和世界之间的关系的主张。这在关于我们对世界的认识的认知主义主张的探索方面是一个新的出发点。而人文主义阵营中语言转向的支持者从来就不真的关心真理和认识论主张。他们在语言转向中看到的只是在与世界关系上对语言自足的赞美，以及一个受欢迎的告诫：完全不要再操心证据和真理。这一态度在德里达恶名在外的"文本之外别无它物"中达到了登峰造极的地步。距离奎因原本的想法再也不可能比这更远了。因此，很显然，在由奎因的语言转向转换为人文主义的最近反思过程中，伴随着其所有的过度解构主义以及对修辞学的赞美，有些事完全偏离了轨道。

虽然我并不自命在此宣布结论，我的直觉是，这一错误是由于将两个不同层次的问题拉在一起的结果，在此基础上产生了真理问题。首先，是表达在文本中的关于世界的真理这个客观层次。其次，是真实地（当然了，或者非真实地）确立文本表达了**什么**关于世界的真理这个元层次。第二个层次上的断言与比如历史学家复杂文本中的那些琐碎的真或假没有关系。这事实上是文本意义的层次，意即在这个层次上文本的认知内容被确定下来。在此确定的是文本中的哪些句子界定其意义，而另外的哪些与文本意义的关系甚微或毫无关系。在科学中，第一个层次是真正算数的，或不如说，是唯一在场的。在科学理论中，重要与不重要的区别是没有意义的。理论表达其所表达的，不多也不少。

但是，复杂史学文本的真理主张总是具有在相关性方面其程度或大或小的这样一些**朦胧**（*clair-obscur*）。文本，而非理论，是可以概括的（按该语词的本来意义讲）。进而问题呈现出来，感觉到真理主张必定存在于哪个层次上，与文本相关的真理主张是什么，从而这些真理到底是处在客观层次或是元层次上。关于文本应该如何理解，它所说的究竟是什么——从而文本的意义和阐释——的问题令客观层次上的真理问题进入背景。在历史著述中情况的确是这样，关于过去事实陈述的真理通常被视为当然。而在认知意义上重视的则是真理的第二个层次，元层次。

有两点应该注意的。首先，后一个层次并不出现在奎因的论述中，这是我们由其科学主义立场可以想见的。[19]这也就是为什么他将意义问题放在真理问题之下的原因。[20]其次，当我们在历史写作中从一个真理层次转向另一层次时，我们所使用的语言不幸缺少提出警示的手段——从语言哲学的观点来看，这是我们恰好所使用的自然语言的一个最为致命的缺陷。自然语言从未正确和自动地显示这一转换。因而历史学家往往忘记它们，结果是它们在文本中很少被申明。史学文本总是在我们面前自我呈现为无隙整体，以至于我们不再能区分出（一方面）关于过去的真理表述与（另一方面）文本的意义表达。这就是为什么（1）在历史论辩中历史学家如此经常地将关于意义的歧见错当成关于事实的歧见，[21]以及（2）我们往往忘记在史学文本中存在着这样两个

19　但是，如果我们想到他的"语义上升"概念，这一层次也不是完全没有的。见 W. V. O. Quine, *Word and Object* (1960; repr., Cambridge, MA, 1975), 271—276。

20　同上，51—57。戴维森也是这样。

21　例如，许多历史学家会说乔纳森·伊斯雷尔（Jonathan Israel）赋予斯宾诺莎在启蒙运动中如此显要的地位是错误的。接下来关于"启蒙运动"词义的讨论则被错误地当成关于事实真假的讨论。

第六章 真理

层次。

但我们得对这两个层次的走在一起做更准确的阐述。这跟苹果和桔子放在一个袋子里不一样,其中苹果还是苹果,桔子还是桔子。因为,假如表现的语言是这样一种无隙整体,那在两个层次间就一定会有相互作用,从而产生与二者不同且具有自身新产生的品质的某物——就像氢和氧的结合产生水,水具有其自身所呈现的品质,这些品质在许多方面与氢和氧的品质不同。

因此,史学文本具有意义和真理。从文本的角度看,对意义的认识是真理确立之前提这个原本相当有道理的观点没有什么用。关于真理是意义确立之前提这个原本同样有理的观点也是如此。这两种观点都假定,意义和真理的确定是完全独立的过程。一方面是语言、意义和阐释的"横面轴心",另一方面是完全不同的真理及语言和世界关系的"纵向轴心"。然而,在人文学说中,借用纳尔逊·古德曼令人愉快的说法,语言乃是"构造世界的一种方式";继尔,阐释所涉及的不仅仅是**意义**的设定,并且是**世界**的设立。这样,在内含自身成真条件的意思上,意义设定真理;因而,将纵向与横向轴心相互分离几乎是不可能的。在此意义上,前引德里达的陈述说到底并非像第一眼看上去的那么劲爆。他正确地指出,文本的意义以典型的真值陈述永远无法做到的方式设定世界。

这就是对(历史)表现来说语言转向从根本上说是怎么回事。语言在此的确具有经验主义不可能允许的对于世界的自主性。但是,这不是因为理论无法经由事实确定(如同奎因的观点),而是因为语言的表现性使用置意义于优于真理的地位,因而,不是意义追随真理，而是真理跟随意义。在历史表现中，真理生于意义。不过，在这一方式上，跟奎因关于"语言与世界松散勾连"的宣称一样，表现与关于语言与事实相符合的传统经验主义直觉相对立。这可以解释为什么我们这么容易忘记，由奎因发起的对经验主义教条展开攻击的语言转向与人文学说中的语言转向几乎没有什么共同点。

不过，人文学说中语言转向的敌人还是模模糊糊意识到其反经验主义的倾向，正是这让历史学家和一些历史哲学家对之相当不信任。他们担心，接受语言转向将令历史写作丧失其作为追求历史真理的真正人文科学的资格。但是，正如我们所看到的，这样的担忧是没有理由的。是的，历史表现不给出作为符合的真理，但却揭示内在于过去自身中的真理。我们实际上没有理由对这样的真理感到失望或不满。作为揭示的真理把真理放在过去自身中——更具体地说，是在被表现所照亮的过去的某个**样貌**中。这不仅是在语言和世界之间如何建立起桥梁的问题，这与一直以来受到推崇的经验主义直觉相一致——防止历史表现迷失在无益的思辨中——同时意味着，发现过去的什么样貌较之其他样貌对我们关于过去的理解会是更为具有穿透力的乃是历史学家的职责。这一职责既与我们关于历史写作的所有直觉相一致，同时也是可行的。

最后，历史学家在具体个案中对这样的问题实际上如何做出决定是史学实践的事情。历史哲学家对此应免开尊口。他们的任务只是对从哲学的观点上（这不在历史学家的专业兴趣之中）所看到的在历史讨论中显露出来的问题加以阐明。历史哲学家不应掺合史学方法层面的事——那是另一套不同的游戏。

五 历史和小说中的真理

历史学家和历史哲学家中对语言转向的不信任在很大程度上是由这样一个简单的事实引起的，语言转向是经由文学理论而非哲学家如奎因或罗蒂的相关观点进入人文学说的，尽管历史哲学中语言转向的支持者有时会提到他们的名字。历史哲学中语言转向的反对者急忙利用这一事实，毫不迟疑地指出历史学家关心真理，而文学家不是这样，以此诋毁语言转向。小说是虚构的，相反，历史旨在告诉我们关于过去的实情。因此，我们在阐明历史著述时不能指望从文学理论中得到什么有价值的东西。

可是，我们现在提出了一个关于表现真理的定义，我们可以扭转语言转向的拥护者在反思历史写作时所遵循的那种论证。人们通常会问，小说和文学理论能给历史写作带来什么有趣的新启发。我现在提议讨论的是，历史写作怎样深化我们关于小说的见解，更准确地说，我们关于表现真理的本质的探究是否能让我们说起小说的真理。[22] 小说是否具有认知的维度，而历史哲学可以让我们捕捉到它？

带着历史真理的概念（如前所述）走近小说，这能让我们消除长久以来妨碍人们对历史和小说做富有成果的比较的障碍。在

---

22 以这样的方式看待小说与我在第三章中的论述是一致的，在那里所表明的是，表现先于阐释。我们在阐述小说时如果只是局限于问自己其所表现的是什么，这对于小说来说并不是完全公正的。小说所表现的通常将只是想象的实在这一事实一点也没有减轻这一问题的急迫性。因为那对小说的表现主义来说毫无意义。我们读小说时把它所说的事情当成是真的一样，做不到这一点，文学文本就成了一派胡言。

此我想到的是亚里士多德在其《诗学》中所给出的论点，这一论点无疑具有很大的先在可信："诗人和历史学家的不同不在写的是韵文还是散文……真正的区别是一者与所发生的事相关，另一者与可能发生的事有关。因此，诗是比历史更哲学化、更高阶的东西：因为诗倾向于表达普遍性存在，历史倾向于表达特殊性存在。"[23] 这里的直觉是，历史学家的陈述始终与发生在特定时间地点的特殊事实相关联，而小说则不受此约束。如果我们注意到小说家与事实——尽管是想象的事实——的关联一点不比历史学家少，亚里士多德所宣称的存在于史学与小说之间的等级的说法将大大失去其吸引力。但是，从哲学的观点上看，实在与想象事件的区别在此是无关紧要的——并且只要那些总是追求真理的哲学家们得在实在或想象的事实间作出抉择，他们毫无疑问将在史实和虚构间青睐前者。因此，对于像亚里士多德这样一位献身真理的哲学家来说，其将诗抬高到历史之上的做法中有些与我们的直觉根本不同的东西。但将此放在一边，不论我们喜欢与否，我们必得同意亚里士多德的看法，史学文本对事实为真，而对于诗来说事情通常不是这样。这看起来无疑是在史学与小说之间作出区分的非常可信的方式。

但在本章所得出的结果的背景下，亚里士多德所看到的东西中不容质疑的真理如果不是完全，也在相当程度上是不相干的。因为我们现在要指出，在**大多数**情况下（小说的各种形态在数量上是如此之多，不可能对它们作出概括），跟历史作品一样，小说

23　Aristotle, *Poetics* Ⅸ, 2—4.

第六章 真理

在我们的社会和私人世界中抽取一个或更多方面的样貌，对此我们可以有意义地探讨关于它们的表现真理。样貌或被呈现者的概念以如下的方式颠覆亚里士多德的论点。首先，与亚氏因史学中包含真句子而文学则不然而用真理区分历史和小说不同，我们可以说——基于我们脑海里的样貌概念——从真理的角度看，在历史与小说之间，共同点甚于不同。二者都向我们给出世界的某些样貌，对此我们可以说它们是表现地为真或不真的；其次，亚里士多德的直觉在这一点上是对的，即有一种比命题真理远为深刻和根本的真理，但他错在将这种真理归诸诗或小说，由于其终极来源及其合理性在样貌概念中，这我们源始地将之归诸史学和关于历史写作本质的反思。如果你想要探究表现（和审美）真理，没有比探究历史表现更好的方式。

总之，表现真理在历史写作中有其偏好的栖身之所，原因之一是历史学家已经开发出一整套令人印象深刻的确定和建立表现真理的手段。由此，由史学出发，它后来穿越到小说领域。当如此多的当代史学理论家们为获得对史学的更佳理解而由小说入手，我们如欲给出小说的真理则应选择相反的路径。

十分清楚，这一点也不意味着我们现在得开始从小说或文学理论的角度对史学理论家关于历史写作所说过的话提出质疑。我们不能怀疑他们的努力对我们关于史学文本的理解所做出的深刻贡献，并且可以期望他们将一如既往不懈探索。但这不应使我们忘记，当我们就小说的真理提问的时候，文学理论家得仔细听听历史哲学家关于历史的表现真理都说了些什么。毋庸置疑，这对于文学理论家将是富于启发的，正如在过去几十年中文学理论之于史学理论家一样。

更准确地说,我们在第三章中讨论了包含在表现与阐释之间的等级。在并未充分意识到史学与小说共享了什么的情况下,文学理论家往往过于倚重阐释;于是他们忘记了文本的表现基底,开始与那些更多谈论阐释者本身及文学理论的文本打交道,而不是关注那些关于文本自身的文本。因此,对史学文本及由之所引出的哲学问题更为清楚的领会对文学理论会大有助益。

到目前为此,我关于历史和小说的比较都停留在抽象层次上。因而,我将在结束本节时,引述一些历史事实来支持我关于小说真理在历史真理中有其根源的主张。在我们继续比较历史与小说的时候,如果我们注意到存在着历史小说这样的事情将会是很有帮助的。它兼有小说和史学的性质。历史小说显然是二者之间的结合部。它是小说,但从中同样可以读到其所给出的关于过去的信息。将历史小说与历史作品加以比较,你也许会说,区别在于后者告诉我们关于过去的真理,相反,作为小说,前者没有告诉我们这样的东西。显然这把我们又带回到前此关于亚里士多德论点的探讨,意思是这样的观察没有错,但却不那么中肯。

和前此只是把问题留在那里不同,在此我将从在二者中都提及的实际事实的角度对历史小说和历史著述稍赘数言。**请**亚里士多德原谅,人们可以设想一本关于过去某一部分的历史小说,其文献基础是如此扎实,书的每一陈述都有相关的证据支持。其次,历史叙事中可能存在错误,但即便其中所含的错误相当多,一点也不会有人开始把它看成是历史小说。它只不过被看作糟糕的史书。

因此,与亚里士多德的直觉相反,历史小说和史书之间的区

第六章 真理

别与其说是质料上的不如说是形式上的,它们均建基于历史真理在彼此中是如何被呈现的基础上。在史学叙述中,历史真理是被发现、被呈现的,在面对可能的批评时得对自身给出辩护,尤其在事实真理的层面上是这样。在此,历史学家会花很多的篇幅说明他们对史料来源的选择和解释,论证其叙述中因果论断的合理性。的确,所有这些在历史小说中都找不到其对应物——尽管历史小说的作者很可能在动手写作之前在历史研究方面下了很大的工夫。其次,历史学家在一个层次上提供给读者关于过去的表现,邀请他们聚焦过去的特定样貌而非其他一些样貌。显然,此一维度同样出现在历史小说中:通过提示其所锁定的过去理当是怎么样的和过去的样貌中什么是我们应该关注的,历史小说至少部分地发挥史书的功能。

然而,与历史叙述意在建构关于过去的某些表现不同,历史小说将关于过去的表现所传递的历史知识运用在历史小说的主要角色身上。[24] 这也说明了为什么如卢卡契所坚持认为的,历史小说的主要角色都是典型的扁平人物,无趣,本身不具有历史意义。[25] 在此,过去以它对无数无名众生所呈现的样子出场,众生经历承

---

24 在史书中,过去由史家所提议的表现视角得以呈现;在历史小说中,过去则是由小说所给出的人物的视角呈现的。如同开特·汉伯格(Kate Hamburger)所指出的,在历史小说中,历史文本作者和读者的"我—源"(Ich-Origo)被代之以小说人物的"我—源"。见 J. J. A. Mooij, "Roman en Werkelijkheid", in id., *Tekst en Lezer*, Amsterdam 1979; 69。

25 "苏格兰小说的主人公总是多少有些平庸、普通的英式绅士。他一般拥有某种从不突出的实用聪明、某种道德坚定性与正派,却从未发展出人性上动人的热情,从来不是狂热地献身于伟大事业。" G. L. Lukacs, *Der historische Roman*, Neuwied und Berlin 1965; 39, 40. 另见 42, 43。

受历史,而其行程却从不由他们决定。[26] 围绕一个著名和重要的历史人物写作历史小说是自寻烦恼。因为这样一来,将历史表现所展示的过去的样貌运用于一个角色身上,会由于历史小说必须尊重的关于这个人物的事实而变得复杂化。这有点像在墙纸上作画:墙面越粗糙、越不平整,事情就变得越困难,效果越差。因此,这是历史小说自身逻辑的一部分,它按照对将历史认识用于(过去人们所亲身经历的)真实历史实在来说障碍尽可能最少的角度来写。

换一种说法,我们最好把历史小说看作是将史学研究中所获得的历史认识**运用**于过去。因此,史学文本与历史小说的区别在很大程度上就像是机械教科书和民用工程桥梁设计的关系,在此,教科书中的知识被运用于特定桥梁的设计中。历史小说给予我们关于过去的应用性知识。[27]

---

26 这确然是瓦尔特·司各特爵士的历史小说所取得的革命性成就之一。首先,它意味着普遍人进入了历史。我们在此可以清楚看出对我们今天所说的日常生活史的青睐。其次,司各特的做法无意中导致了两条相当不同故事线索的混合:历史过程本身和他那些完全不起眼的英雄们的人生的故事。在此,司各特的历史小说十分接近奥尔巴赫在其《摹仿论》中所论述的界定西方文学现实主义特征的高蹈文体与低俗文体的融合。它同样接近罗兰·巴特的"真实性效果"(effet du réel),即自然主义小说的实在效果,它让我们相信,事情就像小说所告诉我们的一模一样。这也就是巴尔扎克将历史置换成现实主义小说所做的事:"这是巴尔扎克的永久魅力:让人们知道那些微小的东西,那些比较普通、比较寻常的场景,也有自己的趣味;而熟悉的生活,在你习惯的环境中那些杂乱无章的日常琐事,还是可以带来诗意。"见 L. Maigron, *Le roman historique à l'époque Romantique. Essai sur l'influence de Walter Scott*, Paris (Hachette) 1898; 428。

27 见我的 *Narrative Logic* (The Hague, 1983), chap. 1。史书和历史小说之间还有一个不对称,你可以把它界定为讲述的明晰性与刻意保持多样阐释可能性的"显现"之间的区别。历史学家将不显现过去,而是直陈在他看来过是怎么样的;他会尽

第六章 真理

然而,这并没有改变史书和历史小说所共有的认知主义:虽然在史书中更为开放和直接,在历史小说那更隐晦更含蓄,二者均宣称依其样貌言说或展示过去,并且均可因没有做到这一点而被批评,或因成功让我们走进一个对我们来说已变得陌生的世界而受到赞扬。[28]

最后,我从历史小说转向现实主义小说,并将满意地重申路易·迈格荣一个多世纪前就此所说过的话。对他来说,现实主义或者叫自然主义小说诞生自巴尔扎克的《人间喜剧》——被写就和计划要写的小说系列,巴尔扎克欲以此在文学上给出其时代的形象。迈格荣用很长的篇幅解释了巴尔扎克对司各特爵士的仰慕,接着指出

> 小说对他(巴尔扎克)来说不是别的,就是剔除司各特已过时的材料,然后以现代素材填充之。"威弗莱小说"*唤

可能清楚地说出这些,不让读者对他的写作意图疑惑不解。历史小说家——作为一个小说家——会知道这在小说中是行不通的,他的故事必须像现实一样开放和具有多种阐释的可能性。因为这是我们对小说所期待的;它们给我们一个实在本身本质的骤然呈现。因此,他必须向读者表明世界——或按现在的情况理所应当的过去的世界——是怎么样的,但他把这留给读者自己去发现。不过,我强调,由作者向读者反应的这一转向在历史表现层次的历史著述中同样存在。历史表现的本质在根本上是文本间性的,它在同类表现的无限系列中寻求其语境化。总之,历史表现典型地逃离作者意向,和社会与政治世界本身一样需要阐释。正是在这里史学界骤然分享小说的逻辑。

28 卢卡契在探讨19世纪意大利历史小说家曼佐尼(Monzoni, 1785—1873)时写道,"[他](曼佐尼)认为,历史的忠实与诗意个性化的戏剧性生动描写既无亦不可能有原则性的矛盾。历史传承告知我们事实、一般的发展方向。戏剧作家无权改变什么。但他亦无由改变,因为若他果真将其人物个性化并意欲塑造他们,则他会在史实中发现最重要的依据与辅助工具:他钻研历史愈深,则发现愈多。"Lukacs,前引书;133。

* 《威弗莱》是沃尔特·司各特爵士的一部历史小说。最初在1814年由司各特匿名发表,这是他首次尝试散文体小说,该书往往被视为第一部历史小说。——译者

起过去的社会，我们在此不必重申它们在这样做时是如何的准确和有力；带着更多的真实和更惊人的轮廓，《人间喜剧》以极其繁复的细节和不同人物的无穷类型重现整个摩登时代；小说头一次实现了它的使命，成为"社会形象"最准确和最完美的写照。[29]

因此，从根本上说，巴尔扎克所成就的，并且在从巴尔扎克经由福楼拜到莫泊桑、龚古尔兄弟和左拉等自然主义者的自然主义小说中趋于完美的，就是历史小说技巧在现代生活中的应用。历史小说中过去的因素被转换成现代的因素——这就是我们面前的现实主义或自然主义小说。[30] 因而有这样的小说，关于它，左拉在《黛莱丝·拉甘》第二版序言中写道："当我写作《黛莱丝·拉甘》的时候，我忘记了世界。我沉浸在对生活**准确和细致的再现中**，这让我能够对整个人类机制做出分析。"（重点标志为本书作者所加）。难道这不就是每个历史学家希望做到的？我的论述限定在现实主义小说的范围内，因此，我应该是头一个承认它与20世纪发展出来的所有各种小说的变种无关。然而，我相信，在小说与史书之间存在着认知关联，对此，今后我们在讨论史书和小说的时候应更多地加以利用。

---

29 见 L. Maigron，前引书，429。

30 在阐述了历史小说的"现实主义"之后，迈格荣继续说道："难道人们没有意识到巴尔扎克和福楼拜的通常风格？为了撰写《人间喜剧》中的某本书和《包法利夫人》，难道他们没有钻入小职员、商人、医生和乡村药剂师的皮囊中？"见 Maigron, *Le Roman historique*, 420。

六　结语

在本章中我提出了两个主要主张。第一个主张是，我们有理由谈论历史真理。不但史学文本中单一句子是典型地对过去为真的——这一点从哲学的观点上看琐屑无趣——并且对作为**整体**的文本也可以这样说，虽然在这种情况下我们涉及的是不同种类的真理。

历史表现向我们揭示的是内含于世界自身中（也就是说，体现在表现所呈现者中）的真理，我们只有通过相关的表现才开始觉察到它。历史论辩——这在历史撰述史中有大量实例——的合理性十分清楚地表明，这样的（历史）真理完全不是非理性或任意的。作为"解蔽"的真理因而必须被列入我们赖以对自己所在的世界进行认知探索的装备清单中。

同时，表现是一个来自美学的词汇，它在艺术如绘画和雕塑中有其典型范例。这一点可以从三个方面加以阐释。由表现处于美学和史学结合部的地位可能得出史学归属于艺术，从而它应该放弃认知诉求。这是第一种选择。其次，可以提出这样的论点：如果存在历史表现真理，我们就不应回避对于史学和小说来说的审美真理概念。这给了我们第二种选择，由此也许会得出我们应该中止伽达默尔所表述的"审美意识"（das ästhetische Bewusstsein）。在此他心里想到的是由康德（尤其是席勒）发起的革命，其结果是艺术与科学彻底和不可逆转的分裂与隔绝。[31] 跟随伽达默尔将意味着回到先于康德和席勒的阶段，那里美学与科学真理尚未被认为是必然不相

31　H. G. Gadamer, *Truth and Method*; trans. J. Weinsheimer and G. Marshall, 2nd ed. (New York, 2003), 39.

容的。这将会是第三种选择。我本人会在第二种和第三种选择之间犹豫不决——但是,此处非探讨这一问题之地。

本章中我的第二点主张是,意义决定真理而非相反。这使得关于历史(表现)意义的讨论成为当务之急。我们将在下一章探讨这个问题。

第七章 意义

一 引言

真理、指称和意义传统上是哲学语义学的三大核心概念。在前面两章中,我们处理了(历史)表现中指称和真理所扮演的角色的问题。我们认为,表现不能被看作以专名或句子的方式指称世界,虽说表现可以被刻画为是自指涉的。同样地,在表现的语境下真理概念可以被富有意义地使用,但这里不是在命题真理的意义上,而是在关于真理作为对过去实在的揭示这一准海德格尔意义上说的。这最终提出了意义和表现的问题——从而如何理解表现意义的问题。

"意义"一词可以有许多不同意思,并且可以在相当不同的语境下被使用。试看一下以下的这些说法:"'拘留所'的意思是'监狱';'嘎哇盖'(gavagai)的意思是'兔子'。"* "语句 S 的意义是什么?""文本 T 的意义是什么?""生命的意义是什么?""雾蒙

---

* 这是当代美国分析哲学家奎因为了说明特定条件下指称的不确定性时使用的一个著名例子:当一个土著指着眼前跑过的一只兔子口中发出 gavagai 之音,仅凭此一单独场景其实没法确定这一语音的意思到底是"兔子"还是比如"白色的""短尾巴"甚至"跑得真快"。——译者

蒙的天意味着要下雨。""他有意摧毁其对手。""我说这个时,意思指的是你。""这一事件对你来说意义是什么?""这真的是你的意思吗?"等等。*关于表现意义的穷尽式讨论将要求我们拉出一张"意义"一词所有不同用法的清单,看看它们是否对我们理解表现意义有所启发。显然,在当下的语境中,这些探究大部分注定是完全没有意义的。因此,我将不采取这样的做法;相反,我将把理论家们关于文本(或表现)意义的论述作为自己的出发点,看看他们的看法是否对我们理解(历史)表现的意义有所帮助。

二 表现意义和弗雷格的意义

乍看起来,谈论表现意义似乎没有意义。当我们想到意义时,我们首先将它跟同义词联系起来:如果两个词是同义词,那它们具有同样的意义。我们听到或读到自己不认识的"calaboose"这个词,然后去查字典,于是知道了它的意思。它在美国俚语中是"监狱"的意思。在大多数情况下(当然不在关于"calaboose"这个字本身的描述的情况下),我们可以用前者替代后者;所以我们可以说"拘留所"的意思是"监狱"。但这只不过是把问题转到了另一个层次上;因为现在我们可能会问"同义词"究竟是什么意思,意义是按它来界定的。那么也许可以这样说,如果两个词可以保真(salva veritate)互换,那它们就是同义词。这时可能会有这样的反驳:这是一个能让我们**确定**同义词的标准,但是,我们

---

* 所有这些句子之所以都可以被当成"意义"的例句,是因为它们都包含英文中意义的动词(mean)形式或名词形式(meaning)。——译者

第七章 意义

对同义词的**定义**仍然是两眼一抹黑。

但是,与其继续这种终究沉闷的对话,我们不如当下点明,所有这些跟历史表现都无相似性。假定存在历史表现的意义,并且我们想知道历史表现的意义 R,因而哪组符号会跟 R 有一样的意义。显然,不存在这样的语义规则或惯例,借此可以确定在 R 本身之外哪组符号会跟 R 有同样的意义。没有这样的字典可以让我们查出表现意义,使得我们可以将一个表现替换成另一据说与之同义的表现。因此,假如我们试图界定表现意义,同等意义及同义词完全没用。

现在也许会有这样的声辩:(史学)文本可以被概括,且如此这般的概括的确能告诉我们文本的意义。但这也是没用的。因为,文本的概括有其自身的意义,从而其本身又会面临原初文本已经遇到的一模一样的问题,即一个文本的意义是什么。这不但构成无穷回归(regressus ad infinitum)的第一步,并且它根本永远也不能给我们提供问题的答案。因为,很明显,当问及文本意义时,我们问的是如何从文本一跃进入意义,可因为文本的概括本身就是文本,它们永远不能做到这一飞跃。

另外一种策略以这样的事实为线索:史学文本通常都是由关于过去事态的真值陈述句构成的。为方便论证,让我们假设(1)史学文本的意义就在这些句子中;(2)真值陈述可以被看作是有意义的。由此可以得出,文本的意义是其中所有单一真值陈述语句的意义的总和。但这显然是不能令人满意的。因为,假设我们把文本中所有单一陈述句写在单独的纸条上,然后把它们都放进一个大袋子里,再以随机的次序将之从袋中取出,并按这一新的次序将每张纸条中的句子重新写下来。这种做法肯定会非常严重地影响文本的意义（假设它有一个意义的话）。因此，如果史学文本有其意义，其中陈述句子的先后顺序必定也是这个意义的一部分。因此，史学文本的意义就是由所有单一陈述句的意义和这些句子在文本中的排列顺序共同决定的。但是，把这两件事放在一起将令我们再次完全回到原初的史学文本：文本是按特定顺序排列的一组陈述。显然，我们始终在绕圈子，所说出的只不过是一个史学文本的意义等于**那一**史学文本的意义。这只是无关宏旨的真理——重申一遍，在文本均有意义的假设下。如果文本有意义，它是真的；如果文本没有意义，则它就是废话。因此，看上去它并没有给文本意义的概念带来什么希望。因此，让我们尝试提出一种完全不同的思路，问问我们自己究竟是怎么陷入这个意义概念的。

我们都知道是什么让弗雷格在他的工具箱中把意义加到真理和指称之中的。比较以下两个句子：(1)"昏星是昏星"和(2)"昏星是晨星"。假如穆勒和罗素的说法是正确的，专名唯一的逻辑功能是指称现实中的某一对象，那么，句子(1)和句子(2)之间就没什么区别，因为专名昏星和晨星二者所指的是同一个客体，即金星。在这种情况下，句子(1)和句子(2)在逻辑上均为真。这一做法挑战我们认为两个句子的意义是不一样的直觉。的确，句子(1)表达的是逻辑真理，而句子(2)所陈述的则是在天文学上有（些微）意义的经验真理。

为了说明句子(1)和句子(2)的不同，弗雷格引进意义概念。然后他继续指出像昏星和晨星这样的专名确有其意义或意思

（即"那颗我们在黄昏／拂晓的天空中看到的星星"），进而，这说出了句子（1）和句子（2）的不同。如果这将不止是一种以其昏昏使人昏昏（*obscurun per obscurius*）的解释，他有义务给出一个关于意义或意思的澄清或令人满意的界定。因而，如同斯必克斯（Jeff Speaks）所指出的，

> 对弗雷格主义的根本挑战是他得给出一个关于意义本质的非比喻性的解释。这是一个在某方面针对弗雷格而非针对可能世界语义学或罗素观点的问题，因为和这两种观点不同，弗雷格引进了一组新的东西玉成意义或表达，而不是仅仅利用原先已被接受的东西——像是功能，或某一对象、性质或是关系——作为意义。[1]

从弗雷格开始，直到奎因、戴维森和其他一些人，处理这一问题的策略一直是如何依命题真理和指称界定意义。正如 M. 杜梅特在评论弗雷格时所说的："属于一个词或一个表述的语义（sense）的，只是其意义与其所在句子的真值相关的这样一些性质：那些不是那么相关的意义差异被归之于这些词或表述的语调（tone）。"[2]

举例来说，专名的意义是一组陈述，它们对其所指称的对象是唯一为真的陈述。因此，意义在此是依真理来界定的（相反，

---

[1] 见 J. Speak 所写的条目，"Theories of Meaning"，*Stanford Encyclopedia of Philosophy* (http://stanford.library.usyd.edu.au/entries/meaning/)。

[2] M. Dummett, *Frege: Philosophy of Language*, London 1981; 84—85.

我在本章中要从真理和指称中得出意义——将意义当作无法界定的原始词汇)。这一策略有多种变种，但没有一种对文本（历史）意义的界定给出了有希望的前景，因为如前此章节所示，史学文本中没有命题真理和指称的位置。更糟的是，弗雷格提出意义概念是为了处理由指称和命题真理所导致的悖论。而如果这些概念（依传统的理解）不能被用于历史表现，它们就不可能在历史表现中引起让弗雷格操心的那种悖论。这让我们怀疑，我们到底是不是果真需要像文本（历史）意义这样的东西。我们也许最好就只跟如前此章节中所定义的指称和真理打交道，忘掉表现意义这样一个神秘的假说。

三 意向意义

但是，在拥抱这一失败主义结论之前，我们应该转向现有的理解文本意义概念的尝试。人们通常声称文本的确有其意义，并且，在历史探索的特定领域中，文本意义的揭示乃是历史学家的首要任务。在观念史（或思想史）领域中尤其是这样，在这里，人们从历史的角度对诸如霍布斯的《利维坦》或卢梭的《社会契约论》进行研究。因此，让我们从这样的问题入手，看看处于问题中心的某种文本意义观点是否能帮助我们理解表现（历史）的意义。

我们从观念史说起。虽然无疑有大量的交集，观念史必须与哲学史区别开来。哲学史从根本上说乃是一个学科的历史，因此几乎完全聚焦在哲学论证上，而哲学文本所言称的意义则或多或少被当成当然的。对观念史来说,情况正好相反。当然,观念史家不可能无视哲学论证本身(在哲学史中亦不能完全无视历史背景);然而,他优先关注的问题是那些哲学家书中所说的是什么意思,或者说我们该如何理解他所使用的某个词的意思。由于观念史家从本质上说是历史学家,我们可以预期他会把哲学文本及其所使用词汇放在历史背景中去理解。换言之,观念史家通常关注的是哲学和它作为其中一个部分的历史语境(Umwelt)的相互关系。

顺便指出,这可以解释为什么政治思想史在观念史中是如此突出。显然,政治哲学是对历史实在本身有直接影响的哲学分支。政治哲学所引发的与历史实在的互动远甚于比如说认识论。没有哪次内战是以认识论原则的名义进行的,相反,它曾经以政治原则如民主或人民统治的名义展开。那么,这就是政治思想史为什么是思想史家显明主题的原因。并且,思想史学家如果处理历史的这一方面或是部分,他很可能会问自己这样的问题:霍布斯和卢梭本人在他们的书中**想说的意思**是什么?霍布斯或卢梭的书在政治思想史中的**意义**是什么?他们所写的东西对于我们来说有什么**意义**?因此,思想史家对什么应该被看作是一个文本的意义这样的问题的专业兴趣,不应该令我们感到惊讶——而这正是我们在此所关心的问题。

现代关于这一问题的论争是由大约四十年前昆廷·斯金纳的一篇有影响的文章开始的。[3] 在这篇文章中,斯金纳同时拒斥语境

3　Q. Skinner, "Meaning and Understanding in the History of Ideas", in J. Tully ed., *Meaning and Context. Quentin Skinner and His Critics*, Oxford 1988; 29—68.

主义和文本主义这两种方式对文本意义的分析。在语境主义的概念中，文本所从出的历史语境决定了文本的意义——想想马克思、弗洛伊德或是波考克。其结果是，文本的意义不在作者的掌控中——这显然是胡说八道。另一极端是文本主义，在这里，只有文本本身能让我们接近其意义；所有语境因素，包括作者的意向，都被或应该被撇在一边不予考虑。这与我们认为太明显而用不着再说的观念，即我们应该把文本所从出的历史背景纳入考虑的想法大相径庭。在探讨西哀士《什么是第三等级？》(*Qu'est-ce que c'est le Tiers État?*)的意义时不在心里记住它写于1789年之春，是匪夷所思的。为了克服语境主义和文本主义方式的缺陷，斯金纳建议思想史家集中关注言说者以言行事(illocutionary)*的语用力："然而，奥斯丁已经经典地证明了，对陈述句子的理解不但预设了给定言说的意义，同时还有对奥斯丁所称的以言行事之力的把握。"[4]

不仅陈述——或文本——传达特定意义，作者也希望用它做事，或者用它达成特定语言行为。举例来说，西哀士意欲以他的论文介入关于什么应该是路易十四召开国民大会的任务或功能的论争。西哀士的确想要用他的论文**做**某些事。与此相一致，斯金纳要求我们分辨文本的三个意义层次：这些语词的意思是什么，或者说作品中特定语词和句子的意思是什么？（意义1）；这部作

---

* "以言行事"是当代英国牛津日常语言学派哲学家奥斯丁所揭示的通常"以言表意"之外通过话语达成诸如"承诺""说服""请求"等语用的语言行为层面。——译者

4 Q. Skinner, "Meaning and Understanding in the History of Ideas", in J. Tully ed., *Meaning and Context. Quentin Skinner and His Critics*, 61.

品对我来说意味着什么？（意义2）；通过其作品作者想表达的意思是什么？（意义3）；同时坚持意义3乃是思想史研究的恰当对象。[5] 很清楚，对于斯金纳来说，文本的意义首先是**意向性**意义，它要求思想史家揭示作者在写作此文本时的意向是什么。他这样总结其主张："［了解］一个作者特定作品的意思，就是了解他在写作它时原本的意向是什么。"[6]

马克·比维尔同样讨论了与思想史家相关的意义的三种样式。首先是"语言的"意义，这可以通过查字典上一个词的意思弄明白。其次是句子的"语义"，这是由赋予该语句的真值条件确定的。[7] 比维尔没有讨论语言意义是否可以被归结为语义的问题，并且，如果不行，为什么会是这样。但是，由于这个问题在我现在所论述的语境中是不相干的，我对它不予置评。对斯金纳的意义1和意义2与比维尔的语言意义和语义意义这两者之间的不相似性问题亦不予探讨。相反，我将集中关注比维尔意义的第三种样式，解释学意义。他对解释学意义是这样界定的："在解释学中，我们审视由特定话语所传达的观念：我们问'当一个作者说如此这般的话时他的意思是什么'……进而，当我们问某人在某一场合的特定言说的意思是什么时，我们问的是他的这些话的意向。"[8]

显然，这跟斯金纳的意义3并无实质区别。斯金纳和比维尔都

5　Q. Skinner, "Motives, Intentions and Interpretation", in J. Tully ed., *Meaning and Context*, Cambridge 1988; 70.

6　同上书，76。

7　M. Bevir, *The Logic of the History of Ideas* (Cambridge 1999), 35.

8　同上书，37，38，51。

是按照作者在写作时的意向定义文本的意义。虽然二者之间有一点是不一样的。比维尔在他的论述过程中区分了强意向主义和弱意向主义。强意向主义者"声称，一个话语对它的作者来说所具有的意义穷尽了其（Wirkungsgeschichte）历史意义"——因此，斯金纳也许可以被描述为强意向主义者。然而，比维尔更倾向于弱意向主义，肯认"由于话语可以有非作者的意义，它们可以具有比在其作者那里所有的意义更重要的公共意义。"[9] 对此我完全同意，但我想强调的是，这一肯认看起来似乎招致意向主义的终结。如果我们同意比维尔的弱意向主义立场，并且打算将后来学者在研究它时所赋予它的"公共意义"视为**同样传达**的是文本的意义，那就没有什么可以阻止我们接受，比如说，伽达默尔的"效果历史"（*Wirkungsgeschichte*），德里达的解构主义，或者费耶阿本德的"怎么都行"在斯坦利·费什那里的阐释主义变种。意向主义于是退隐。[10]

比维尔本人意识到这一危险。因为，如他现在所坚持的，其弱意向主义只适用于这样一类对文本的阐释：它们具有把握文本作者意向的真诚意向。但这只会令事情更糟而不是更好。因为，思想史家的文本通常是关于被研究的一个过去作者的文本的，关于这些文本的意向意义的原初问题现在转换成思想史家所写文本的意向意义问题。这个思想史家是否有意把握其所探讨的过去作者的意向？

9　M. Bevir, *The Logic of the History of Ideas* (Cambridge 1999), 72。

10　在这一阶段，对像比维尔这样的理论家对文学理论家们关于阐释的言说一无所知应该感到遗憾。布斯（Booth）的"隐含作者"的概念，以及伊瑟尔（Wolfgang Iser）的类似论点本来是会大有助益的。

第七章 意义

对这一问题的讨论将只是在我们已有的意向的两个层面上增加一个新的层面。如此等等。其含义似乎是，强意向主义（不涉及史家意向，它会引发**无穷回归**）最终较比维尔的弱意向主义更受青睐。

重申一遍，对意向主义的不同变种的可信性申明立场不是我的目的。我想探究的只是，它是否能为我们提供一个关于表现（历史）意义的有希望的模式。由于各种原因，这看上去必定是有疑问的。首先，当我们问表现意义时，我们寻求的是一个史学文本（本身）会有什么样的意义，而不是以它为手段什么样的意义可以被传递或创建。想想一个字。以及用以拼出它的字母：字有意义，字母则没有，虽然只有字母能让我们认出字和它的意思。这里的情况也是这样。在斯金纳和比维尔关于文本及其意义的图景中，文本被用来表达意向意义，正如我们需要用字母组字。由此，在意向主义的图景中，文本本身没有意义。[11] 比维尔自己甚至公然拥抱这么一个相当不可接受的结论："因为历史意义始终是对个体而言的意义，我们不能将历史意义归诸文本。"[12]

而这里还有更多的问题。根据意向主义，文本是实现特定意向的手段，所以关于意向的认知可以解释文本，以及/或告诉我

---

11 部分问题所在，是比维尔没有将这样的事实纳入考虑：除了作为阐释（于是，阐释者必须在其左右）的潜在对象之外，如同我们在第三章所解释过的，文本同样表现（即便整个人类都灭绝了，"最后的阐释者"死了，文本、绘画和表现为其所为）。其解释是，在政治哲学家所写的文本中，表现的维度无疑弱于史学文本。但就政治学论文始终是对政治的评论而言，表现在此也同样在场。

12 Bevir, *Logic*, 61. 事实上，这会令人吃惊。因为，难道他的立场不是要求他主张文本总是有其自身的意义，也就是说，与作者写作时所具有的意向有关的意义吗？假如文本本身没有意义，并且意义"总是对个体而言的"，我们如何防止虚假和荒诞不经的阐释？由此可见，抛弃文本自身有其意义的主张势必导致无底的怀疑主义。

们文本的意义。这造成两个困难。首先，我们会问自己，我们如何捕捉过去作者的意向。也许通过研究他的作品？但这样一来，我们又怎能断言意向解释文本？如果作品告诉我们作者的意向，当我们接下来声称意向解释文本，我们显然是在兜圈子。

其次，在柯林武德式的图景中，过去的一个作者为了达成特定意向而写出文本，这跟我们的直觉是极端对立的。这是怎么做到的？作者在自己心中如何将意向与如此复杂难弄的几百页文本匹配起来？他为什么选定**这个**文本而不是另一个短些、长些或略微不同的文本？是什么让他认定，正好是**这一**文本能达成其意向目标？更具体地说，作者的意向是否直达文本的那些最小细部，体现在单个句子以及由此构成的文本部分上？意向是不是如此无处不在，它们也会决定着这些细部？如果不是这样，哪里是单纯细节与非细节之间的分割线？对什么被认作单纯细节而什么不是，我们能达成一致吗？再说了，接下来对**这些**细节如何加以解说？或者我们不如把它们看作仅仅是无关的语义静物，只有等着今后的历史学家在这些静物中发现更深的意义？进而言之，当我们排除原始文本中无关的部分，关于相关性多少的区分对我们手头的文本同样成立。依此我们可以一直走下去，直到原始文本只剩下一个句子。

的确，假如我们有一个增加房间温度的意向，说"于是我们将打开中央暖气"是有意义的，因为我们知道这将如我们所愿改变室内温度。可是，当我们试图搞清楚哪一动辄数百页的文本将落实特定的意向时，我们可以依靠什么样的知识、规则、洞见、直觉或是其他什么东西？那需要的得是真正宇宙尺度上的智力。

第七章 意义

所有这些表明,对于澄清表现性历史意义,关于文本意义的意向性解释不是一个有希望的选项。的确,即便假定我们打算认可它质疑思想史的利好,它对我们的目的来说也是没用的。理由有二:第一,我们当然可以有意义地说,像霍布斯的《利维坦》或西哀士《什么是第三等级?》这样的史学文本具有明确的影响当下政治现实的意向——虽说这一想法有着令人不快的缺陷,它将过去所有伟大的政治哲学家贬低到令人遗憾的政治小册子的作者的地位。然而,就如何阅读和阐释这些文本,以及在哪一点上我们可以因而同意斯金纳或比维尔而论,这无疑具有一定的真理性。

但是,对于学术性历史著述,我们不能诉诸任何这样的意向。因为,史书所标明的意向始终是认识关于过去特定方面的"真理"(暂时将这一概念该如何理解的问题撇在一边)。历史学家在研究所有已知档案证据时的所有努力——探讨现有文献、跟同行讨论等等——都服务于这一目标。将史学文本的意义置于史家当时写作它时的意向中——如同意向主义者斯金纳和比维尔所建议的那样——将引出这样一个麻烦的结论,所有史学文本都有一个同样的意义——即说出关于过去的真相。但这可以被恰当地说成是文本的意义吗?[13]

第二,回忆一下前述比维尔所申明的观点,文本本身没有意义,它们所有的一切意义可以说均归诸其作者和文本之外的读者。不论关于文本的这一观点可能有什么样的优点,有一点是清楚的,

---

[13] 对比维尔关于作者意向的提法,我还有其他一些保留意见,但它们与当下语境无关。见 M. Bevir and F. R. Ankersmit, "Exchanging Ideas", *Rethinking History* 4 (Winter 2000); 351—373。

它没有解释怎样把握表现性历史意义。意向主义无视这一问题：当我们依赖表现使世界成为可以理解的，意义如何进入存在（如果它的确做到了的话！）。我们用不着责备意向主义者对这一问题缺乏兴趣，因为他们关心的是如何理解和阅读已然存在的文本，这时表现在其轨道之外。然而，基于同样的理由，斯金纳和比维尔样式的意向主义在当下的语境中毫无用处。[14]

四　怀特论表现（历史）意义的起源

让我们从怀特著名的准结构主义四种转义格式入手，即在《元史学》导论中介绍的情节编排、论证模式及意识形态蕴含，它们在该书的实质部分中被用于对八位史学家和历史哲学家作品的分析中，并在《话语的转义》中在理论上加以完善。[15] 对历史写作中的转义格式，怀特给出以下的阐述：

> 历史学家在将概念工具运用于历史领域的史料之前，他得先表现它和解释它，他首先必须将该领域预构出来，即把它建构为可被认知的对象。这一诗性行为与语言行为不可分，在语言行为中，历史作为一特定类型的领域被建构起来以供阐释。这就是说，在一给定领域被阐释之前，它首先必须被领会为一

14　关于作者意向更进一步的问题，详见第十一章第二节。

15　见 Hayden White, *Metahistory: The Historical Imagination in Nineteenth Century Europe* (Baltimore, 1973), 29ff；海登·怀特关于这一问题最为连贯和有说服力的理论立场见于 Hayden White, "The Historical Text as a Literary Artifact", in *Tropics of Discourse* (Baltimore, 1978), 81—101。

第七章 意义

个包含各种可辨认的事物的场域。接下来,这些事物要能被看作可以像现象的特别的目、纲、属、种那样被分类。[16]

这可以被读作是关于表现(历史)意义的陈述,或者不如说是关于这种意义是如何进入存在的陈述。过去本身作为"历史场域",是没有意义的。只有在历史场域被史学家——用怀特的术语说——"先行形构"之后,意义才进入存在。乍看之下,这会让我们止步于意向主义的立场,因为,在这两种情况下,都须由历史学家将意义赋予事物或文本。但这里有根本的区别。怀特永远不会同意意向主义的主张,认为文本没有意义,它们所具有的任何意义像我在前边表述过的均出自文本外部。对他来说,史学文本当然有其自身的意义,它是在历史场域的先行形构过程中进入存在的。在他看来,意义乃文本的内在品质,不需读者为其存在的条件。

所以,我们倒是同意柯纳尔的看法,他强调怀特的四种转义和康德的四组知性范畴之间的相似性。[17]的确,这样说是有道理的:康德式的知性范畴令知识成为可能,怀特的转义则解释了历史知识对文本意义的表达如何可能。[18]因此,我们不知道怀特的准康德

---

16 White, *Metahistory*, 30.

17 H. Kellner, "Hayden White and the Kantian Discourse. Tropology, Narrative and Freedom", in Charles Sills. *The Philosophy of Discourse. The Rhetorical Turn in Twentieth-century Thought* (Portsmouth, UK, 1992).

18 不过,有一个重要的区别。在怀特式的系统中,历史学家可以在不同的喻义、情节编排模式、论证及意识形态蕴含的可能组合上有所选择,而康德的知性范畴当然没有给这样的行为留下任何余地。

式转义模式对我们界定表现（历史）意义的努力是否能有所助益。

有不少的障碍。首先，康德第一批判的大量篇幅都花在他所谓的知性范畴的先验演绎上，解释为什么这些范畴构成认识可能的前提。怀特在其转义框架中并未给出这样一个先验演绎——因而不能说他对文本意义及其起源做出了解释。虽然必须指出的是，《元史学》的主体部分向我们显示了这一框架被运用在对一些19世纪史学家及历史哲学家著述的分析上，这一运用的丰富成果可以被看成是对该框架有效性的实际检验。归根到底，对布丁的检验在于吃。从这一角度看，几乎没有什么理论家质疑怀特框架所获得的明显成功。因此，当然就值得花些力气在怀特框架的先验演绎上，以解释其成功所在。一旦我们有了对转义方案的哲学辩护，就可以探究其在解说表现性历史意义方面的可能性。但眼下我们所能说的还只能是案情未明（*non liquet*）。

但是，还有另一个问题。前引出自《元史学》的引文明确地涉及历史著述的问题，从而涉及历史学家是如何成功赋予关于过去的证据以意义的。这里聚焦的是由过去到史家所撰历史文本的层面。但是，这和怀特如何运用转义框架不在一个层面上。因为，在《元史学》和其他地方，他压倒性的兴趣在于我们应当如何阅读史学文本。从怀特本人目的的角度看，也许没有理由为此担忧。但是，当我们探讨其转义框架对历史意义问题能提供什么启发时，我们将遇到麻烦。因为，如果从意义的角度来理解，前引文字所提示的层面将被看作是一个关于史家如何将意义给予过去的理论，而怀特本人用转义框架首先要处理的却是史学文本的读者在文本中可以辨识出什么样的（一些）意义的问题。并且，我们在任何

第七章 意义

一种情况下所处理的是否是同样的意义概念则完全不清楚。一史学文本的意义等同于该文本归诸于过去的意义,这一点并不是自明地为真的。诚然,你可以想出一个为那个观点辩护的论点。比如,你会说,史学文本是带着将某些特定意义归诸特定过去的明确意向而写出的——而这就是其意义之所在。而这又把我们带回到先前所拒斥过的意向主义论点。

也许可以发现有其他的论据,由之可以用一文本给予过去的意义来确定文本的意义。但在我看来,我们对任何这样的企图得打个问号。在此我想到我在第三章中的观点,在那里我将阐释和表现相对立,这当然意味着二者不应该彼此混淆。但是,任何实际上将文本的意义(阐释)与其给予过去的意义(表现)相等同的观点,都不可避免地与严格区分表现与阐释这两件事的要求相悖。因此,我们得出结论,对怀特的转义论能帮助我们阐明表现历史意义不要抱太大的希望。在此重申,这不应被解读成是一个反对怀特转义论的观点,因为他从没用它来解释我们在此所探讨的意义问题。他只不过是对其他问题感兴趣而已——谁能为此责备他?

五　表现意义

在这一部分中,我将假定,有表现(历史)意义这么回事,并且,我们直觉认为例如关于法国大革命或文艺复兴的史学文本(及这两个词本身)的确有其意义,这种直觉是正确的。不过,对表现(历史)意义概念我将不加定义。这一定义也不会作为本章和本节的结论被提出。相反，本节将表现（历史）意义当作源始的词汇，无法用比它更基本的词汇来定义——因而它必须始终是未定义的；相反，其他的概念，例如在弗雷格那里的真理、指称和意义可以由此而得出。你也可以将此反过来读，然后说在本节中给出了关于表现意义的**递归**（recursive）定义。* 但是，当我对如何定义表现意义的问题不予处理时，就明确地从这慷慨大度中将第三节中讨论过的意向意义排除在外了。不仅由于在第三节中已经提出的那些论点，并且因为有一个可以被提出来反对它的补充论点。

考虑下面的这个例子。一位俄国作者亚历山大·塔拉索夫·罗迪诺夫写了本名为《巧克力》的小说。小说的主角阿列克谢·祖丁是列宁格勒契卡**头子。祖丁是一个忠实的共产主义者，愿意为共产党和苏维埃俄国而牺牲自己的生命。然而，他却成了最荒唐的谣言的靶子，这些谣言是列宁格勒和莫斯科的一些党员指责他鼓动和支持在列宁格勒发生的暴动。祖丁被判死刑，并且由他以前的一个朋友（！）用最为雄辩的语言向他说明为什么对他的处决是完全必然的。祖丁愿意让自己相信他朋友的话，带着一种可怖的高兴心情走向刑场，确信对死刑的坦然承受乃是他对党无条件忠诚的最好证明。

显然，罗迪诺夫的小说必定会让读者想起在1934年对基洛夫***的刺杀之后斯大林的大清洗的恐怖。他们会把这本书看作是

---

* 据维基百科的词条，递归定义是数理逻辑和计算机科学的一种定义方式，指使用被定义对象的自身来为其下定义（简单说就是自我复制的定义）。——译者

** Tcheka是苏联秘密警察机关，克格勃的前身。——译者

*** 基洛夫是苏维埃早期的重要领导人，于1934年在斯莫尔尼宫其办公室内被枪手暗杀，随后斯大林开始了其大清洗运动。——译者

第七章 意义

对苏维埃政权罪恶深刻动人的控诉——对他们来说,这是本书**意义**很大部分的内容。可是,当他们得知罗迪诺夫(1885—1938)是在1922年写的这本书时,他们的看法将产生极大的改变,因为此时列宁尚在世,离斯大林崭露头角还有十多年,而作者的意图是想表明,在书中所描述的背景下,一个真诚的共产主义者的行为应该会是怎么样的。这样一来,该书的意向意义与读者最初赋予它的意义大相径庭。这一发现对读者来说有很大震撼,在了解了作者的真实意图之后,他们不得不修正原先对其意义的理解。因此,文本可以有一个与作者意向不同的意义,而声称作品只能有意向意义的说法是错误的。因为,假如事实如此的话,关于罗迪诺夫真正意向的信息对其读者来说理应就不会产生如此震撼了。一致性就会要求意向意义的支持者坚持,只要读者不知道作者的意向——读者被震撼之前显然就是这样的状况,作品就会是无法理解和没有意义的。

当然,这里所给出的论证隐约与弗雷格关于晨星与昏星的讨论相类似。意识到这两个专名均指涉同一个对象(即火星)促使弗雷格提出意义概念。这多多少少也是我们在此所面临的情况。在此我们的论点是,由于我们在发现文本的意向意义与我们最初天真地以为的内在意义大大相左时感到震惊,罗迪诺夫的文本必须被认定有它内在的意义。的确,假如文本不具有这样的内在意义,我们在发现罗迪诺夫写作《巧克力》时的意向时就不可能如此受震撼。

为了说明在此我们所感受到的震撼的性质,我想回忆在第三章关于阐释与表现关系的论述。当时我们发现,表现先于阐释,而当代关于阐释问题的理论家往往忘记了文本在其所表现者中所有的锚基。在此也是这样。罗迪诺夫小说的文本在其所**表现**的想象实在中有其语义根基。这本书不单是我们可以用这样那样的方式加以阐释的文本；文本同样受到其所表现的想象实在的制约。这可以解释为何读者在把握文本意义时不觉得有任何问题，即便他们对其作者的意向有疑、无知、没有兴趣或者是理解完全错误。进而，文本的表现意义与其意向意义可能不同；一个文本的作者可能选择了错误的文本手段表达他本人的意向。尤其在涉及复杂论题的复杂文本情况下，这是常规而非例外。一般说来，作者的意向常常诱使他将阐释意义从属于表现意义。假设 P 用了这样的句子 S，"裸卖空在历史上由荷兰政府第一次于 1609 年[19] 加以禁止"，来说他想说的"银行家们是 21 世纪的小偷"（就此而言，不失为一个恰当的选择）。[20] 如果是这样，P 所说的句子有其表达一个关于银行家的令人不快的真相之意向意义，这一事实丝毫不妨碍句子 S 同时有其（大不相同的）表现意义。诚然，意向意义与表现意义常常在或大或小程度上相吻合——但有时它们会是截然

19　这导致阿姆斯特丹商人伊萨卡·勒迈尔——他针对业中新手联合东印度公司展开投机行动——在未破产的情况下损失了 150 万荷兰盾的巨额资金。

20　就这两个句子之间存在（弱）因果关联而论，（裸卖空是当代纳税人不得不救助不负责任的银行部门的原因之一），它提出了一个有趣的问题。假设你有一个融贯的叙述，其中提到事件 e_1, e_2……en 和作为前此一系列原因的后果的 c_1, c_2……c_n。c_1, c_2……c_n 是不是也得是一融贯的叙述？如果不是——我倾向于相信是这样的，虽然没法解释为什么是这样——由此可知叙述话语根本上是与因果话语不同的，因此，任何想将叙述归结为因果话语的企图都注定了是要失败的。这对心灵／肉体问题亦有其隐含意义。因为，如果心灵的活动是叙述性的，或者不如说是表现性的，其运作于是永远不能基于因果性的、关于心灵的神经生理学来解释。

第七章 意义

对立的,正如罗迪诺夫小说的例子所表明的那样。[21] 这要求我们区别表现意义与意向意义,并可以解释我为什么以明确将意向意义排除在表现(历史)意义范围之外开始我在这里的讨论。将这两种意义等量齐观只是想当然。

因此,我们现在所有的是(1)(史学)文本以及(2)其表现意义。我现在将进至这样的问题,即如何将表现意义与前此章节中关于表现的说明相契合。我将以索绪尔的符号概念作为我的出发点。其解释是,索绪尔也是从非常简单的符号和意义构架开始,**而并没有承诺给出任何关于意义的定义**(就像本节所说的表现意义),最终满足于将符号和意义的关系看作是任意的。因此,索绪尔的符号概念告诉我们三件事——就像弗雷格及其他许多人(e tutti quanti)的概念和表现概念。第一,说出的语词有其声音样式;第二,语词有意思(索绪尔有时将之描述为语词的意义,有时则描述为语词的概念,把语词的意义与概念是否是一回事,以及如果是这样,为什么事情会是这样或不是这样的问题留给他的读者);第三,有包含声音和意义的符号:"在我们的术语中符号是概念和声音样式的结合。但在目前的用法中,**符号**这个词通常仅仅是指声音样式,例如发音为 arbor 的字。被忘记的是,如果 arbor 被称为符号,那完全是因为它携带'树'这个概念,因而,这个词的可感部分蕴含着对全部的指涉。"[22]

也许,符号与其意义之间的联系是任意的;然而,它们无限

---

21 在第十一章讨论卡夫卡的寓言《法律门前》("Vor dem Gesetz")时我们将看到,甚至有只具有表现意义而无意向意义的文本。

22 F. de Saussure, *Course in General Linguistics*, trans. and ann. Roy Harris (London, 1983), 67.

趋近于彼此，暗示着除了符号和意义本身之外别无为二者的联合负责的机制。按照索绪尔所说："[一种]语言也可以与一张纸相比。思想是这张纸的一面，而声音则是其另一面。正像不可能拿剪子剪纸的一面而不在同时也剪了另一面，因此，不可能在语言中将声音与思想或思想与声音分割开来。"[23] 但我们想知道，为什么会是这样呢？也许是因为，符号与意义联系之单纯任意性应该被这一不可分割的纽带所推翻——关联越任意，则纽带必定越不可分割，以防止语言与所发出的单纯无意义和不连贯的声音相混同。

然而，对我们当下的讨论最有帮助的还是索绪尔关于符号间相互关系的理论。他首先指出，符号不能被单独界定，它们必须彼此相互界定。其次，他声称，语言中的意义可以用两种方式串联起来——（1）在句段关系中及（2）通过联想（或"范例地"，如自雅各布森以来通常所说的那样）。我先从第一个主张开始。

当把符号定义为声音与意义的结合，索绪尔拒绝将符号的意义像在专名的范例情况下那样依其所代表的对象来界定：专名拿破仑指代名叫拿破仑的那个人。索绪尔将这一符号概念称之为"命名主义"（nomenclaturism）。这种观点的起源可以追溯至《圣经·创世记》，在那里上帝给每一生物命名。这也是柏拉图《克拉底鲁篇》中所主张的意义理论，以及亚里士多德《解释篇》的意义观，在该文中亚里士多德问道，一个从未见过大象的人是否能够知道"大象"一词的正确意义。洛克和莱布尼茨亦曾明确为关

---

23 Saussure, *Course*, 111.

第七章 意义

于符号（或语词）与其意义之间关系的类似概念辩护。[24] 更重要的是，命名主义仍然是弗雷格的出发点。在《意义与指称》中，其论点实际上是，如果我们只有真理和指称概念，那就会遭遇语义困境，这些困境只有通过将意义（意思）概念添加到语义学家的理论清单中才能解决。因此，对于事情的先后次序在此是没有疑问的。我们首先有东西，然后是它的名称，就像箱子上的标签，它提示我们里边的东西是什么。虽说后期维特根斯坦和日常语言哲学呈现给我们的是与此相当不同的图画，语言哲学从弗雷格那继承下来的命名主义在当代语言哲学中仍然有突出的表现。我们只须想想奎因和戴维森试图由真中提取意义的企图就行了。

不言而喻，当切断语词跟世界之间的指称联结，索绪尔被迫向我们提出关于意义如何进入存在的某种可信的替代理论。如同我们在前此章节中看到的那样，海登·怀特也曾经问过自己有关表现（历史）意义的来源的问题。他通过诉诸关于语言中比喻意义的准先验主义的更深层次来回答这个问题。这不是索绪尔的策略，对他来说，不存在意义本身领域或层次之外的领域或层次，借此意义可以被界定或说明："在一给定语言中，所有表达相邻观念的词帮助定义彼此的意思。像'担心'（redouter）、'害怕'（craindre）、'畏惧'（avoir peur）这样的每一组同义词的独特价值

---

[24] R. Harris, *Language, Saussure and Wittgenstein: How to Play Games with Words* (London, 1988) 7—11, 27. 虽然，约瑟夫（Joseph）指出，索绪尔的立场十分接近斯多葛派的观点："[十分有趣的是]，被表明为索绪尔式符号最富争议的方面事实上是最受尊重的。所指与世界上的事物的分离一路回到了斯多葛派及其作为精神性所指（semainomenon）的概念。"见 J. Joseph, "The Linguistic Sign", in *The Cambirdge Companion to Saussure*, ed. C. Sanders (Cambridge, 2004), 74。

仅仅因为它们彼此交互参照。假如没有'担心'这个词，其内涵将在其他竞争者之间分担。另一方面，语词的意义也通过与其他词汇的关系而得到丰富。"[25]

如果某物——一个词，一句话，一个文本，或者其他什么东西（在此所加的任何限制都可以改述为将意义归诸在它之外的某物，因而是被禁止的）——有意义，这是因为其他的这样一些词、句子或文本有意义，而它们之所以有意义，又是因为另外的一些词、句子或文本有意义——如此反复，以至无穷。但意义之间的这种无穷关联绝不会让我们掉出意义层次之外。以这样的方式，意义本身是意义诞生之地。如果你问意义的起源，对此的回答是其他意义，你将永远没法跳出意义的无穷关联之外。但是，如同所引索绪尔的话清楚表明的那样，这绝不是说意义无法被**锁定**。我们不能**定义**意义，因为没有什么在意义之外，或不如说，没有什么先于意义（像真理和指称那样），借此可以对意义加以界定。但是，意义的**内容**——在具体情况下一个字，一个句子或一个文本实际上所**具有**的意思——可以在与其他字、句及文本的参照中被锁定、确立或认定。尔后文本之外的实在以与我们在第三章中的说法相一致的方式被引入游戏，在那里我们提出，文本之锚在其所表现者中——如历史撰述实践所示。界定意义的不可能性丝毫也不意味着我们对发现字、句、文本或任何意义传递物的意义感到绝望。再次重申，想想历史。从**定义**意义的不可能性滑向意义**确定**的不可能性一直是解构主义的主要谬误，以及解构主义许多不可靠的断言之因由。

25　Saussure, *Course*, 114.

第七章 意义

如果可以恰当地说意义在自身之外别无来源，那么，我们对哈里斯关于在索绪尔的意义理论和维特根斯坦在《哲学研究》中提出的意义理论之间有许多一致之处的说法表示怀疑。[26] 想一下后者所说的"把句子当作一个工具来看，把它的使用当作它的意义来看"，[27] 以及他关于语言使用的语言游戏概念。在此，社会实践给我们以语词的意义。就像"意义即其使用"的口号所表达的那样。这跟索绪尔勿在意义本身之外寻找意义的意思的建议显然相冲突。毋庸赘言，这并不是要提出一个对索绪尔的意义理论有利的（进一步）论证，而是强调他的观点与维特根斯坦后期意义理论之间的差异。

巧的是，在解释索绪尔的意义理论方面，没有比史学作品更合适的例子了。试想一个词比如"文艺复兴"。历史学家和历史哲学家对这个词往往持一种命名的观点，然后很愿意说过去中肯定有这么一个我们用"文艺复兴"所指称的单一复杂"事物"，就像在文艺复兴中无疑有一个我们可以用专名乔凡尼·贝利尼（1430—1516）指称的意大利画家一样。但是，接下来，什么是被叫作文艺复兴的这件事情？这其中有贝利尼吗？（应该有吧。）其中是否包括贝利尼画的摆出圣多明我模样的狄奥多罗修士肖像？（同样，大概有吧。）但是，其中包括狄奥多罗修士吗？（瞧，事情变得麻烦起来。）摆着圣多明我模样的狄奥多罗修士呢？（问题现在变得

---

26 哈里斯在他的著作中为之辩护的论点是："索绪尔和维特根斯坦的观点有重要的交集，这一点通常没有得到承认；尤其是他们相信，在试图理解语言是如何运作的时候，最富于启发性的类比是语言与受规则支配的游戏之间的类似性。" Harris, *Language*, x.

27 L. Wittgenstein, *Philosophical Investigations*, vol. 1 (Oxford, 1974), sec. 421.

更深奥了。）与之相应的贝利尼大脑中的神经生理过程呢？（对此我们有什么可说的？）对这一特殊事情我们不可能将之单独化，正如我们在第五章中已经看到的，[28] 任何这样做的尝试，对于想要锁定像"巴洛克""文艺复兴"这类语词的指称这个目标而言，至多只能给出其必要条件，但却永远无法给出其充分条件。这当然不意味着，就此而言，像文艺复兴这样的概念会像天空中的浮云那样在岁月中流过，任意而无可捕捉；文艺复兴当然只跟15世纪至16世纪发生在意大利的事情相关。这一概念无可分割地跟且仅跟过去的某一部分相关联——哪怕只是拜关于文艺复兴的文本里的句子中所做出的指称之赐。

尽管有人会说，每个关于文艺复兴的史学文本都是一个试图确定该词指称的尝试——或者不如说，提议。但接着另外一些历史学家会写出关于文艺复兴的不同文本，给出锁定指称的别样建议。以为有一天会有一位历史学家写出一个文艺复兴，其所锁定的这个词的指称为所有当代和未来史学家所接受，这是一个幻觉。这意味着关于文艺复兴的争议的终结；正像任何熟悉历史写作实践的人都会了解的那样，这样的争论永无止境，也不被假定会完结。因此你可能会接着问自己，如果说从没有哪个历史学家能成功锁定"文艺复兴"的指称，是什么让他们继续这种无望的争论，它预先就注定了永无定论？在前引索绪尔的最后一句话里可以找到它的答案——即，这丰富了我们对过去的理解，正因为此，历

---

28 "哪一事实属于文艺复兴，属于法国大革命、世界大战？——不存在这样的'隶属'。它总是跟我头脑中想到的与特定现象相关的东西一样多。"J. Huizinga, "De wetenschap der geschiedenis", in Huizinga, *Verzamelde werken*, vol. 7 (Haarlem, Neth., 1950), 128.

第七章 意义

史学家提出像文艺复兴这样的概念并持续不断地对它们进行探讨,正因为此,这是最合理和有价值的功业。

为肯认这一点,我们需要理解一些基本点。首先,文艺复兴或冷战这样一些概念总是以单数名词表达的这样一个事实有误导性。重申一遍,在过去本身中并不存在这些词所指称的单一独特事物。事实上,有多少关于它们的史学文本,就有多少的文艺复兴和冷战。每一个这样的文本的确自我指涉地确定这一词汇每一使用的指称。某一关于文艺复兴的史学文本中的所有句子都为这一特定文本自我指涉地确定"文艺复兴"这个词的指称。[29] 关于文艺复兴的每一其他文本都为该其他文本做这样的事。因此,假如我们始终谈论的都是复数的文艺复兴,那比谈论单数的文艺复兴要好得多。由此可以避免许多关于历史作品本质的错误理解。这将不断提醒我们这样一个事实,像文艺复兴这样的语词所遵循的是跟像拿破仑或贝利尼这样的专名中不同的逻辑,只有关于(历史)表现的分析才能让我们走近它。于是我们便不再会是这样一种诱惑的便宜牺牲品,对像文艺复兴这样的概念采取跟对待那些专名一样的命名态度。

其次,史学文本的自我指涉性不是建立在文本中(或其标题中)出现的像文艺复兴、启蒙运动、希腊化时代、中世纪等概念基础上的。每个表现——单凭其为表现这一点——都具有自我指涉的维度。每个(关于过去的)表现都要求我们将其中所包含的句子作为对那个表现的本质(也就是说,不是其被表现者的本质!)的界定而循环和自我指涉地加以阅读和理解。这些句子总是具有双重功

---

29 见第五章第二节。

能：（1）它们指称和描述过去，并且（2）作为关于过去的特定表现的构成性要素，它们自我指涉地界定那个表现的本质。

但这些句子并不确定文本的意义。文本意义的确定只有在不同历史表现的语义互动中得以实现，就像在索绪尔的例子中"担心""害怕"和"畏惧"这些词交互界定一样。同样地，正如在这些词语的相互关系中它们各自的词义得到丰富，历史表现亦是如此。不同的是根本机制。每个词——或历史表现——将自己作为与别的意义不同的来界定。只有这才是其自身存在的理由（raison d'être）。由此可见，某个词相邻的（索绪尔的术语）词语（或表现）越多，则其词义的确定就越牢靠，它在其他词中的脱颖而出就越清楚。用更具戏剧性的话来说，如果关于某段过去我们只有一种表现，那我们事实上就根本没有表现。对表现来说，情形就像是你有一叠非常软的垫子，当每个新的垫子被丢到原来那叠垫子上，其中每个垫子的形状都在一定程度上被改变。而这些垫子需要彼此以获取或多或少确定的形状。正是那些影响它们的其他垫子的存在给予它们形状和恒定性。因此，一个没有任何其他竞争性表现与之对应的表现就崩解为构成它的一堆句子。反之，加诸关于过去某一阶段已有表现的任何一种表现，都将有助于让整个那组（始终是开放的）表现的语义轮廓更为清晰。所以我们同意索绪尔关于意义丰富彼此的说法。正如关于表现意义的澄清是任何关于其表现真理的宣示之前提（如前章所界定的那样），语义的丰富也是如此。

这里有一个有趣的难题。眼下讨论中所关注的是在内在意义上文本的意义；意义不是像比维尔所以为的那样从外部投射到文本上的某种东西。然而,可能会有这样的反对意见:如果文本的意义是在与其他文本的互涉关系中进入存在的,那意义在此同样必定是外在于文本的。假如一个文本本身并无意义,意义只是过后才加诸其上的,那么这样的结论的确是合理的。然而,索绪尔符号概念(从而文本及这里所讨论的意义概念)的要义在于,不存在没有意义(或不具声音构造)的符号。意义与声音构造的统一是索绪尔符号定义的一部分。一个文本的意义是由与之具有可比性的其他文本共同确定的这一事实与文本意义内在于文本的说法并非是不相容的。

关于在差异中显示意义的最后一点评论。索绪尔通常被看作是结构主义之父。结构主义一词也许会引出对历史表现来说不适当的其他东西。在此我心中特别想到的是关于结构在逻辑上先于由其所组构的要素的观念。试想一艘船或一个组织的构造。即便随着时间的推移,它们的所有成分都更换过一遍,但其结构也许依然故我。就像纽拉特之舟*或军队持续补充在战斗中阵亡兵员而部队仍在的情况。索绪尔有时很接近这样的观点——例如,他用字母表说明我们不是凭字母本身,而是凭其在字母表中与其他字母的差异认识字母的。因此,只要可以区分出不同字母的相关线索在,排版是不重要的。[30] 显然,在历史表现的情况中,这样的构造是不存在的:任何给定时间中我们手头上所有的一套表现将决定它们各自是如何区别于其他文本,从而其意义是什么。在这种情况下,我们最好用模式而不是结构这个词。

---

* 纽拉特(Otto Neurath, 1882—1945)是维也纳学派(逻辑实证主义)哲学家,他曾以一艘船在航行中不断修补、更换船板而船的整体及其功能不改为例,说明科学理论是如何应对挑战保持自身完整性的。——译者

30 Saussure, *Course*, 117, 118.

这对于处在索绪尔意义理论中心的主题有其后果。霍尔德克罗夫特注意到，索绪尔互换地使用"意义"与"价值"（无疑指的是"语义值"）这两个词，尔后他评论道："现在，由于价值必定是系统的产物，'价值'一词看上去应该有跟'意义'相当不同的内涵，因为后者传统上是在跟系统无必然联系的情况下使用的。"[31]

这一论题直击索绪尔语言和意义理论的核心，且因而触及在此所讨论的文本和表现问题的核心。一方面语言是一个系统（如索绪尔所说的**语言**，langue），且系统决定其组成部分的"值"，而另一方面是语言的实际使用（在他的术语中即**言语**，parole），它给我们带来索绪尔所说的在差异中显示的意义。但我们手头的一套历史表现永远不足以成为一个系统或一种结构，因为这套东西随着每一新的历史表现的出现而发生改变。另一方面，语言的系统或结构将保持原样，不论有多少新的句子在其中被说出。因此，在前一种情况下，我们所处理的是作为语言用义（signification）的意义，而不是作为语值的意义。[32]

最后，索绪尔提出了一个关于如何把握显示此种意义模式的不同成分间相互作用的理论。根据他的观点，所有这些相互作用都可以被锁定在由两个轴心界定的区间，句段轴和联想轴：

> 对索绪尔来说，任何语言符号的意义都是不能从该语言

---

31 D. Holdcroft, *Saussure: Signs, System, and Artitrariness* (Cambridge, 1991), 108.

32 参见我的"The Transfiguration of Distance into Function", *History and Theory* 50 (2011): 136—150。

的其他符号的意义中孤立出来的。这是因为他视语言为一个由句段结构和联想链条连结起来的符号系统。他将句段联系描述为在场（*in praesentia*）关系：在短语我的房子中，单一语符我的和房子是在语句结构中被联结在一起的。这一联系始终在线性维度上被表达，即便它们之间的关系不是线性的。索绪尔将联想联系描述为不在场（*in absentia*）的关系：在"我的房子"这一短语中单个语符"我的"是跟你的、他的、她的等联想式地关联着的，而房子则联想式地与家居、住所、住宅、公寓等相关联。因此，短语"我的房子"代表从语言中大量可能的联想关联中的句段组织选项。[33]

形容词"句段的"当然是正确的，因为它提示个别成分之被放在一起。然而，这对联想联系同样成立，只要联想地把房子跟家居、住所等联系在一起，同样将这些符号联结在一起。然而，不同的是在句段联系中语义单位的意义实在地彼此相交，然后就这些单位的意义对这一相交重新界定。在此，句段关系与转喻指代十分接近：在两种关系中语义域被缩略为它的一个特定方面。想一想用"五张帆"指代"五艘船"的转喻。所以索绪尔的句段关系和转喻二者都可以被看作是句子的萌芽。由二者中任一方面所产生的语义相交显然是句子的主词的前身，而组合的语义域中剩余的部分则结晶为句子的谓词。句段组合**我的房子**尔后多少是

---

[33] Harris, *Language*, 23. 注意在这段引语的最后一句话中哈里斯的想法是，句段次序是联想秩序的特例。如果这一阐释是正确的，索绪尔关于语言两个轴的模式就会被一个集合和该集合的一个子集所代替。

自然而然地发展成**句子**：这是我的房子，展现为索绪尔称之为句段关系中典型的线性关系。毫不奇怪，索绪尔认为"句段的最典型样式是句子"。[34] 毋庸赘言，没有这样的东西与索绪尔的联想关系相应。后者是隐喻性而非转喻性的。隐喻乃是辞格，它要求我们转向我们将之与特定符号相联系的东西，以把握发生其中的隐喻的意义。[35]

现在，让我们带着这些再回到历史表现中来。在此前各章中我们发现，历史表现不能被放进陈述模式，它实质上是隐喻式的。因而，历史表现完全没有给索绪尔的句段轴留下任何余地。

然而，可以有两种方式"违越"（用一个在此语境中最恰当的词）联想与句段之间的界线。为能看清这一点，我们首先应该回忆一下表现是一个三阶概念，将被表现实在与我们称之为表现中被呈现者区分开来。被呈现者维持表现的隐喻维度：被表现的实在依表现中被呈现者而在表现中到场，如同隐喻"a 是 b"要求我们把 a 看成 b。如果接下来被表现的实在和表现中被呈现者合二为一，这必定自动表明表现的隐喻功能从而表现本身的终结。

首先，通过判定、设定或争辩表现中被表现实在与所呈现者的同一，这一论题可以完全被强制推出。在思辨历史哲学中事情

---

34 Saussure, *Course*, 122. 霍尔德克罗夫特引用以下他一个学生对索绪尔关于句段关系的阐述的评论："语词中次级单位的次序［这个问题］正好让人想起语词在句子中的位置。"见 Holdcroft, *Saussure*, 100。

35 索绪尔为澄清他自己的意向而给出的比较是很能说明问题的："［一个］语言单位可以与一幢建筑的单独部分如立柱相比较。一根柱子以特定的方式跟它所支撑的建筑相关联。这一阐明，牵涉到在空间中同时在场的两个部分，与句段关系具有可比性。另一方面，如果这根柱子是多立克式的，它将引出跟其他建筑样式如爱奥尼亚式、科林斯式等的比较，这些在此例中并非在空间上同时在场的。这一关系是联想性的。"见 Saussure, *Course*, 122。

第七章 意义

明摆着就是特意这样做的：过去的某一特定样貌，从而一种特定的**被呈现者**于是从仅仅是过去某一部分的样貌升级成可确定的单一对象，可以照写作拿破仑或丘吉尔传的样子写出关于它的历史。以这样的方式，黑格尔的历史哲学给了我们一个绝对精神努力达到自我认知的传记，而马克思主义给我们的是阶级社会中阶级斗争的完满结局的传记。在所有这些事例中，这样的历史建立在拿破仑、丘吉尔、绝对精神、阶级斗争等基础上，它们则作为这样的历史中永远在场的隐含主词。被呈现者之合一为被表现实在于是一方面产生出拿破仑、绝对精神等之间的句段组合，另一方面产生出在这些历史中关于它们所说的东西。[36]

但如我们由明克关于普遍史的论点所知道的，同样的事情以更为隐秘和潜存的方式发生着[37]——例如，历史论辩的胜利与成功，历史学家论证的说服力，以及对历史著述方面所实现的进步的自豪感，所有这些都联合起来诱导我们去相信，在过去中存在着文艺复兴或启蒙运动，就像我们所不能怀疑的拿破仑和丘吉尔的存在一样。明克说迄今为止几乎没有史学家和历史哲学家能做到抵挡普遍史（存在的）信念的诱惑，他肯定是对的——这足以解释他们对历史表现不是二阶概念而是三阶概念这一事实的茫然无知。

最后，还有一种穿越索绪尔隐喻联想及转喻句段顺序之间界线的方式。让我们考虑一种诚然完全是想象性的设想。假设一个例如关于文艺复兴的史学论辩持续几个世纪。随着时间的推移，

---

[36] 顺便指出，被呈现者与被表现者在句段上的合一提供了又一条路径以解释明克通史观念之所思，因而甚至是那些完全不同情思辨体系的史学家和历史哲学家所犯的错误。

[37] 见第二章。

所有留下的相关档案材料都被找到，并且被从一切可能的角度加以探讨和阐发。假定随着时间的推移，历史学家之间关于文艺复兴以及这一现象应如何理解的分歧逐渐减少，直至最后某种关于文艺复兴的共识俨然成形。换一种说法，在史学论争的这一最后阶段上，"文艺复兴"一词对所有言说它的历史学家来说逐渐具有同样的意义。

这个词将具有固定的含意，就像"南极洲"和"银河系"那样，我们可以从字典上查到其意思。一种样貌于是提升至事物的地位，表现意义成了字典意义。意义的固定化将同样固着一个新的所指对象——这一指称对象直到现在才成为世界清单上的一个东西。固定的意义于是将会固着指称，就像专名"金星"或"拿破仑"固着其所指事物。重申一遍，虽然现在以意义为出发点，表现的被表现实在将与表现所呈现者重合为———而索绪尔的符号概念将让位给弗雷格的相应概念及其名称与所指对象之间的转喻关系。

我在上面说过，这一构想是想象的。这里有两个方面。其一是一个警告。我们讨论过对隐喻性联想与转喻性句段顺序之间界线的违越，发现这导致新的字典意义的产生，以及由样貌到事物的提升。这将促使读者说，既然表现意义可以清楚地在样貌或在表现所呈现者中被找到，我们现在最终会有一个关于表现意义的定义。但我们得不出这个结论。因为，隐喻联想与句段顺序两个层面之间的这一违越已被明确表明是非法和违背表现的逻辑的。显然，由这样的非法操作中不可能推出可以接受的表现意义定义。因此，表现意义一仍其旧：未曾界定。

其二，有人可能会像维柯和尼采那样推想，本义就是由于这一非法违越而进入存在的。他们声辩说，语言源始地就是隐喻的——和，我要补充，表现的——语词的意义是在语义损耗的长期战争中固定下来的，在这一过程中，隐喻，经由语词误用，最终结晶成标准的本义。这肯定是一个很有说服力的故事，但我不想冒昧宣称其真实性或可信性。不过，假如大家相信它基本上是正确的，由此可以推出，（历史）表现逻辑地先于我们日常生活及科学中语言的用法，索绪尔告诉我们的意义的起源，弗雷格则让我们看到其后来的整理成典。我们和索绪尔一起从意义开始，跟弗雷格一起止于真理，以及随后的语言哲学。这难道不是语言史的一个美妙而具有说服力的故事吗？[38]

六 结语：表现中的真理、指称和意义

有两种做哲学语义学和一般哲学的路数。一种路数是以一个假定在哲学上无可质疑的事实为出发点，以便了解从这一角度上看整个哲学是怎么回事。这是我们会把它跟笛卡尔，以及在某种程度上跟康德联系起来的哲学方法。**我思**是笛卡尔的出发点，他想由此对人类关于世界的全部认识给出一个哲学说明。对于康德的先验论方案来说同样如此。运用这种哲学方法时，一切都取决

---

[38] 扎米托在讨论这一问题时写道："[但] 跟安克斯密特将此（即由索绪尔转向弗雷格）当作**仅仅**是启发性的不同，我将这一概念语上的牢固确立视为在语言和认识进化中是**构成性的**，尤其对史学学科来说是这样。" Zammito, "Ankersmit and Historical Representation", *History and Theory* 44 (2005): 167. 以后将会看到，我在这一点上完全同意扎米托的观点。

于最初的出发点选得怎么样。如果出发点选得不好,就不可能指望有价值的成果。但这还不是事情的全部。在此,即便是成功了仍有其意料之外的危险。康德体系的成功如何导致其自身升级为唯心主义就是实例。整个世界和认识都可以从康德先验主体的角度满意地得到解释。正是这使得由康德体系跃入费希特和谢林的高蹈唯心主义思辨的天空成为可能。解释的诱惑通常导致解释过度。

另一种方法由建立一套可以说是哲学事实入手。它问什么可以解释这些事实,并将融贯性给予这些事实。这是这里所采用的更为克制的方法。我不是从一些基本的哲学事实入手,而是从探究(历史)表现意义概念入手。我这样做的唯一抱负是填补当代语言哲学中的一个空白——即它在探索语言在复杂文本中之运用方面的失败(或者说固执的抵制),语言的这一运用的目的是描述复杂实在。在弥补这一空白的努力中,我确立了一系列与(历史)表现以及现有真理和指称概念是否能有意义地被应用于它这个问题相关的哲学事实。我并不打算将这些事实整合成一融贯的整体,或者从某一统一的视角构想这些事实。如果说在我对这些哲学事实的列举中有什么共同点的话,它只是**否定性**意义上的——即现有语言哲学无法以令人满意的方式说明它们。我们在本书中所探究的是语言哲学的一方"化外之地",但却是一个相当实质性的遗余。

在本章中,关注的焦点是表现意义,以及在已确立的与表现真理和指称相关的哲学事实基础上我们对表现意义能说些什么。然而,依真理和指称来定义意义,此非我所为之事——至多我们可以像索绪尔那样说,意义本身是自我界定的。界定意义的任何努力都把我们引向别的意义,如此这般,以至无穷。表现意义必

第七章 意义

须被理解为好像是一个场所，从那里可以感知有关（表现）真理和指称的哲学事实在表现中是什么，这就像我是从我现在所坐的地方看我的屋子，但自己所坐的地方本身却不在我的视野中一样。一般说来，对相关哲学事实的尊重要求我们始终将自己的核心哲学概念置于未予定义的地位——这一概念在这里就是表现意义。不默认这一点将导致对这些哲学事实的歪曲。

综合前此三章的结果将带给我们以下的图景。如果我们想要理解表现，意义就得是我们未予定义的初始语汇。其次，表现意义必须置于表现和描述的交汇点，因为我们现在知道如何从表现到表现性真理和指称，及其在弗雷格那里的对应物。但是，这是一条只能从一个方向走的路；不可能从弗雷格提出的语义矩阵中得出表现意义，而弗氏的建议以这样那样的形式今天仍被大多数当代语言哲学所采用。

吊诡的是，文本——跟真值陈述简单和贫乏的构造相比显然是更人为造作的语言构造——事实上比陈述更基本。然而，我们相信陈述句在我们的语言使用中是更基本的成分——无论如何比文本更基本。文本难道不是由真值陈述组成的吗？除了从真值陈述出发，还有什么进入文本的可能路径？我们就是这样想的。但实际上有另外的路。

作为开始，且想想表现和语言之间的关系是完全偶然的；文本表现只是表现的一种形式。因此，我们也许会有的关于文本与其句子间关系的直觉——无论乍看上去它显得是多么可信——几乎不可能是关于一般意义上的表现的定论。想一下绘画的例子，在那里世界是在完全无语言参与的情况下来表现的。或者想想高等动物的行为是如何受到它们拥有的对自己**世界**的表现所影响的，即便它们没有言辞。因此，历史表现或小说是由陈述做成的这种事实不应该愚弄我们，让我们以为某种语言逻辑现在已完全取代了我们所说的"表现的逻辑"。不是声称在史学文本和历史小说中语言战胜了表现，我们同样可以给出相反的论辩，说表现令语言服从**它**的律法。眼下我们更为推崇的是这后一种观点，因为它能帮助我们学会对语言偏见提出问题，在一个半世纪的语言哲学中我们一直将之奉为教义。

但更重要的在下面。真值陈述呈现给我们的是一个由事物组成的世界（这些事物由陈述的主词所指称），这些事物有特定的属性（通过陈述句的谓词归诸于所指涉的对象）。因此，陈述相对于表现所凸显的简单性和明快的优先性的背后，是靠将世界呈现为由事物及其属性组成的形而上学的加持。因而，真值陈述的图景根本不像我们所以为的那么简单：它需要有一个全面和野心勃勃的形而上学的支持，后者本身又在一个恶性循环中从真值陈述的图景中获取其灵感和可信性。一旦我们放弃或质疑这一形而上学（如果我们想要避免教条语义，**在某个**阶段上就**应该**那么做），也就是说，只要我们所有的只是**样貌**，我们就还没有带着属性的事物。后者属于一个在根本上**更晚**的阶段——这就是表现比真值陈述更基本的原因（与文本看上去似乎强烈暗示的不同）。表现的能（regime）先于单一真值陈述，所以，从历史表现由单一真值陈述构成这一不争的事实就推出从逻辑的观点看后者比前者更基本，这种推论是错误的。

事情很可能是，在特定的语境下，我们从来没有实际上到达

第七章 意义

过后一阶段——世界被呈现于我们的始终只是样貌。历史写作的处境就是这样。对大部分过去——想想法国大革命、冷战、美国霸权的年代——我们所知道的只是样貌。在一些情况下，这些样貌也许最终能上升到事物及其属性的场域。但并不必定这样，在历史写作实践中，这是非常少见的情况。

试想一下1500年代早期美洲大陆的最初开拓者：他们每个人所发现的只是这片大陆的样貌，但后来地图绘制者把他们每个人的单独发现放在一起；只有到这个时候一个新的事物方进入存在，这就是美洲大陆。可是，现在假设16世纪的宗教战争不知怎么的导致大陆间的航行被普遍禁止，于是我们关于美洲大陆的认识从来没能超出样貌知识——这是我们通过阅读五个世纪左右之前的开拓者所写的书籍得知的知识。

我们关于过去的认识，以及更一般地说所有我们关于世界的"表现性"认识，可以跟地图绘制前我们关于美洲大陆的认识相比较。**样貌**是我们最后所能说的，**事物**及其**属性**尚未进入场景。然而，在某些特殊的场合下，这样的认识也许结晶成那种我们通常用单一真值陈述表达的知识。我们在前边的章节中已经看到过这样的转换是如何发生的，以及如何从索绪尔转换到弗雷格。但这始终是例外——而当它发生的时候，就是史学的终结。在那之前表现知识将是我们的全部所有；于是我们将只能知道世界的样貌。但完全没有理由贬低那种认识——正如如果大陆间航行在比如1530年中止，我们在那些想象的五百年前的拓荒者写的书中所看到的东西对今天来说是非常长知识的。对史学来说也是如此。表现（历史）认识自身配享一个与命题真理比肩的地位。进而，表现意义与真理可以解释命题真理和意义；它将我们导向一个尚未给出后者——以及我们可以对之表达有意义的真值陈述的客体——的阶段。总之，关于历史表现的阐述将我们引向一个先于个体事物及关于它们的真值陈述的阶段。吊诡地，表现先于真值描述。

而这是本书所倡导的"哥白尼式革命"。[39]

39　不过，我必须承认，在此黑格尔是对我最有启发的前辈。其《哲学全书》的第一句话是这样说的："哲学缺乏有利于其他科学的长处，即承认其对象<u>直接</u>来自经验，同时可以预设一个已经被接受的认识起点与进展的方法。"见 G. W. F. Hegel, *Enzyklopädie der philsophischen Wissenschaften im Grundriss* (1830) Hamburg 1991; 33。大多数当代语言哲学所假定的教条是：存在一个由客体组成的世界，由之我们有命题性真理。但对于这一教条应该加以哲学家批判的审视。

第八章 在场

一 引言

由于两个理由,现在需要对"在场"概念加以探讨。[1]第一,"表

---

[1] 多谢贡布里奇《在场的产生:意义不能传递什么》(Stanford, 2004),"在场"一词最近几年出现频率颇高。在该书中他对南希(Jean Luc Nancy)、博雷尔(Karl Heinz Bohrer)和斯坦纳(George Steiner)等人讨论的在场概念做了详细阐述。见 J. L. Nancy, *The Birth to Presence*. Trans. Brian Holmes et al., (Stanford 1993), K. H. Bohrer, *Ästhetische Negativität*, (Munich 2001), G. Steiner, *Real Presences*, (Chicago 1989)。但是,他未曾注意到这些作者所接受的海德格尔思想,而是将在场概念与它所直接给予我们的东西相联系:"那被'呈现'给我们的(非常接近这个词的拉丁语 prae-esse 形式即当下—存在的意思)就是在我们面前的、是我们的身体所可以触及的"(p. 17)。库勒(Jonathan Culler)概括了在这一背景下所可以想得到的各种样式的在场:"熟悉的概念中所依赖的在场的价值有:感觉的直接性,对于神意来说终极真理的显现,历史发展中起源的有力存在,自发和当下的直觉,辩证命题中正题和反题的消解,言辞中逻辑和语法构造的呈现(或相反?),现象背后固有的真理,在通向它的步骤中目标的有力显现。在场的权威性,其赋值的力量构造着我们全部的思维。诸如'使清晰''把握''表明''揭示'和'表明事态',都牵涉到在场……正如这些例子所提出的那样,在场的形而上学遍在、熟悉和有力。"见 J. Culler, *On Deconstruction. Theory and Criticism after Structuralism*, (London 1985), 93, 94。可笑的是,从那些攻击在场为幻想的理论中同样也可以拉出一个毫不逊色的单子:关于经验事实的理论负载命题、解释学、结构主义、后结构主义、解构、符号学、新历史主义,等等。贡布里奇理应由于他按自己对这个术语的理解重提在场的勇气而受到赞扬(虽然遗憾的是他没有费心为他的观点给出太多论证)。不过,对贡布里奇的观点我不加讨论——对儒尼亚(Eelco Runia)最近提出的关于在场的更有趣的理论也是一样。儒尼亚对将在场跟表现联系起来持批评态度,虽然,如果我没看错的话,他对此观点未加论证。

现"一词的词根义已然迫使我们这样做：表现（representation）是让当下不在场的某物到场（present），或准予再次（re-）出场。我们的议员们（representative assemblies）所做的是：他们让那些在议会中本身不能出场的人民在场。一张肖像可以让某个已逝数百年的人物在观者面前在场。同样，史学作品令已逝过去重新到场，这正是它存在的理由。过去不再存在，但没有一个有理性的人会怀疑它对我们的重要性，因此我们靠史学文本弥补它缺席的遗憾。然而，这马上引发这样一个令人困惑的问题，让不在场的某物到场是什么意思；不在场的东西怎么能够到场？

第二，在第六章中我们看到，表现真理就在于通过历史表现被揭示或"解蔽"（用海德格尔的术语说）的东西的到场。由此可见，在场问题与表现真理问题是最为密切地联系在一起的，接受后者要求我们探究前者。进而，我们在第七章中看到，在表现中意义先于真理，并且，任何表现的意义都只有在与其他表现的关系中才能被确定。对在场来说大体也是这样。

毋庸赘言，关于这一情况可以有两种阐释。你可以说，由任一个别表现所产生的表现意义、真理和在场总是由其他表现的意义、真理和在场这些方面共同决定的。这称之为**个体主义**阐释。但你也可以把所有这些别的表现共同说成你会说的"表现系统"，然后说是那个系统决定了任一个别表现的表现意义、真理和在场。这可以称之为**集体主义**阐释。当然，从逻辑的观点看，这两种阐释是一样的，但各自所强调的不一样：在第一种情况下强调的是个体性表现，而在第二种情况下强调的是一组这样的表现。然而，这一差别是有用的，因为它可以帮助我们理解历史写作与艺术彼此区别之所在，而这是到目前为止我们未曾注意的。在艺术中，个体性选择无疑是被优先考虑的，因为表现系统的概念在此远比在历史写作中弱。注意，对某一艺术作品来说，"可这是艺术吗？"（从而是系统的一部分）这样的问题绝不是无聊或没有意义的——例如，就像在杜尚的现成物品及沃霍尔的布里洛牌肥皂盒的例子中*人们会问的那样。这样的个体艺术品也许的确成功改变了艺术自身表现系统的本质，从而我们准备称之为艺术。但在历史著作中这样的事情是从来不会（或极少）发生的。[2] 因此，艺术的表现系统可以被称为个体性的，历史作品的表现系统则是坚实和明确地为集体性的，或整体性的。

这对表现真理及从而对在场是有影响的。更准确地说，表现真理导致的在场不与个体性表现相关联，而命题真理的真假则总是可以归诸个别论断。在场因而是某种通过所有已有和可能的表现而集体地获得的东西。结果，它只能归属于所有历史作品或者是其相当实质性的部分。对个别表现你最多可以说它们**参与**表现真理，它们的出场将反映在什么程度上事情是这样。然而，对我所使用的"参与"一词所可能会引起的误解，我当即提出警告。如果一个表现参与到表现真理中，它肯定不是以别的表现为代价

---

* 杜尚和沃霍尔分别是20世纪西方现代主义运动中达达派和波普艺术的代表人物，前者以名之为"泉"的抽水马桶参展，后者亦将当时常见商品"布里洛牌肥皂"的包装盒入展。——译者

2 眼下我所能想到的只有一个例子，Simon Schama, *Dead Certainties (Unwarranted Speculation*, New York, 1992)，在该书中沙玛尝试将现代小说的话语引进历史著作。这一试验并不十分成功，而这本书从未成为后来历史学家的楷模是很说明问题的。

做到这一点的。实际上，正好相反：参与具有在其所参与的总资产中添砖加瓦的特性，因此，一个表现对表现真理的参与将使参与增值，从而也使其他的个体表现增值。换个说法，表现真理的体量大小不可能事先确定，它随着高质量表现的数量而不断增长。

二　在场和表现：文本

词源学已然要求我们将在场与表现联系起来。因为表现在字义上本身表示令某物重新**到场**，或者更准确地说，令某个当下**缺席**的东西到场。因此，表现概念以某种方式跟在场和不在场的观念联系在一起。这唤起我们的兴趣，因为这两个观念明显是相互排斥的。当表现将二者扯到一起，这跟把一直是白的东西涂成黑的不是一回事。这一点当然是毫无问题的。但说某物会在其缺席中到场如果不是公然矛盾也是相当吊诡的，因为事物不可能同时既缺席又在场。那么，为何表现概念有意引起在场与不在场之间的公开对立——它在这样做的同时又如何可能在这样的语义自毙中幸存？更具体地说，令缺席的东西再度到场究竟是什么意思？我们怎么能说不在场的东西现在又重新出场了，或者某物在其缺席中到场——或者，反过来说，在其到场中缺席？

说某物能在其缺席中到场和说它在其到场中缺席应该是一回事，这暗示着由在场和缺席引出的这类哲学问题的对称性。但这种暗示是错误的。因为，真正制造麻烦的是在场而不是缺席。想想关于表现的三个典型范例：美学表现、政治表现和历史表现。在所有这三个情况中，"缺席"的意思相当直截了当。例如，肖像画所画的那个人肯定是不在场的。进而,我们说当代表们在议会开会时选民本身不在场,以及说历史学家写作时过去不在场的时候,我们的意思是清楚的。可是,说肖像画的对象、选民以及过去在这些情况下由于某种原因是在场的可能是什么意思?这不是一个容易回答的问题。因此,本章将更多用力于对在场而不是缺席的探讨就用不着有什么奇怪的。

在前此各章中我们看到,有两种关于表现的理论,即相似论和替代论。那么,从这两种理论的角度对在场我们可以说些什么?根据相似论,表现与其所表现者相似。由此当然可以认为,满足相似标准也就带来在场。所以,表现如果与其所表现者相似,则它具有在场感。但这似乎没有切中我们在直觉中提起在场就会想到的东西:如果某物在场,难道这不是暗示着我们深深地为之着迷,以及它在周围乏味的客体中脱颖而出吗?看起来仅仅相似是不太可能做到这一点的。想一下我们的报纸上政客的照片:仅仅相似是没有太多"味道"*的。³ 在我们面前有两种选择。我们可以从相似论之无法解释在场而得出它不中肯的结论。那将意味着我们关于在场的探索的夭亡。

另外一个选择——也是目前被看好的,就是,现在我们最好在替换论那儿试试运气。根据这一理论,一个表现,如果它能起到被表现者的**替代者**的作用,就是令被表现者重新在场了。与相

---

* 原文为 auratic,这个词在西文中原本兼有视觉(灵光)与嗅觉(气味)意味,通常译为"灵光"或"氛围",现译是汉语中更习惯的表达。——译者

3 我在此所使用的"有味道的"(auratic)这个字是本雅明著名的论技术复制时代的艺术品的文章中的用法。对于本雅明的概念跟在场的关系值得加以深入研究。

似论不同，替代论把一个有希望的洞见直接掷于我们面前。在第四章讨论表现时我们发现，表现与其所表现者具有同样的本体论地位。相似论有一个明言的认识论偏好，而替代论则坚持表现和被它表现者在本体论上的同等性，虽然对表现这个词危险的模糊性在此应提请注意。我们可以说一个房子表现了特定数目的钱的价值，但按照替代论的意思，这些钱并不表现房子。跟一幅房子画不同，这些钱不能起到**替代**房子的作用。对此的解释是，在"a 表现 b"的功能中，在以钱来表现的情况下，可变的 b 比以画表现的情况下具有大得多的取值范围。在前一情况下，b 可以表现一个房子、一辆贵重的车、艺术品，或者一定数量的股票等等。相反，在后一种情况下，变化的范围被限制在这里说到的房子身上。换言之，在后一种情况下，存在着前一种情况下所没有的本体论上的相邻性。肯认绘画和雕塑与其所表现的东西在本体上的相邻地位听上去并不那么惊世骇俗。不过更令人吃惊的是，表现的本体吸引力是如此强劲，以致它甚至可以拉动语言的特定运用，跨越通常分开语言与世界的鸿沟。想一下历史表现。我们拥有史学文本——历史表现——以弥补缺席的过去；如果过去对我们来说像树和房子那样实在，那我们就不需要这些文本了。但是，重复一遍，由于表现（不论语言性的或非语言性的）是事物，这些文本将获得和过去本身同样的本体论地位。文本是事物。[4] 在文本中，语言和世界彼此交融——尽管它们通常被这样的观念断为两橛：

---

4 关于文本的这一事实的图解式描述，参见我的 *History and Tropology* (Berkeley, 1994), 90。关于这一问题的讨论在第六章。另见我的 *Historical Representation* (Stanford, 2001), 11—13, 81, 82, 236, 237。当然，这一论点在本书中已经提出了好几次。

我们用语言表达真理，而世界则是真理对之为真之物。比喻地说，缺席的过去制造了如此强大的一个本体论真空，历史语言被吸进这一真空，变成像树和房子那样的本体领域中的一部分。

从我们关于在场探究的角度看，这无疑是个有趣的事实。因为，如果表现性语言具有在其非表现性使用中阙如的本体论地位，在此发现文本的在场看起来是自然的。这正是它与那些本身缺乏本体地位的单一句子或科学理论显而易见的不同。语言在文本中获得我们通常欣然归诸艺术品的味道，我们把这些艺术品也看成是独特的东西。因此，基于这些考虑，谁在言说史学（或诗的）语言的"在场效应"方面还会有任何迟疑？[5]

当然，历史学家可能会对此感到高兴（或不会，当然了，如果他或她宁愿相信历史是一门科学的话）。但如果我们得回答表现和在场概念关系的问题，关于（史学）文本的本体论地位的这一论点对我们一点也没用。诚然，这一论点本身有点意思。但由此引出的东西则不然。因为，将史学文本包括在艺术品中（所有艺术品都具有我们在那些构成世界清单的事物身上所肯认的在场性）从两个原因上来讲是令人失望的。首先，说艺术品在那个清单上是一个无趣的老生常谈。其次，说艺术品（和史学文本一道）因为它们在那份清单上而也许具有在场性，会导致对在场性极端"民主化"的分配，这必定会剥夺其概念的所有意义和重要性。因此，这一探索始终是没有结果的。

---

5 当把诗与历史学家和哲学家的语言对举时，锡德尼爵士（Sir Philip Sidney）写下了很著名的这段话："[诗人]听从内心的力量而致力于形象，而（其他两种人）所给出的却是啰唆的描述。"

三 在场是一种伴生的属性

因而,让我们回到替代理论。当然,在此我们首先会想到一个东西(表现)占据另一个东西的位置或被交换为另一个东西(表现所表现者)。这提出了关于表现理想上说像什么样的一个图景。让我们认真对待一下莱布尼茨关于无可分辨者的同一性的言说,从而考虑这样的观念:我们可以有某一特定类型事物的两个样本,比如 T_1 和 T_2,它们是完全无法分辨的。替代论于是似乎假设 T_2 是 T_1 最好的表现——反之亦然。但这会陷我们于荒谬。因为,如果 T_2 是 T_1 最好的表现且二者是无法分辨的,由此我们必须认为 T_1 是 T_1 最好的表现。但这与表现即用另一事物(其表现)替换某一事物(被表现者)的定义不合。所以,替换论包含一个关于表现理想地看像什么样的概念,这个概念跟它是如何定义表现的相冲突。

表现的(许多)好处之一是它可以帮助我们跳出这一不快的困境。假设有一个风景和关于这个风景的一幅画。不论我们如何定义在场概念,我们会以不同的方式将这一定义运用于风景或是其表现,这一点是不可能被怀疑的。认可风景之为在场的跟认可风景画之为在场的是不同的东西。例如,卡雷尔·杜雅丁在他17世纪的绘画"勒迪亚芒"(*Le Diamant*)中描绘的风景——假定那风景是真的——没多大意思:事实上,由于它的背景上那个又直又长的光秃秃斜坡,它注定是乏味的。[6] 但是,杜雅丁这幅只有27厘米长、20.5厘米宽的小画具有一个几乎是爆炸性的在场,足

---

6 这幅画现在在英国剑桥的费茨威廉博物馆。

第八章 在场

与雷斯达尔最具魔力的油画比肩。即使它是挂在那儿的唯一展品，博物馆的一面大墙可以说都会因其所画物的简单到场而被弄塌。更能说明问题的是雕塑。想想所有——从多纳泰罗、米开朗基罗直到罗丹和摩尔所做出的人类形体的表现，男的和女的。这些雕塑中的一些具有的确是压倒性的在场，远远超过被假定是其模特的个体的重量，如果我们在现实生活中刚好碰到其人物原型，我们大概不会看上两次。[7] 考虑有关美学表现的这些无可质疑的事实，我们开始可以理解在场的非对称性：我们乐于认定表现所具有的在场，在质量上远远超过我们愿意认可其所表现物的在场。显然，在场是表现的品质，而不是其所表现者的品质。

这一观察能帮助我们跳出前此所遭遇的替代论的困境。这一困境是由明显内在于该理论的冲突引发的。一方面替代理论似乎要求消除所有被表现者与其表现之间的差别，直至最终让位给它们之间彻底的**同一**，而另一方面它迫使我们坚持认为被表现者与其表现彼此**不同**。但在场概念将导致这里真正意义上的所有差别。因为，在场与其说是表现的一种构成特征，不如说是我们归结为或认可于表现的东西。在场来自外部；它是我们对表现的某种致敬——当然是以它具有特定的品质为前提的。因此，事情很可能是，在被表现者及其表现之间几乎甚至完全没有物质层面上的区别，因此它们从根本上说的确是同一的——而这在任何问题上都不再需要扯上替代论。因为，被表现者及其表现之间的不对称性

7　明显地，如果人体被赤裸呈现，这将在其在场之外增添色欲刺激。这一套路在艺术史上已被运用得淋漓尽致。就呈现而言，男女裸体画对描绘不那么有吸引力的题材的竞争对手是有优势的。所以更有理由敬佩像伦勃朗这样的画家的勇气，他在描绘裸体女人时并不依赖于激起情欲的雕虫小技。这例示了圆通、尊重、微妙和真的人文主义。

乃是由于，在场将自己与表现绑在一起的偏好足以将表现与被表现者区别开来，即便二者在物质层面上完全是一回事。在此我们想起丹图关于沃霍尔的布里洛牌肥皂盒的著名论点，他的话可以转述为表明展会中的布里洛盒子具有其杂货店中的同类所没有的在场——即便二者之间本身别无二致。

替代论之所以遭遇困难，是因为它不确定被表现者与表现之间是否理想地说是一回事；而在场概念通过弄清归根到底这样的差异**是存在**的——即使表现及其被表现者正好是一样的东西也是如此——而帮助我们跳出这些困难。进而，在场可以解释我们最终是为何以及如何陷入这一困境的。我们一开始就以为物质上的相同或不同是决定性的。的确，只要我们心中装着的只有物质层次上的同和不同，替代理论就会有麻烦。但是，一旦我们看到在场乃是一种伴生的属性，是我们可以加诸（当然了，或不加诸）表现的东西，我们就会明白，物质层次上的同或异在此是不相干的。

然而，这里有点什么不对劲的地方。因为我们会问自己，如果在场是被加诸表现的东西，如果它跟表现而非其所表现者联系在一起，它是否因而似乎是来自表现和其所表现者的相互作用之外某处的东西，那什么是它的来源？

让我这样说吧，最初我们往往将在场跟被呈现给我们的世间事物，或者按海德格尔的术语说跟它们的在手存在（*Vorhandensein*）联系在一起。我现在写这一章时坐着的椅子和敲击的键盘似乎是在场的原型样板。按这里的意思，对我们来说有什么比这样一些东西更在场？[8] 然而我们在以上讨论中却倾向一种根本上反柏

8　这很可能就是贡布里奇在讨论在场时心里所想到的。

拉图的立场，认定表现典型地比起它所表现的东西更其是在场的。那么，这一在场从何而来，如果它所表现的，如果实在自身并未赋予它这一信用资质？可能存在什么甚至比实在本身更真实和更在场的东西吗？如果是这样，这玩意是什么，我们得在哪儿找到它？

四 尼采论悲剧

走到了这一步，我提议考虑一下关于表现概念无可置疑的权威文本，即尼采的《悲剧的诞生》。在对这本书的评论中，丹托讨论了

> 尼采所描绘的那种在酒神庆典上典型例示的充满魔力的再度——临现，在此场面中，神实际上是由相应的宗教性技术被召唤重新——到场。神的每一显现彼此相似，而关于神的形象的摹拟性表现又与此相似，除了在这一实例中神的显现是通过悲剧性结构表示的之外。所以又有，如果皇帝或神的塑像最初是依无论何处只要这一形象出现则皇帝和神即在场的精神造就的——这一塑像就应该被认为与那被认作是重新——到场的皇帝或神者是一回事。而当这一复杂同一的魔力关系被瓦解，塑像被阐释为只不过是神或皇帝的表象，这些塑像发生语义功能的改变，用不着发生形式的改变……在这里我所想强调的全部意思是，我们称之为塑像、相片或仪式等的东西经历了一个转型，由实在的单纯部分——实在本身神奇地被这样的事实所造就：特定的事物被认作具有特殊的力量，并且能够胜任多种的表现——转变为与实在对峙的事物，可

以说是处于实在之外并与实在并立;仿佛实在本身发生了相应的转换,在这一转换中,它失去了其在我们眼中的魔力。[9]

丹托的复杂观点事实上是关于艺术作品的起源及其本体论地位的论证。其观念大致如下。在古希腊时期,索福克勒斯和埃斯库罗斯创造了悲剧,神与帝王被认为在表现他们的艺术作品中出场,不管这些艺术创造物是悲剧、雕塑还是庆典;这赋予这些历史创造物以其独特的在场。然而,在此后的阶段中,这些艺术品失去了这种在场性,神和帝王被从他们的表现中分割出来。艺术作品遂以我们今天感知它的方式进入存在。

然而,正如丹托在这段引文的结尾所强调的,这只是故事的一部分。因为,艺术品过去的在场中的某些东西毕竟得以存留。这一在场如今被归属于艺术作品的范畴本身:艺术品确乎有其自身的本体论地位,令作为特殊对象范畴的它们与我们世界中更为常规的对象像树、房子,以及尚在杂货铺货架上的布里洛肥皂盒相区别。丹托在此体认到语言之与此平行的命运。正如艺术那样,语言开始是充满魔力的实在的一个部分。但接下来,在人类历史的某一关键阶段,语言自身由那个有魔力的实在中脱身出来,失去了它曾有的魔力特征,其报偿则是,它在其自我创造的符号领域中成为至上的统治者,令人类在科学和艺术中之交往的奇迹成为可能。两个与实在并立的领域进入存在——此即语言与艺术作

---

9 A. C. Danto, *The Transfiguration of the Commonplace: A Philosophy of Art* (Cambridge, MA, 1983), 76, 77.

第八章 在场

品的领域。[10]

丹托多少是把这当作一个如此而已的故事,他并未对尼采是如何达到这样的见解以及它们是否合理加以讨论。这挺遗憾,因为现在不容易由他关于表现的解说中推出一个关于在场的理论。但让我们假定他认为神的偶像最初的确具有从神本身那里所获得的在场性,如同在汉斯·贝尔庭那里,按照(新)柏拉图主义的假设拜占庭神像被认为具有神的本质一样。[11] 但是,当艺术进入符号场域,对在场来说发生了什么?偶像是否保持其在场?如果不是这样,如果在场丧失,那就根本不再存在有待澄清的任何在场。假如偶像的确保持其在场,这显然不是因为神仍然在这些偶像中出场。因为那是先前特许的一部分。也许它们保持其在场仅仅由于它们刻画的是神这样崇高的实体?但在那种情况下,在场的真实所在乃神本身,而非其描绘或表现。偶像于是对信仰者提示神,以及被归诸神的(神圣)在场;可是,就算是最倒霉和缺乏在场性(presence-less)的偶像也完全能做到这一点。进而,回忆一下丹托所坚持的在符号场域中艺术和语言的平行论观点。由此我们会再一次推出那个让人

---

10 在冈布瑞希特(H. U. Gumbrecht)关于体变(transubstantation)意义的探讨中可以看到与此平行的有趣观点。冈布瑞希特声称,在 "hoc est corpus meum"(这是我的肉)中的 "est"(是)原本是被实义地理解的,而自宗教改革以来,它被理解为 "代表"。见 H. U. Gumbrecht, *Production of Presence*. 29。在此我们可以观察到语言由魔力性到表现性使用的转变。阿奎那在他关于体变的观点中将这两种立场结合起来:"(托马斯·阿奎那)在《神学大全》开篇便以常用的区分回答了对恰当命名圣礼的疑问:只要包含基督本人,则称祭品(hostia),而只要特别'体现'基督受难,则称圣体(sacrifium)。"见 H. Hoffmann, *Repräsentation. Studien zur Wort-und Begriffsgeschichte von der Antike bis ins 19. Jahrhundert*, (Berlin 1974); 65ff。

11 H. Belting, *Bild und Kult: Eine Geschichte des Bildes von dem Zeitalter der Kunst* (Munich, 1990).

(多少有些)吃惊的主张,在特定情况下,语言将获得与事物同样的本体论地位——我已经在本书好几个地方提出这一主张,例如,通过指出随着进入符号场域,语言(langue)源始的神秘性质持存或转型为本体范畴。[12] 但这又一次跟我们在第二节末尾所看到的那样,它在我们对在场进行解释方面同样令人绝望地几乎毫无帮助:说全部语言都在场跟说它们无一在场是一回事。

因此,与其对丹托在其目前论述中多少有些意兴阑珊的态度加以探讨,不如对这个问题上尼采所发表的原始观点本身深入探索。于是我们将发现,尼采的论证中的叔本华式灵感将有助于我们走出当下的困境。为了把握尼采的论证,我们得从聚焦他关于合唱队在索福克勒斯及埃思库罗斯悲剧中作用的论述入手。在此,他将施莱格尔和索福克勒斯的观点置于对立中。根据施莱格尔的观点,合唱队意在拆毁观众与舞台之间的阻隔。[13] 结果,发生在舞台上的东西成了观众自身现实的一部分;悲剧不再仅仅是某个故事的展现——不,神祇、帝王和英雄现实就跟观众生活中任何别的东西一样实在。他们现在**本身**真的就在那儿。正如施莱格尔自

---

[12] 丹托并未像我在本章(及本书所有地方)那样区分语言的表现性使用和非表现性使用,根据我跟他在讨论这个问题时得到的回应,他认为语言整个都是表现性的。因此,我在第二节所给出的关于表现性语言本体论地位的论证跟丹托本人的立场是不一样的。

[13] 这似乎是中世纪的情景,其时演员与观众仍享有同一实在。冈布瑞希特在讨论中世纪手稿关于演员应如何演的指示时评论道:"手稿接着又一次关注[的是]……演员的退场或者告别。换言之,手稿提供了令原先'剧场',情境失效的途径——在此,演员在'身体'上并未由帷幕与观众的分隔开,演员的身体在此明显并不具有产生一种要由观众归纳解读的复杂意义之功能。"Gunbrecht, *Production of Presence*, 31. 关于日常实在与剧场实在及世界舞台(theatrum mundi)隐喻的相互作用,见我的 *Sublime Historical Experience* (Stanford 2005), 270—272。

己所说的那样,悲剧不只是一种美学的现象,它是真实经验的(*leibhaft empirisch*)。[14] 但尼采偏向于席勒,"当他将之理解为悲剧筑起的一堵活着的墙,以此将自身完全与实在世界分离开来,以保持自身的实在基础和诗性自由"。[15]

按照梅耶·夏皮罗(以及德里达)的著名论点对此加以全面重构,合唱队就像画框将所描绘的实在从常规实在中分离出来。[16] 和画框一样,合唱队警示我们,现在我们正进入一个**新**的实在,它跟我们既有的实在不同,但却和那个实在一样真。当然了,一切都取决于尼采通过这个新的或额外的实在的概念所说的到底是什么,这一实在令自身在悲剧中被感知到。这是否只是一种说话方式,就像我们说婚姻是一件新工作,或退休让我们进入一个新天地?或者对这个短语我们应据实理解?如果是这样,它可能是什么意思?因为如我们自奥卡姆*以来就知道的那样,实在不是一种可以让自己被漫不经心地增殖的东西。实在难道不是依定义就是将一切自身之外的东西(比如其他的实在)排除在外?但如果我们坚持把尼采读下去,就会看到,他确乎具有坚持自己观点的

---

14 F. Nietzsche, "Die Geburt der Tragödie oder Griechentum und Pessimismus", in *Werke I. Herausgegeben von Karl Schlechta* (Frankfurt am Main 1983); 45. F. Nietzsche, "The Birth of Tragedy", in *The Birth of Tragedy. And Other Writings.* ed. Raymond Geuss and Ronald Speirs (Cambridge 1999); 37.

15 F. Nietzsche, "Die Geburt der Tragödie oder Griechentum und Pessimismus", 38. 可是,在第42页,他把自己对施莱格尔和席勒的评判又反了过来。

16 M. Schapiro, "On Some Problems in the Semiotics of Visual Art: Field and Vehicle in Image-Signs", *Semiotica 1* (1969); 224, 225. 德里达将夏皮罗的论点展开为整个一本书:见 J. Derrida, *La vérité en peinture* (Paris 1986)。

* 奥卡姆(约1285—1350)是中世纪经院哲学家,主张"思维经济原则",其名言是"若无必要,勿增实体"。——译者

勇气，并要求我们据实看待他关于新的或额外实在的观点。如果我们将以下段落收入眼底，这一点会变得很清楚。

> 假如我现在断言，虚构的自然生灵萨梯（satyr）跟文明化人类的关系一如酒神狄奥尼修斯的音乐跟文明的关系，这也许可以作为我们思考的出发点。关于文明，瓦格纳说过它被音乐所把握、提升和毁灭，正如烛光为天光所替代。我相信，当面对萨梯的合唱队时，文明化了的希腊以完全同样的方式被把握、提升和毁灭。这是酒神悲剧的第一重效应：国家与社会，所有在人类中的区分，都让位于一种压倒一切的合一情感，它将人引回到自然的中心。[17]

这是段很有启发的话，它把我们带到问题的核心。尼采在此所引入的实在是一种新的实在，与此同时他又解释了这一新实在与实在本身的联系。最富于暗示的是瓦格纳关于烛光与天光的比较——在此，悲剧性实在类似于天光，而我们的日常实在则对应于烛光。我们的日常实在是从悲剧性实在中出来的；它可以说只是后者的反射，只不过让我们得以趋近"永无止息的真理的呈现"。[18]

五 尼采、叔本华及崇高

现在我们可以再问自己，是什么导致尼采说出如此大胆的断言，并为之提供合理性辩护？这把我们带到尼采（以及瓦格纳）的叔本华

17　Nietsche, "Die Geburt der Tragödie oder Griechentum und Pessimismus", 39.
18　同上书，41。

第八章 在场

式灵感。如我们所知,叔本华将康德关于现象与本体实在的区分作为自己的出发点——包括其所隐含的我们无法获得关于**自在之物**(Ding an sich)的认识的观点。但是,如同罗蒂语带嘲讽的看法,哲学家没法长久抑制"说不可说者"的冲动。这也是叔本华的想法。他的论点是,人类的心灵有两张面孔:当它**朝外看**时,它将感知康德的现象实在;但当它**向内看**时,它将获得关于本体的模糊概念。因此,本体不是在世界上的事物背后被发现的——这多少是康德的批判哲学本身所给出的画面——而是在我们的内在自我中。如果我们深入自我的深处,我们含糊地感知到的是某种原始、普遍和涵盖一切的冲动,叔本华称之为"意志"。现象实在是叔本华式意志的先验对象化。

与康德为这一先验对象化提出知性范畴不同,叔本华则提出他的个体化原则概念(principium individuationis)。也就是说,意志本体优先于由个别事物构成的世界;而本体实在之分割为个体事物是通过个体化原则。最后,和康德一样,叔本华声称,本体实在不可能是经验或知识的对象。但是,这里有一个例外,这就是艺术——更具体地说,是音乐。[19] 叔本华对到底音乐是意志本体的宣示还是仅仅是意志的图像或表现——用他的话说,意志的映象(Abbild)——说得有点不清楚。但让我们就此略过这一问题。在此主要的见识是,

---

[19] 尼采所引用的叔本华的话:"作为所有这一切的结果,我们可以将现象世界或自然和音乐视为关于同一事物的不同表达;而这一事物本身因而是它们的相似性的唯一中介,如果我们要理解这一相似性,就要求有关于它的认识。所以,如果将之视为关于世界的一种表达,音乐是处在最高等级上的普遍语言,它被与概念的普遍性联系在一起,正如后者与特殊事物相关联……因为,如同我们说过的那样,音乐与所有其他艺术不同在于,它不是对现象的复制,或更准确地说,不是意志的恰当客观性的复制,而直接是意志本身的复制,因而是在世界的物理存在中表达形而上学,将物自身表达在每一现象中。"出处同前,77—78。

在艺术，尤其是音乐中，先验意志中的某些东西可以被感受到——用正确的术语表达：[20] 正是这赋予艺术和音乐以它们的在场。

现在，有许多事情将变得很清楚。首先，我们现在明白了，当尼采将狄奥尼修斯跟阿波罗相对峙时他心中所思究竟是什么，以及他为什么如此强调悲剧的狄奥尼修斯品格：悲剧和狄奥尼修斯传达了本体实在之遗响，并因而向我们揭示出比我们关于现实的任何（合理）反思所能产生的更为深刻和普遍的真理。这些反思所能产生的仅仅是阿波罗式的真理。第二，现在我们同样理解了苏格拉底在尼采的故事中一点不比在黑格尔的故事中逊色。黑格尔的故事是在其历史哲学讲演录中名为"希腊德性的败坏"的著名章节中给出的（这无疑是尼采在写作《悲剧的诞生》时心中所知的）。[21] 在二者中，理性反思——即苏格拉底的反思——摧毁了前此希腊人对深奥真理的敏感性，如尼采敏锐指出的那样，对这些由悲剧所表达的真理，苏格拉底和柏拉图都未表现出任何兴趣。伴随苏格拉底的启蒙，悲剧真理成了过时的遗物。

当然，在黑格尔和尼采之间也存在着分歧。黑格尔欢迎苏格拉底的插入，视之为进入新世界的入口，而尼采对苏格拉底对过去所做出的无可挽回的判决深感遗憾，虽说这一无可挽回的损失方面在

20　当尼采说艺术的揭示为"事物的永恒核心，物自身，以及整个现象世界"提供一个共同基础时，他自己用的是康德的术语。见前书，41。

21　尼采在处理俄狄浦斯主题时实质性地详细阐述了黑格尔的论说。尼采将俄狄浦斯赋予黑格尔给予苏格拉底的角色——那是一个这样的世界，历史个体的悲惨命运是由其超绝智慧导致的。说到俄狄浦斯，尼采写道："神话向我们呢喃的智慧，尤其是狄奥尼修斯的智慧，是一种非自然的令人憎恶之物：不论谁由于其所知道的事情而将自然掷入毁灭的深渊，接下来都将亲身经验到在自然的瓦解。智慧之针转转刺向智慧之人，智慧是对自然的冒犯。"出处同前，48。

黑格尔那里亦有所呈现。[22] 其次，与黑格尔只关注苏格拉底不同，尼采对欧里庇得斯大加嘲讽，因为他以对悲剧不负责任的理性化夺去了它的崇高性。我们现在也把握了尼采关于"希腊艺术中的悲剧作品实际上是由音乐精神中诞生的"这段话的要义。[23] 这里的意思不是希腊人由对音乐的发现出发，然后进到悲剧；而是悲剧和音乐所共享的狄奥尼修斯给出先于事物的共相（universalia ante rem）而非后于或在事物中的共相的力量。最后，尼采著作——《悲剧的诞生或希腊风度与悲观主义》——的副标题不再会让我们感到困惑。是叔本华式的悲观主义使得尼采对希腊文化晦暗与悲剧性的一面变得敏感，而温克尔曼*眼中的阿波罗传统对此始终完全毫无概念。

但是，这里还有一个问题我得用一定篇幅加以探讨。回忆一下叔本华用个体化原则替代康德的知性范畴。其含意是，狄奥尼修斯式悲剧导致终结使那个体成其为个体的东西：它的确消解了我们自我的轮廓。此际问题之所在已在尼采之前约八十年由荷尔德林所勾勒。在可以说是其小说《海伯利安》（Hyperion）的所谓母本中，荷尔德林提出了"明哲之人"，这很可能是以荷尔德林激赏的卢梭为模型。这个明哲之人跟海伯利安说了一个关于人类起源的故事，这故事和尼采对叔本华超验主义的历史叙述惊人相似。

明哲之人由述说人类如何由天国下降开始——天国事实上即理想版的叔本华式实在之所在，在那里，个体化原则尚未进来。

---

22 见我的 *Sublime Historicsl Experience*, chap. 8。

23 Nietsche, "Die Geburt der Tragödie oder Griechentum und Pessimismus", 81.

* 温克尔曼（Johann Joachim Winckelmann, 1717—1768），德国考古学家、艺术史家，著有《古代艺术史》。他把希腊艺术与文学的特征概括为"高贵的单纯和静穆的伟大"。——译者由那时起，我们将是两个彼此排斥的欲望的恒久战场。一方面我们感觉到要消除个体化原则的运作的欲望；对我们个体同一性的这一狄奥尼修斯式消解看起来像一个回到天国的允诺，或至少是对已被遗忘的悲剧真理再度睁开眼睛。而另一方面，我们又相当喜欢个体化原则为我们打造的锁链。这些锁链让我们成为我们之所是——因此，当我们挣脱它们时，我们同时也就失去了自己——如荷尔德林令人信服地指出的那样，[24] **这就是死亡**。贝瑟在此不仅看到荷尔德林人类哲学的精髓，而且还有其历史理论，因为，在荷尔德林有机论的概念内部，这就是历史之所是。[25]

现在，这被拽向两个对立且相互排斥的方向——一方面是回到天国，另一方面则是彻底的毁灭——这正是崇高和关于崇高的经验的标志。当不可调和的冲突在我们通常赖以理解（现象）实在的范畴之间产生之时，崇高宣示其自身。因此，对于尼采隐晦地将狄奥尼修斯式悲剧与崇高相联系，我们用不着感到惊讶。他强调在遭遇悲剧时，苦（leiden）与乐（Lust）诡异地联袂出场："他（即观众）因对降临在英雄身上的苦难的恐惧而颤抖，同时这些苦难又给他以一种更高的压倒一切的喜悦的预感。他比以前看到的更多也更深，然而，他宁愿自己什么都看不见。如果不是在**狄奥尼修斯式**的魔术里，我们到哪儿去发现这一奇妙的自我分裂的来源，这一决绝又折回的阿波罗点……？"[26]

---

[24] 前一说法与斯宾诺莎相关，而后一种说法则与费希特相联系——他们是荷尔德林写作《海伯利安》时哲学灵感的主要来源。

[25] E. C. Beiser, *German Idealism. The Struggle against Subjectivism* (Cambridge, MA, 2002), 404, 405.

[26] Nietsche, "Die Geburt der Tragödie oder Griechentum und Pessimismus", 104—105（重点标志原文所有）。

第八章 在场

显然,这是一种对崇高来说核心性的冲突。尼采在其他地方甚至明确指出与崇高的这种联系,他将悲剧合唱队中半人半羊的森林之神刻画成"某种崇高和神圣的东西",说在悲剧中我们遭遇"**崇高,由此恐惧被艺术手段降服**"。[27]

因此,与尼采的论点相一致,我提议将在场理解为崇高呈现的一种样貌。这一提议将在场坚定地置于美学领域,尤其是在那一部分的美学中,在那里,它骄傲地宣示自身对于其他哲学分支的优越性。因为,正如我在其他地方说过的那样,[28] 崇高的典型悖论将我们导向这样一个视角,让我们可以把认识论及所有自笛卡尔和康德以来在认识论名下哲学上所获得的东西对象化。认识论探索的逻辑空间是由崇高创造的,因为在这一空间中,那些被认识论自身当作自相矛盾而排除在外的东西可以被赋予意义。以这样的方式,崇高可以说先行和超越于认识论,以及诸如主观/客观对立这样的认识论范畴。不是认识论者所说的东西,而是他们由之这样说的视角将我们引向崇高之域。

六 结语:在场与崇高

在场的最后一个特征可以由此得出。现在,明显会被提出的问题是,崇高如何能从那些悖论中全身而退,在它们面前各种认识论都狼狈不堪。对此的解释是这样的,这些悖论总是源起于主体状态的描述中;发生在某人身上的某事在他或她那里引起了同

---

27 Nietsche, "Die Geburt der Tragödie oder Griechentum und Pessimismus", 40—41.

28 见我的 *Sublime Historical Experience*, 337, 338。

时既愉悦又悲苦或恐惧的感受。这就是伯克基于洛克感觉理论的崇高概念，在此，关于崇高的经验是由原本相互排斥的愉悦和悲苦感受交织而成的。[29] 然而，这些主体状态中的一些的确按理（ex hypothesi）要么在逻辑上要么在经验上是彼此不相容的。这是那种传统上令认识论者挠头的问题——不过当然啦，像痛苦或愉快这样的情感极少进入他们的分析，无疑因为情感是有名难弄的主题，对它的处理很难达到准确性和逻辑严格性的要求。因此，这就是认识论为何宁愿埋头于知识和经验如何导致主体处于特定"命题状态"——用一个认识论者的术语——这样的问题的原因。但是，不论我们处理的是情感状态或命题状态，我们所谈的始终是**主体的状态**。而认识论问题涉及的是客体（或世界）与客体（或者一方面是客体，另一方面是主体用以表达其对客体的经验或知识的语言）之间的关系。

但是，如果主体和客体概念被当作背景，如果经验概念成为哲学家场景中唯一真正有价值的主角，那我们看到的就会是一幅完全不同的图景。因为此际，崇高在我们中所引起的这些悖论或矛盾将烟消云散。其解释是，经验的独特之所在是它不可能与悖论或矛盾相联系，主要不是因为我们的经验可以说是一致的——这当然没错——而是因为这样的经验本身没有意义。只有当作为特定主体的经验，以及如果主体开始清楚说明具有这样一个经验对他或她意味着什么或曾经意味着什么时，意义才进入存在。那么，假如经验没

---

[29] 引起我们崇高经验的对象"能产生愉悦；不是快乐，而是某种不无愉快的害怕，某种混杂着忧伤的宁静；就其属于自我保护而言，是所有情感中最强烈的一种"。见 E. Burke, *A Philosophical Enquiry into the Origins of Our Ideas of the Sublime and the Beautiful* (1757; repr. Oxford, 1992), 123。

第八章 在场

有意义，矛盾就是不可能的，因为矛盾始终依赖于意义。

崇高经验的影响可以由以下这一明喻加以表达：想象一个棱镜，通过它白光被分解成从红到蓝的不同色彩。崇高也是这样，在此，白光被看成类似于崇高经验本身，而棱镜中不同色彩的光则类似于我们用以表达经验和知识的语言。棱镜将（一方面）崇高和崇高经验与（另一方面）意义和经验彼此分离开来，崇高及崇高经验令自身适合于经验范畴。将这一隐喻继续下去，崇高经验让我们从棱镜中的各种色彩上升到从棱镜外进来的白光，此际，彼此相异的红光和蓝光自身尚未各自显现。白光先于"这是红的"和"这不是红的（而是蓝的）"之间矛盾的阶段，后者属于在棱镜中折射的光（在此，"这"指的是所有棱镜中的光）。[30] 对于崇高经验来说也是这样：崇高经验好比从棱镜外面进来的白光，相反，通常经验和界说它的语言则像棱镜折射的光。[31]

与此相一致，我建议将在场概念跟崇高概念联系起来。由此引出两个结果。第一，现在看得很清楚，第六章中所讨论的表现真理的终极基础在崇高中。在下一章我们将会看到，过去的崇高性在历史领悟出现时（接着出现的就是历史撰述事业）宣示其自身，而崇高性的角色则仅仅是相当边缘化的——虽然不完全为零——只要我们与过去的关系被强置于历史著述的层面上。第二，崇高性是我们与世界如何联系在一起的一个方面，是我们如何经验世界的一个方面。因此，我们在本章中关于在场的讨论将我们关于过去的经验这个问题提到了议事日程中。因而，经验是下章的主题。

30　见 Ankersmit, *Sublime Experience*; 268—271, 285, 345, 346。

31　这是对我将在第十章第三至五节展开的关于通感的论点的预先提及。

第九章　经验（一）

一　引言

据我所知，荷兰历史学家赫伊津哈（1872—1945）是迄今为止唯一认真对待经验概念的史学理论家。[1] 这没什么奇怪的，因为根据似乎是近乎一致的看法，关于过去的经验对于恰当解释历史著述以及它是如何进入存在的而言是完全无用的。或者更准确地说，现有历史哲学迄今为止所给出的理论都根本**否认**有关于过去的经验这么一回事。在所谓建构主义历史哲学家的长长名单上的人——如 J. G. 德罗伊森、M. 奥克肖特、J. W. 梅兰德、L. J. 戈德斯坦和 A. 图克——都声称，历史学家从来不能被恰当地说成具有关于过去本身的经验，[2] 其简单和决定性的理由，是过去不再存在。

---

[1] 本章和下一章中对赫伊津哈历史经验理论的解说与我在 *Sublime Historical Experience*（Stanford, 2005）中所给出的有质的不同。

[2] J. G., Droysen, *Historik. Vorlesungen über der Enzyklopedie und Methodologie der Geschichte*, München 1971 (1857*); M. Oakeshott, *Experience and its Modes* (Cambridge 1933); J. W. Meiland, *Scepticism and Historical Knowledge*, (New York 1965); L. J. Goldstein, *Historical Knowing* (London 1976); A. Tucker, *Our Knowledge of the Past. A Philosophy of Historiography*, (Cambridge 2004). 另见 *History and Theory. Beiheft 16* (1977)。

第九章 经验（一）

176 他们进而说，在经验这个词的恰当意义上，经验只有对当下现在所予者才有可能。但他们立刻加上一句，这当然不意味着，对于在经验一词的恰当意义上没有被作为经验对象给予我们的东西，我们不能有**可靠**的知识。[3]

根据他们的看法，在经验范围内，历史学家被给予的所有东西都是关于过去所留给我们的**证据**的经验——这的确是当下现在被给予的。其次，历史学家的目的是在这些证据的基础上建构——"建构主义"一词由此而来——关于过去尽可能可信的解说。关于这种建构的可信性的合理讨论总是可能的，历史学家就这样成功地愈益接近关于过去的真理。

但问题仍然是，历史学家们从来不能用对过去**本身**的经验素材来检验他们的史学建构。在历史作品中，真正决定性的问题始终是哪一历史表现对我们目前所拥有的历史证据做出了最为成功的解说。这就是说，我们只能在表现彼此之间进行比较，从来不能将表现与过去本身进行比较。因此，吊诡的是，过去本身在历史认识的产生中从来不是其组成部分——这一荣耀只属于我们目前手头所掌握的历史证据。

总之，在此时此地我们所掌握的现有证据的基础上关于过去最为可信的理解，不但是我们所能期望的最好结果，而且也是足够的。历史建构主义没有给关于过去本身的经验留下余地，并且认为没有根据对历史写作的科学合理性感到失望。

我可以同意建构主义的命题，但却要在本章和下一章中——和赫伊津哈一起——提出与建构主义对立的观点，历史经验可以

---

[3] 科学中的许多知识都不能，或者是只能成问题地，被归结为关于当下现在所给予的感觉材料的经验。

是一个有意义的概念。并且，这能在两个彼此关系甚少的问题上投下新的光线。首先，历史经验概念将有助于更好地理解我们关于过去的感悟——从而更好地理解为什么我们与世界的存在论关系部分地在于相信事实上存在着过去这么一回事。这将是本章的主题。在下一章中，我们将探讨历史经验概念以何种方式对我们重思语言与经验的关系提出要求。而在大多数关于经验的理论中——关于科学的后实证主义方法即为好例——经验对语言的帝国主义相对来说缺乏抵抗力；历史经验则重申其反抗语言的权利。在那些理论中，语言先于经验，但在历史经验中，经验先于语言。通感（Synesthesia）将表明是历史经验反对语言帝国主义的主要利器。

二 集体性与个体性（崇高）历史经验

在前一章的引言中，我区分了关于在场概念的个体性和集体性或整体性方式。前者与艺术表现相对应，后者对应于历史表现。我们得出这一区别，因为艺术迫使我们完全聚焦于**个体**艺术品，而我们在第七章中看到，个体历史表现的表现性真理及意义只有在所有历史表现的集合背景下才展露自身。艺术是个体性的，而历史作品总的说来是集体性或整体性的；所以后者可以被恰当地称为一门学科，而前者则不行。

艺术与历史表现之间的区别是，对后者来说有一个"规范性"的维度，而前者则没有：将特定文本描述为历史表现意味着它满足特定的常规规范。但在艺术中，没有一个对象可以因未能满足特定美学规范的理由而立马被否定其艺术品地位。[4] 艺术史甚至可以被定义为一部不断持续挑战那些常规的历史，其不断累积在20世纪达到了令所有规则烟消云散的地步。更有甚者，在艺术中，关于某一对象是否可以被算作艺术品这样的问题将极大地增加艺术兴趣，而在历史作品方面，事情通常与此相反。对历史著述规范的挑战仅只偶尔产生出伟大和创新性的历史作品。其次，在艺术中，对其他作品的模仿既不是对现有规范的成功挑战的必要条件，也不是其充分条件。一个人可以是一个艺术天才，但他用不着遵守任何规范。谁会认为巴内特·纽曼的"拉链"、马克·罗斯可所绘的正方形表面，或贾思帕·琼斯的那些旗子在艺术史上是恒久典范（ktema eis aei）？然而，在历史著述中，挑战常规的尝试只有当已然被证明成为可以在历史学家间世代相传的恒久典范时，才算是成功的。最后，艺术作品的主要趣味在于它是艺术家对世界的体验的表达。相反，史学中历史学家关于过去的个人体验通常甚遭猜疑。[5] 尽管人们勉强承认，一些最伟大的史学文本源起自这样的经验。想想托克维尔、米什莱、布克哈特或赫伊津哈

---

[4] 丹托在他的著作中指出，最简单的日常物品可以转型为艺术品，见其著 *The Transfiguration of the Commonplace: A Philosophy of Art* (Cambridge, MA, 1983).

[5] 有一些少见的例外，比如莫蒂默（Ian Mortimer）发表在《时代文学增刊》(*Times Literary Supplement*)2008年9月26日（第16—17页）上令人吃惊的文章："历史学家和真正原创性的学者……可以在他们的著作中放进一些植根于生活而非证据的东西。通过他们，人们开始对人类过去及其作为有不同的理解，从而获得关于人类之所是的新视野……最终所产生的是一个或一组观念，它不是立足于关于过去的证据或历史学家潜在读者群的感知，而是历史学家本身关于人类性的理解。"转引自 B. Ebels-Hoving, *Geschiedenis als metgezel. Confrontaties met een vak 1950—2010* (Hilversum, 2011) 254, 255. 霍温（Ebels-Hoving）本人亦是另一例外，这从她对莫蒂默论点雄辩的支持就看得很清楚。

就好了。⁶

总的说来，历史写作事业没有先锋派。相反，历史著作的命运是由规行矩步的多数决定的。其学科界限是由兰克清楚划定的——并且从此在根本上始终保持不变。当代历史学家在阅读兰克时对其著作的许多方面会有他们的合法质疑，对他关于过去的任何主张都可能会有争论，但他们会欣然承认，兰克呈示其研究结果的方式与他们大致相同。⁷没错，大量新的史学研究对象（如经济史）被补充到兰克几乎清一色的对政治和文化的关注中。19世纪上半叶的历史学家连做梦都想不到的复杂研究手段今已成为史家手边利器。但这和发生在科学中的情况没什么两样：射电望远镜和超能正负电子对撞机在牛顿的时代是完全不可想象的。然而，大多数物理学家会同意，他们现在所做的在本质上是跟牛顿

6　在20世纪的历史著作中很难找出这样的例子——虽然会想到梅涅克。伯格（Nicolas Berg）在几年前点明，梅涅克发表于1946年《德国的悲剧》（*Die Deutsche Katastrofe*）在多种程度上是历史学与人类学的结合，在书中，他沉思20世纪上半叶德国历史的灾难。为了强调他关于往事的个人经验，他甚至考虑将惯用语"历史乃生活之师"（historia magistra vitae）替换成"历史借鉴生活"（historiae vita magistra）。见 N. Berg, *Der Holocaust und die westdeutschen Historiker* (Wallstein Verlag: Göttingen 2003); 82—85。感谢克罗尔（Reinbert Krol）让我知道伯格的观点。梅涅克的沉思必定让人想起在托马斯·曼的《绿蒂在魏玛》（1939）的第七章中歌德"内心独白"（被他的仆人和朋友的琐碎谈话打断）的长篇大论之一。歌德关于他个人生活的回忆被轻松地与他对自己时代伟大事件的沉思融合在一起，关于拿破仑、他的挫折、德国的民族性，等等。历史著述的专业化在该学科的历史上诚然是一个伟大的飞跃。但它现在要像梅涅克在《德国的悲剧》中那样处理过去却不再行得通。这是为专业化所付出的代价。

7　这就是为什么戈德斯坦（Leon Goldstein）在他的《历史性认知》（*Historical Knowing*）中会宣称，历史哲学家对史学文本的叙述"表层"不感兴趣。由于完全同样的理由，我认为它具有极端重要性。

所做的一样的事情。那么，这就是历史表现更接近科学而非艺术表现的地方。一个人可以是一个天才的历史学家，却丝毫用不着重绘历史著述的学科边界。

三 从集体性到个体性的历史经验

显然，所有这些都必定跟如何处理历史经验问题有关，该问题是作为前章讨论过的在场概念的经验相关物。因为，由前此讨论可知，（1）我们必须区分各种集体或整体性历史经验与历史学家关于过去的个体经验（假定有这样的经验的话），以及（2）如果我们得抛弃集体或整体（崇高）经验，那个体历史经验亦无希望。因为历史著述的学科特性，我们只能从整体性历史经验向个体历史经验移动，而不是相反。以下我将从关于过去的集体性或整体性历史经验概念的合理性入手，以表明这一历史经验的确在个体历史学家经验的层面上有其相似物。这让我们可以作出结论，关于过去的集体和个体经验二者都是存在的。在探讨由集体到个体历史经验的移动时，我从以下的四点观察入手。

第一，"现在"和"过去"彼此预设对方的存在：谁承认过去的存在，同样也得承认现在的存在，反之亦然。但是，不存在使用这两个词汇的先天必然性和承认历史时间存在的先天必然性。想想尼采在《论历史的作用和滥用》的开头对牛群的描述，他在那里写道："试想一下草原上在你面前的牛群，它不知道什么是昨天和今天，它在草原上游走，吃草，休憩，低首止步，再移动脚步，就这样从早上到晚上，一天又一天，直接与当下愉快或不快的感觉绑定在一起，从而既无忧郁，也无烦闷。"[8]

在该阶段上过去和现在两者都尚付阙如（并不只是前者让我们只面对无尽的现在）。没有过去，那么也没有现在。顺着这一思路你可以想象一个人类社会，虽然要正确地刻画这么一个社会的时间经验殊非易事。说这样一个社会生活在永恒的现在中，或者过去与现在的区别尚未进入存在，已经是说得太多。因为这一些刻画描述的是生活在这样一个社会**对我们来说**是怎么样的，而不**是对那些本身就生活在这样的社会中的人们**来说是怎么回事。在（一方面）我们和（另一方面）那些人感受时间的方式上，存在着根本和不可逾越的不可公度性。即便是时间经验概念本身都是成问题的，因为它所依赖的是我们自己关于时间和历史的概念，从而很可能是偏颇的。

我的第二个看法是，由于这一根本的不可公度性，刚刚所设想的人类社会中，不包含任何可以说能够预示在我们与时间和历史关系上的这种转变的东西。由此可知，由前者到后者的转变对于目下被想象的那个社会来说必定是某种类似奇迹一样的事情，就像三维世界的东西突然进到一个严格的二维世界一样，[9]这一定像是一种"格式塔变换"，迫使他们为一个根本不同的世界而抛弃原先看待世界的那种方式。这一格式塔变换明显地只能因那些人民的历史中某些非常戏剧性的事件所引发，不过换一种说法会更

8　F. Nietzsche, *Vom Nutzen und Nachtheil der Historie für das Leben*, (Stuttgart 1969), 3.

9　当然，更恰当的说法是从三维到四维世界的转换——但条件是，这第四维跟物理学家与历史学家对立的时间概念不一样（见第二章关于这一问题的论述）。

第九章 经验（一）

恰当，即宣称对他们来说，历史只不过是作为这样一个事件的结果才进入存在的。[10] 在这一时刻——在这些人民的历史上肯定是相当独特的！——世界落入过去和现在，二者同时进场，从此以后彼此永远相互排斥。在他们的历史中，没有任何事情能成功取消过去和现在这一命定的分离。

第三，不论我们如何想象那个事件，我们可以无虞地说它是被集体地经历的。任何只是对部分人的意志产生影响的事件都没法确保进入历史场域。所要求的是那种能在作为一个整体的人民的记忆中打下烙印的事件，从他们传到他们的儿辈、孙辈以至无穷世代。这是那种在人民一词的真正意义上让人们成为"人民"的事件。想想依照米什莱的说法，"法国人民"是如何惟赖法国大革命而成其为自身的——虽说他接着将这一范畴投射到整个法国史中。

第四，根据我们从人类学、心理学[11]以及历史学对人类鸿蒙年代的解说，人类最初是依神话的方式尝试赋予这一格式塔转换以意义的。即使不是全部，大多数的神话共同之处，是它们试图解释历史如何从自然状态中挺出，在某一时候，不知死为何物之人如何变成有死的人类，一个丰饶与富足的世界如何变成一个始

10　正如托马斯·曼所说的那样，"确实愈益肯定的是，人的睡梦记忆无形，却总是传奇般地得以重新仿造，延展至年代久远的灾难，其留传给以类似的较晚、较小事件，不同民族使其在他们处落户，如是导致那般装点门面，吸引、招惹着穿越年代者。" T. Mann, "Joseph und seine Brüder", in *Gesammelte Werke in dreizehn Bänden*. Band IV (Frankfurt am Main, 1974), 29. 关于对曼的见解的热情肯认，请见 J. Assmann, *Thomas Mann und Ägypten. Mythos und Monotheismus in den Josephsromanen* (Darmstadt 2006), 17.

11　弗洛伊德的《图腾与禁忌》就是一个典型范例。

终处于匮乏的世界，和平与安宁如何变成战乱不已的世道，以及17—18世纪新斯多葛主义自然法哲学中的自然状态如何转变成一部人类历史，其中充满战胜与恐怖、幸福与绝望、生与死，如此等等。[12] 这些例子告诉我们，历史的出场通常是与或多或少是突发的戏剧性／悲剧性事件相联系的，它让我们以一种伤逝的心情看待史前之事。所以它会和那种我们常与崇高联想在一起的基本范畴方面的断裂相联系，所以西方历史的每一后来发生的事件总是让我们念及从先前和谐世界向混沌和充满威胁的当代社会的转变，重新唤起对历史之始那原初神话的记忆。

你在此可能还会想起西方历史中那些创深痛巨的事件，例如伴随法国查理八世1494年入侵意大利而导致的文艺复兴在动乱中败坏。它驱使马基雅维利和圭恰迪尼撰写历史，希望能对他们祖国的悲剧性毁灭——他们爱之甚过爱自己——是如何发生的给出解释。进而，想一想整个欧洲从中世纪到16世纪全新现实的转变，包括基督教之分崩离析，以及随之而来的宗教战争。同一个世纪中对其他民族和文明的发现，像新历史主义者如格林布拉特精彩指出的那样，[13] 它深刻地动摇了欧洲的自信心。或者再想想在给社

---

12 的确，犹太—基督教传统是这种神话的最佳范例。关于这一点，参见 C. Bottici, *A Philosophy of Political Myth* (Cambridge 2007), 44—61。注意，直到近两个世纪以前，神话未尝丧失其旧有魅力。对于大多数自然法哲学家来说，神话只是被他们用来解释现存人类社会的单纯假说，而这丝毫没有减损他们对社会的概念化。吊诡的是，神话是被历史主义逐出社会政治思想的。历史主义致命地颠覆了当初将历史给予人类的神话。因此，历史可以说诞生了两次，历史主义有弑父之罪。

13 关于新历史主义者在我们对16世纪历史感受的理解方面的贡献，皮特斯有精彩和全面的阐述。详见 J. Pieters, *Moments of Negotiation. The New Historicism of Stephen Greenblatt* (Amsterdam 2001)。

会所带来的创伤方面毫不逊色的法国大革命及其后遗症,以及同时发生的工业革命如何以前所未有的方式瓦解了欧洲社会的结构。[14] 或者想想我们当代世界史中欧洲的隐出?[15] 这又是一个社会性创伤吗,或只是又一则社会新闻(fait divers)? 未来会告诉我们。

  毋庸赘言,当我们思考原初神话本身及其日后的各种重演,它在其演化的不同阶段上对西方人集体心灵的影响完全可以按照经验这个词加以刻画,正如人类个体生活中的重大事件——比如一个人跟他的父母的关系,个体对性的发现,个人在社会中成功与挫折的时刻,以及关于人生大限将至的终极感知——首先是被我们经验感受到的。对那些在情感上不为上述事情所动的人,我们会认为是一种在对同胞产生同情心方面无能的精神疾患。回忆一下前一节里提出的论点,这里所理解的经验与(科学)真理无清晰或直接的关系。这样的事件决定着我们与世界相关联的基体——这一基体先于理知的科学认识。在我们如何由与世界的经验性(依这个词在这里所使用的意义)关联转向对世界的理知认识方面并无固定的算法程序;任何想找到这一程序,或以为这些程序肯定就在那的人,跟那些相信为了恰当解说电脑运算的正误,我们就必须认为电脑有情感的人是一路货。

  这四条观察合并起来,可以看成是一个关于集体或整体历史经验的简明现象学。而至关重要的,除非人类个体——例如历史学家——作为其一部分,社会事实上不能存在。这提出了这样一

---

  14 关于这里所提出观点的详细论述,参见我的 *Sublime Experience*, chapter 8。

  15 乃至如莫里斯极为详尽地指出的**整个**西方世界的式微,见 Ian Morris, *Why the West Rules—For Now* (London 2010)。

个问题，即（如刚刚所讨论的）崇高集体性历史经验如何可以或实际上转入人类个体层面，而又不失去其实质上作为时间和历史经验的特质。

四 关于过去的两种怀旧经验

为处理这一问题，我得先从怀旧概念的探讨入手——更具体地说，是关于过去的怀旧性记忆观念，在这一观念中，事情通常被认为比现在要好得多。这当然是我们可以归诸个体历史学家的对于过去的态度，并因而可以让我们出离严格集体性或整体性（崇高）经验的范围。这种关于过去的怀旧从来声名不佳。你只要回想一下罗德的妻子，她满怀愁绪回望所多玛城，于是被"旧约"中的上帝所罚，变成一根盐柱（这可能就是死海为何如此之咸的原因！）。

这在现在也是一样。谁对过去怀有怀旧的渴望，谁就常常被指为害怕现在与未来，是一种非现实的虚弱无力态度和无力进行任何有意义行动（因而就像尼采在《历史的作用与滥用》中所说的那样）的牺牲者。克里斯托弗·拉什将怀旧的牺牲者刻画为"无可救药的感伤主义者"。[16] 查尔斯·迈尔对怀旧甚至有更强有力的裁定："怀旧之于记忆，一如低俗之作之于艺术。"对此我们应该加上一句，对于迈尔来说，皮埃尔·诺拉式的回忆已经较之历史著述低太多了，[17] 因为回忆不关心（历史）真理。可以毫不困难地举出更多的

---

16 转引自 D. Lowenthal, "Nostalgia Tells It Like It Wasn't", in M. Chase and C. Shaw eds., *The Imaginary Past: Historia and Nostalgia*, (Manchester 1989), 20。

17 C. Maier, "The End of Longing? Notes towards a History of Post-War German National Longing" [1995年在伯克利宣读的论文]。

例子。因此，当我们把对过去的怀旧性记忆当作个体历史学家如何经验过去的模式，这对于历史经验的集体样式不是个好消息。

但我们可能会同意斯维特兰娜·博伊姆的论点，怀旧较之眼前直接所见有更多的东西，她坚持，怀旧有其最值得称道的维度，对此那些诋毁它的人始终一无所知。博伊姆区分两种不同类型的怀旧，"复原性的"和"反思性的"：

> [复原性的]怀旧强调复归[nostos，即实际回归怀旧渴望的客体]，以及对失去家园超历史重建的企图。反思性怀旧则寄身于愁绪[algia，即灵魂之痛，它已然是怀旧渴望的一部分]，渴望本身，以及回乡的延搁——思恋地、纠结地、绝望地……对复原性怀旧来说，过去之价值是为现在的；过去不是绵延，而是瞬间。更重要的是，过去不被假定为呈示任何衰朽的印记；它依其"原初印象"全新描绘，青春永驻。反思性怀旧更关注历史及个体时间，关注过去的一逝不返及人类的有限性。[18]

这两种关于过去的怀旧经验模式的区别是，复原性怀旧允诺或意在真正回到如其所是的过去，用柯林武德的话说，即追求"过去的重演"。博伊姆给出的例子是对西斯廷教堂米开朗基罗湿壁画的复原，它认真地追求将这些壁画按照米开朗基罗1541年完成它们时的样子再度重现。这个例子已然暗示出怀旧经验概念碰

18　S. Boym, *The Future of Nostalgia* (New York, 2001), xviii, 49.

到的一些问题。米开朗基罗是于1508年开始绘制这些湿壁画的；你完全可以想见，33年后其中最早绘制的部分已然不再是它们原初的样子。因此，对这些壁画该怎么看？指的是它1508年还是1541年时的原初形态？抑或基于二者之间的某种形态？关于科隆大教堂该怎么看？它是依照1817年重新发现的原始设计方案建成的，此时距教堂开工已有大约六个世纪之久。是不是该把19世纪的建筑活动称为完工、修复或是什么？更重要的是，复原有其自身的历史，某一代人相信是绝对可靠的复原技术对后人来说则呈现为对原初艺术作品的巨大歪曲。一个更有说服力的例子是试图依巴赫本人当年在莱比锡圣多马教堂指挥康塔塔时同样的乐音演出该曲这种无望的奢想。最后且决定性的是，回到一般意义上的艺术品原初状态的观念容或可能，而这对历史来说则行不通。我们只需要回想丹托的论点，历史学家在描述过去时经常使用所谓的叙述句子（第二章讨论了它的性质），用在过去本身中尚不存在的术语来描述它。质之复原性怀旧的要求，历史著述注定是罪孽深重。[19]

反思性怀旧避免了这些遗憾。它让过去与现在之间的距离不受影响。[20] 更有甚者，它赖此为生。博伊姆说："反思性怀旧并不作势重建被称之为家园的神秘之所；它倾心于悠远，而非所指对象本身。"[21]

19　不言而喻，柯林武德关于过去的重演理论在当代历史哲学中是丹托和博伊姆关于历史著作与过去关系观点的主要牺牲品。

20　关于我们与过去如何联系的这一空间性隐喻，见我的"The Transfiguration of Distance into Function", *History and Theory* 52 (2011), 136—150。

21　Boym, *Future*, 50.

第九章 经验（一）

注意跟前节中所引的一样，博伊姆在此使用了神话的词汇，虽然对她而言这些词汇有不同的内涵。她想要指出的是，当认为可能重建过去时复原性怀旧相信了一种神话。其次且更重要的是，她坚持说反思性怀旧消除了对所指对象的所有强调，这与我们在第五章中的论点是一致的。在博伊姆看来，反思性怀旧从根本上说不是关于过去本身（复原性还原寄望于此）的经验，而是对悠远，或者说过去与现在之间距离的经验。这是一种关于将过去与现在分割开来的河流［逝者如斯］的经验，而不是关于在河岸上所能找到的东西的经验。

现在，所有事情都变得很清楚。回想一下我们是在询问集体性或整体性（崇高）历史经验如何与个体历史学家的历史经验整合起来后，才开始对有关过去的怀旧经验的探讨。诉诸博伊姆的论点，于是我们可以说，作为现在的另一面，过去**本身**端赖某些开辟过去与现在间鸿沟的原始神话，或是这些神话在后世中的重演，如由意大利文艺复兴的败坏或法国大革命这样的创伤性事件引发的重演式神话而进入存在。所有这一切都具有这样一种效果，即一个全然没有过去与现在分野的世界从此（像雪球被一劈两半那样）离散开来，一个二者之间的间隔进入存在，且从此无以弥合——唯有此时过去才成为现实，成了史学探究的潜在对象。这就是作为一种集体性事业史学学科是如何成为可能，以及为什么与该学科相对应的是集体性崇高历史经验，而非个体历史学家的经验。

总结我们的论证，博伊姆令人信服地表明，假如关于过去的怀旧经验这样的事情是可能的，它很可能具有她所理解的关于过去的反思性怀旧经验的特征,只有在此经验方成其为关于差异或距离的经验。这一差异性经验似乎一眼看去将关于过去的(反思性怀旧)经验跟集体性或整体性崇高经验隐含地联系在一起。按照我们在前一节中得出的结论,只有在这一层次上我们才可能发现那种为所有人将过去和现在区分开来的戏剧性事件。并且,再次重申,这似乎没有给(历史学家)个人关于过去的经验留下任何余地。

五 个体性历史经验

不过,跟赫伊津哈一样,我相信个体性历史经验是可能的。试想一下人类文化的这样一种领域,在此,变化的发生是缓慢、逐渐以及通常难以觉察的——例如像社会习俗领域,我们如何与同胞打交道与交谈,非反思的和自明的风俗,日常生活实在的各个方面。在此,我们自然而然地预期某种延续性,甚至是完全的静止——和政治、经济那些更显眼的领域不同,极大影响我们所有人的巨变常常在那里发生。在这里,我们不指望历史会展现自身,一旦我们发现自己对此曾一直存在误解,那对我们会是个小小的震动。例如,想想阿里耶斯(Ariès)关于儿童的著名论点,在古代王国,孩子不像今天这样被对待,而是被当成小大人。这样看待儿童的方式在我们看来是如此别扭而不可理解,阿里耶斯的发现令我们大吃一惊。于是,就在这一瞬间,在这么个我们过于轻易地将之列归恒常自然而非历史的场域,悠远与差异的维度骤然打开。从此,我们得承认,教育史不仅是史学研究的合法对

第九章 经验(一)

象,并且是其重要的新对象。

赫伊津哈就是这样理解历史经验(或按他自己喜欢的说法,"感知")的。在他关于这一概念的两段论述其中一段中,他强调,历史经验往往是由最卑微和不显山露水的事物引起的,比如一则记事、一块雕刻,或是过去流传下来一首老歌里的一段旋律——这些事物都是我们不会自动将之列归历史探索事项中的那些东西:

> 这把我们带向了问题的本质。在所有的历史意识中最重要的组成部分可以用历史感被恰当地刻画。你也可以说触及历史(historical contact)。历史想象已然陈义过高,历史视野也是如此,因其同义概念视觉性再现所暗示的某种程度的确定性在此仍然缺位。洪堡已经使用过的德语词"心知"(Ahnung)在这一关联中几乎可以表达它,只要它没有因在另一上下文中的使用而失去其准确意义。这一与过去的接触不能被归结为在其自身之外的任何东西,这是进入其自身世界的入口,它是各种狂喜中的一种,是一种真理被给予人类的感受。它不同于对艺术品的欣赏,也不是宗教性的感动,不是在大自然面前所感受到的震颤,不是对形上真理的认识,但却是这一家族中的一员……与过去的这一接触伴随着对彻底真实性和真理的绝对信念,可以被编年中的一行话、一块雕刻或老歌里的某些音符所激起。[22]

22　J. Huizinga, "De taak der cultuurgeschiedenis", in *Verzamelde Werken*, vol. 7. *Geschiedwetenschap, hedendaagsche cultuur*, (Haarlem 1950), 71, 72.

我们不期然遭遇一段编年、一块雕刻等等；这些东西骤然获得一种在场性（用先前章节中的术语），在此，只有当这些物事得以在场，过去与现在的间距才可能充分宣示自身。与此对比，给定在某些课题上历史著述技艺的现实状况，历史学家通常完全沉浸在把关于过去的证据尽其所能转换成对过去的最好解释的任务中。历史学家在此沿着可以说是与过去平行的横向轴心移动。这是建构主义者始终牵挂在心的一个轴。然而，历史经验骤然推动他由横轴进入联结过去与现在的纵向轴，这是博伊姆所说的过去与现在间距离可以被感知的唯一所在。[23]

浮上心头的是这样的意象，一根皮筋不断拉伸，直到突然断裂。最初并没有力量被施加在皮筋上——在这一阶段仍然存在着现在与过去无间的结合，二者分离的观念尚未出现在人们心中。在接下来的阶段上，由于过去和现在间日益增加的距离，皮筋的两端开始缓慢但不可改变地拉伸开来，但是，由于皮筋将不为人注意的过去（及现在）的方面联结在一起，没有人注意到实际上正在发生的事情。他们习焉不察地以为自己置身历史场域之外。张力不断积累，直到终于在某一时刻，张力变得过大，于是——啪——皮筋断裂。只有到这时候，忽视过去与现在间（在某些其关系不甚显明领域里）经年乃至数个世纪之久不为人知地增长着

---

23 关于赫伊津哈历史经验理论的详细阐述，见我的 *Sublime Historical Experience*, chap. 3。参照博伊姆关于过去怀旧经验的两种类型，在此我要说，赫伊津哈并未在博伊姆所说的复原性和反思性怀旧经验之间作出充分的区分。以上引文中的那句话是很说明问题的："[这一]与过去的接触不能被归结为在其自身之外的任何东西，这是进入其自身世界的入口，它是各种狂喜中的一种。"接触这一空间性隐喻与复原性怀旧相对应，而狂喜的隐喻则暗示朝向过去的自我出离，这与反思性怀旧相吻合。

第九章 经验（一）

的距离不再可能。在具有超常敏锐历史感的历史学家心中，那些已经被延宕过久的东西一瞬间骤然突显。就像赫伊津哈所说的那样，这样的历史学家在这些现象中获得一种历史性经验。的确，过去与现在之间的距离一下子展示在他面前，他关于特定过去的经验于是确乎在本质上成为关于到现在为止未被觉察的过去与现在间距离的经验。

然而，如前此论述清楚所示，即使历史经验在与过去的关系上引发由横向向纵向的骤然转换，此间并未发生什么特别戏剧性或显眼的事情。多样性的个体经验缺乏在前面章节中与集体或整体历史经验相联系的悲剧和崇高的方面，至少因为，它首先仅仅是在那些被忽视和被遗忘的过去领域找到自己的位置。

历史性经验对某一历史学家来说可以是某种启示——如我们在第六章所探讨及赫伊津哈愿意看到的，作为真理的时刻，作为解蔽（αληθεια）——但那些没有类似经验的历史学家对此则无动于衷且没有理由作出不同的反应。从史学学科的角度看，一切都取决于一个具有历史经验的史家由之能够做些什么。在史学中，解蔽寓于历史表现中，而不是经验中。历史经验很像听到一声枪响，它令我们朝特定方向张望：一切取决于我们往枪声传来处张望时实际上看到了什么。但是，即便是我们以这样一种多少有些冷淡和中立的方式看待历史经验，事实是它将令我们接近那些要不然很可能始终对我们封闭的东西。仅此即为对历史经验概念做进一步的哲学分析提供了合理性辩护。更准确地说，集体性或整体性的崇高历史经验令我们能够处理作为一个学科的历史著述何以出现，以及是什么引导了它自文艺复兴以来长达五个世纪的发展的问题。在此历史经验概念对我们可能是很有帮助的。但是，其本身的崇高性赋予其自身固有的特质，排除将其与更为晚近和更缺少感受性的经验概念间进行有意义的比较的可能性。这与关于过去的个体性经验是不同的。经验的这一典型的历史性样式与它更知名的表亲之间的关系将在下一章中加以探讨。

六　结语

历史表现与历史经验之间的联系既强又弱。强在集体或整体崇高历史经验存在于所有历史表现的根本处。离开崇高历史经验，则既无历史著述，亦无史学学科得以存在。关于此一源始经验的记忆将在那些决定文明或民族命运的重大事件中一再发出回响，并在一个文明或民族在其史学中对这些经验的反应方式中产生共鸣。它将赋予这些历史以其在场——按这一概念在前此讨论中的意思。因为，这些重大事件会部分地将这一文明或民族归约为它自身在其源始崇高历史经验时间中所奠定的状况——此即过去与现在之间的分离尚未发生的状态。这是一种我们因而可以将之描述为给我们以过去的在场的状态（诚然，这一描述不是全然准确的，因为在那一原初状态下我们典型地既没有过去也没有现在）。

然而，这些联系同时又是微弱的，因为，一旦史学学科成为现实，历史经验与历史表现之间的关系此际只扮演一个相当边缘化的角色。因而，历史经验是仅限于赫伊津哈所说的那些有历史情愫的个体历史学家的罕例。崇高性的大部分气味已然消失，个体历史经验通常仅在人类经验远为乏味的领域中宣示自身——正

第九章 经验（一）

是由于这个原因，人类经验的这些领域迄今未被肯认为历史探索的恰当主题，虽然它在特定情况下会在已然存在的历史样貌中添加关于过去新的被呈现者或样貌的范畴（见第四章）。于是，决定性的一点是，关于过去的个体性经验是否可以证明对其他历史学家来说也是可交流的，或换个更有说服力的说法，具有这种经验的历史学家是否能找到一种能公正处理其关于过去最为个人化的经验的语言。

这把我们带到下一章的论题。情况可能是，自从19世纪末史学专业化以来，对于史学学科来说，**个体化**历史经验只具有边缘性的意义。不论是好是坏，历史学家已然被成功阻止进入与所研究的过去之间超越专业性的更为个体性的关系。但是，如果从哲学的角度看，这一概念令人兴奋，值得深入探究。首先，这里所说的历史经验首要关注的是我们和过去之间的联系的问题；因而，它具有一个存在性的维度，而在那些得到更多探究的经验样式所高调展示的认知主义中，这一维度是完全阙如的。其次，我们在下一章中将会看到，在历史经验中——如果将之与那些更为人所知的经验样式相比较的话——经验与语言的关系是相反的。在那些我们更为熟知的经验样式中——后实证主义的经验概念和科学是其著例——语言先于经验，相反，在个体性历史经验中，语言必须追随经验。

第十章 经验（二）

一 引言

在前一章中，我是从关于历史著述的建构性解说的简短讨论开始的。大多数做史学的人都倾向于质疑该解说。他们抗议建构主义所说我们关于过去的认识只不过是建立在已有证据基础上的一种建构的主张，认为这是对他们的专业不公正的漫画式处理。那种认为过去本身在历史认识的形成中并非基本要素的观点，被他们谴责为荒诞不经。与对他们学科的这种阐释相反，他们通常对自己穿越过去之旅充满信心，就像在自己所居住的城市中循路而行时一样自信。

在人们耳熟能详的历史学家和建构主义历史哲学家之间对话的这一阶段上，后者往往指责历史学家明显持有某种天真的实证主义，以为事实即历史学家所需和所有之物。事情无疑是这样，当历史学家开始感到被困难的哲学问题，比如建构主义者所提出的问题逼到墙角时，他们每每偏向于回到某种并不十分复杂的实证主义。然而，我认为，对事实的实证主义信赖并不足以解释实践中的历史学家对建构主义的异议。因为，即便后者对事实是什么的看法较之一般的历史实际研究者来得要深入细致些,建构主义者实际上同样相信,据实而论乃是产生我们所说的历史知识的充分基础。因此,归根到底,在史学工作者和建构主义者之间共识要多于分歧。我猜史学工作者对建构主义的不满倒是由建构主义者置于历史学家和过去之间高深莫测的认识论夹层引发的,因为后者论辩说过去本身并非获取历史认识过程的要素,以及在这一意义上,历史学家永远无法直接触及过去。史学工作者会感到,这一夹层乃是建构主义的神话,是将在史学实践中毫无问题的事情问题化引起的。

这一点很有趣,因为它表明,就个体历史经验概念意味着某种——用赫伊津哈的话说——"与过去的直接接触"而论,史学工作者与个体性历史经验并不是完全背离的,而建构主义者是坚决否认他们与过去之间存在这样的接触的。可是,赫伊津哈的历史经验理论在历史学家中几乎找不到任何支持者。他们认为历史经验概念是奇怪的,很难将之与历史著述的任何部分或方面联系起来。总之,史学工作者的本能与赫伊津哈坚持历史经验概念之重要性时的立场并不那么相左,但他们显然是通过其他路径趋近这一立场的。

这提出了这样一个问题,史学工作者是通过哪一其他路径拒斥建构主义的认识论夹层,在避开经验概念的同时坚持与过去直接接触的可能性的。在下一节中,我将尝试重构历史学家心中(通常是隐含的)使得他们易于相信直接触及过去的可能性的信念。我将把史学中这一很大程度上属于直觉性的观点称为"历史的马格利特概念"。

二 关于历史的马格利特概念

勒内·马格利特有一组他命名为"人类的境遇"(*La Condition Humaine*)的画作。该系列中的画作都有一个共同点。它们描绘的是某一部分可见的实在——个风景、一座城市、一条街道——但我们对该实在的视线的一部分被一幅画遮住了。在这些画中总画着这么一幅画;它们一定程度上总是**关于画的画**。有趣的是,你在特定的画中所看到的不是画作所碰巧表现的任何东西,而恰恰就是如果在马格利特所绘的画中画的位置上**没有**画的话你会看到的东西。因此,假如这画被移开,假如你能看到在画背后被画挡住的东西,你所看到的东西跟你**现在**(在画里)所看到的完全是一样的。这些画就像你拿着个画框在你屋子里(或者屋外)走来走去时于(空)框中——当然还有框外——所见的一部分世界。

但这里有一个有趣的不对称。马格利特用画作而非画框模拟(或制造)了上文中画所产生的那个效果。在现实中这是不成立的。如果我们带着一幅画在屋子周围溜达,我们决不可能会把画中景象跟被画所挡住的那一部分物象混淆——即便由于某种奇特的巧合,画中所见正好与画背后现实中的物象正好一模一样。其解释当然是,马格利特是用一幅画制造他所想要的效果。为了看清这一点,让我们区分画1和画2,画1代表马格利特的画作本身,画2指画中出现的那幅画。的确,画家可以这样安排事情,使得画2中所见正好是如果没有画2的话画1关于实在所描绘的东西。但是,由于实在本身不是一幅画,没有一幅画可以用同样方式与我们在现实中所见联系在一起。[1]

马格利特的画可以看作是对写实绘画（figurative painting）幻觉的评论。[2] 写实绘画希望在我们心中激起真实可见实在的幻觉，从而当我们观看画框中的画作时，就像透过窗户向外看一样。这赋予写实绘画以特有的悖论：你所**观看**的当然是画。但你被邀请作出这样的反应：仿佛你正**透过**它看什么，就像你透过窗户看到外面的风景。**换言之，画作在那里仿佛就像为了消除它自己**。这就像花大力画出写实绘画，意在达到让观画者忘记画的存在这样一个自我贬抑的目的。在此，画作越成功，你就越不意识到其存在。因此，理想的写实绘画是这样的绘画，其存在损之又损而趋于无。

在本书全书中，绘画都被呈现为暗示出对历史著述本质有益而出人意表的某种洞见。此处自不例外。历史学家关于主观性对客观性这一年久望重问题的传统常识性信念，基本上可以依马格利特画作得到说明。回忆一下斐斯特尔·德·库朗日的著名轶事，他突然对自己的三寸不烂之舌[3]所施加在听众身上的魔力感到担心，宣称"先生们，不是我，而是历史在向你们说话"。斐斯特尔介意自己对听众所说的关于早期中世纪的话，**不是**因为对自己的话的真实性有什么怀疑。他相信，打开关于过去的科学认识的钥匙在他的时代已然最终被找到，他也不是像20世纪的许多历史学

---

1 关于这一点的详细述说，见我的 *Historical Representation* (Stanford, 2004), 228, 229。

2 自阿尔伯蒂（Alberti）1436年的《论绘画》以来，可以举出一长串将图像表现的本质看作幻相的理论家。当代理论的经典出自贡布里奇之手：*Art and Illusion: A Study in the Psychology of Pictorial Representation* (Oxford, 1970)。

3 斐斯特尔的口才并不是那么好。一个高等教育视察员对初为讲师的他的课堂表现有这样的表述："他（斐斯特尔）甚至搞不清他自己到底是否是个小姑娘。"

家那样的怀疑主义者或相对主义者。事实上，他的担心具有更为戏剧性的品质：历史认识需要历史学家和史学语言来表达这一简单而无可避免的事实令他不安，他担心自己的语言也许不是通往过去的津梁而是障碍。兰克在其《英格兰史》中的感叹也许更能说明问题："这一直以来是我的期望，在我的叙述中可以说是压抑我自己，只让事件本身说话，所看到的是巨大的力量，它出自数个世纪的历程，并且通过每个人的行动得到强化，现在这些力量彼此对立，卷入激烈竞争，在血腥和恐怖的爆发中释放它自己，其中涉及许多对欧洲世界来说至关重要的决定。"[4]

和斐斯特尔一样，兰克想要抹掉自己，在自己的写作中将自己择出去，因为在其著述中他自己的出现必定会损害其关于过去的描述的客观性。向那些想要了解过去的人们说话的不应该是他的文本（或历史学家），而是过去本身。只有这样才能保证历史的客观性。如果在他对过去的呈现中留下了任何史家本人的影子或声音，主观性就一定会压倒客观性。

同样类型的担心激发了有史以来最为奇特的一个史学文本：普罗斯珀·德·巴朗特的《1824—1826年勃艮第公爵传》。巴朗特实际上想要达成兰克认为完全不可能实现的理想目标。当他写作1364—1477年勃艮第历史时，他实际上主要想通过用取自史料的段落（比如《圣丹尼编年史》（*Chronique de St. Denis*）和弗洛依萨德（Froissart）、奥里维尔（Olivier de la Marche）及康米尼斯（Commynes）等史家所写的东西）构造文本来实现兰克抹去自

4　L. Ranke, *A History of England Principally in the Seventeenth Century*. Translated by W. Boase et. al. (Oxford 1876), 467.

己的理想。斯蒂芬·班十分恰切地将巴朗特刻画为"动物标本剥制师"。的确,巴朗特想要用过去的遗存本身来展示历史。[5]但这样的观念当然是天真得要命,单单说他本人得在史料中做出选择,并用文字联缀他的引文就够了。他所起的作用可以说就好像是其作品的舞台导演,因此,他在其文本中的存在一点不少于电影或是话剧制作者在其影剧中的存在。

斐斯特尔、兰克,还有巴朗特都拥有我们可以称之为马格利特式的历史著述观。在此,史学文本被看作类似于写实绘画的画面,它在观赏者那里应引起这样的一种错觉,似乎他所看到的不是画面而是实在本身。显然,这正是马格利特在他的"人类的状况"系列油画中小心暗示的东西,因为在这些画作中,我们在画面上所看到的,跟如果那画中画没有挡在我们和它背后的东西之间的话就会看到的一模一样。

同样地,史学文本应该让我们产生同样的感觉,我们所看到的是过去本身而不是关于过去的文本。就文本成功达成这一效果的程度而言,我们(可以跟兰克一样)说历史学家将他自己择了出去;按斐斯特尔的说法,他的观众听到的不是他——或者一般地说历史学家——的话,而是过去本身的声音;按巴朗特的看法,历史学家的文本实际上就是过去本身,更明确地说,过去距离我们不比公正描述它的史学文本更远。总之,走进过去本身并不比接近史学文本更成问题。历史学家和他的文本在过去本身和文本读者之间仅仅是被动和自我隐遁的中介。过去本身与关于它的真实表现之间的区别于是以马格利特"人类状况"系列画所指示的

---

5 S. Bann, *The Clothing of Clio* (Cambridge 1984), chapter 1.

方式被抹去。如果说没有一个明智的人（除了名声不佳的德里达式人物之外）会否认我们可以直接进入面前的史学文本，那谁会否认我们同样可以直接进入过去？这样的进入稀松平常，我们用不着以赫伊津哈历史经验的复杂手段论证其合法性。对前一章中提出的那些问题，这通常就是史学工作者会有的反应。这种马格利特式史学观念无疑具有原生性，对此我们应该认真对待，不应将之当作只不过是缺乏哲学复杂性的表现。

三 语言转向：语言先于经验（和其他一切）

的确，我们可能会取笑关于史学的马格利特式观念。但我敢说我们笑的是我们自己。马式观念对我们所有人都有着巨大的天然吸引力。它看上去是关于绘画和历史写作的直白真理。直觉上几乎每一个人都会立即赞同关于绘画和史学的魔术师概念。我们——无论天真与否——都相信绘画和史乘应该跟实在本身一样好。因为，如果它们不是这样好，绘画和史乘就是主观性的，而我们把这看作是对它们的批评，鉴于主观性的表现歪曲了事物真实之所是。因此，关于过去就像我们拥有的历史表现一样可进入的观念——从而与过去直接接触并不比跟史学文本直接接触更成问题的观念——看上去很有意义。这一观念是我们关于一般意义上表现本质的基本直觉中不可消除的一部分。所以史学工作者总是爱说斐斯特尔和兰克说过的那种话——以及与过去直接接触的观念（或关于过去的经验）对大多数史学工作者具有天然的可信性，尽管他们并不以这样的方式表述他们的直觉。

第十章 经验（二）

因此，人文学科中需要的正是一个语言转向，以有效颠覆关于绘画和史书的马格利特式概念。基本的识见是，我们并非**透过**绘画和文本看，而是**看着**绘画和文本。这一洞见貌似简单和不言而喻，事实上要把握其要点和接受其所隐含的东西需要巨大的努力。幻觉说——主张画家应创造一种就像透过窗户（画框）看到其外之物的错觉——对我们来说是十分自然的。归根到底，就是它把从阿尔伯蒂 1436 年的《论绘画》（*Della Pittura*）到印象派画家整合起来，后者的作品在整整一个世纪中拥有狂热的仰慕者。[6] 史学中也有同样的故事。想想在海登·怀特之前历史编纂学（即历史著述史）是怎么回事，1973 年《元史学》发表后变成了什么样。前怀特的传统历史编纂学在文本方面是天真的：它基于这样的假设，你总是可以**透过**史学文本看到其关于过去的魔术式建构，并且你可以把这种拟真构造跟过去本身相比较——显然，明克的普遍史全部又回来了！——并依此确定何者为对何者为错，就像你可以把被马格利特的画作遮挡住的景象和你在画中看到对同一景象的描绘相比较——以弄清画作对被其挡住的可见实在的这些部分是否忠实。这同样让传统历史编纂者可以对史学史上哪些地方获得了进步相当自信。这又一次不过是将关于过去的幻觉模式与过去本身比一比的事情，就像对马格利特的组画"人类的状况"你所可以做的那样。因此，发现史学的进步在此只不过是看一看和瞧一瞧的事。接下来会问的问题是，是什么样的道德及政治偏见妨碍了伟大的历史学家从过去中辨识关于历史的真理。于是，

---

6 关于阿尔伯蒂幻觉主义的透彻分析（在透视主义中获得其主要的支持），见 M. A. Holly, *Past Looking. Historical Imagination and the Rhetoric of the Image* (Ithaca and London 1996), chapter 1 and 2。

在传统历史编纂学中会以很大篇幅谈论这些偏见。这就是当代科学和客观历史写作中关于"我们取得了多么辉煌的成就啊"（wie herrlich weit wir es gebrache haben）的自赏评论。

但接着海登·怀特出现了，告诉我们事情本来是怎么样——也就是说，我们不是**透过**文本看，我们**看的**就是文本，我们必须认识到，史学文本是高度复杂的物品，意在产生历史意义。因而，如他接着所说的那样，史学理论家的首要任务是解释史学文本是如何具有这一非凡性质的。就像我们完全有理由为这样的事情感到惊讶：画布上如此不起眼和平常的小小色块能产生图像意义，是拉斐尔、列奥纳多、提香和伦勃朗这样的天才的物理存在基础。因此，我们应当对此深感惊讶：历史叙述中以一定方式编排起来的简单句子可以在当下此际给我们关于过去是怎么样的概念。我们因而应该仔细注视每一史学文本，以发现这一不可思议的功业是如何实现的。在此，"注视"代替了"透视"。

这不啻是史学思想上（而非实践上，当然了！）一个彻底的革命，因为它让史学理论家（还有一些史学家）骤然意识到这样的事实：无论我们喜欢与否，在历史学家（及其读者）和过去之间始终存在着某物，即史学文本。因此，建构主义者们终究是对的。然而，我们应该加一句，并非某一抽象的论说（建构主义者的认识论硬壳），而是文本十分具体的存在阻止历史学家和他的读者直接进入或与过去有直接的接触。

的确，怀特——和那些接受语言转向及其全部后果的人——无情地一再坚持史学文本作为我们与过去之间中介的不可避免性。没有文本就完全没有跟过去的接触。并且他们残酷（但却公正）

地向我们传递这样的信息，你谴责将过去翻译成文本的努力无法避免主观性也许是完全正确的，但这只不过意味着你永远都得跟主观性比邻而居——并且是最为极端的那种主观性。历史学家也许可以消除其伦理和政治偏见。但我们怎么可能指望在表现它的**文本**不在场的情况下呈现过去？

从这一点来看，语言转向在我们对科学与人文学说（如人文学科，包括史学）之间区别的理解上增加了一个新的维度。科学（以及对科学的反思）跟主观主义、怀疑主义和相对主义间当然有它自己的斗争。科学哲学及语言哲学很大一部分内容处理的都是这个事。但这些内容讨论的始终是真假问题以及如何辨别真假。这样你将语言的存在视为当然，因为如果没有语言，就既无真亦无假。因此，在科学哲学中，这样意义上的语言从未被质疑过。试图质疑语言是不可思议的。

将怀特之前与怀特之后的历史学家和史学理论家区别开来的东西是不一样的。前者仍然快乐地活在对（历史）文本和语言的无知状态中，另一方面，自语言转向以来，我们已然成了具有语言意识的成人。在科学中，问题是如何区分—由语言表达的——真假。在史学中，问题则是语言**本身**：史学文本是否跟过去本身一样真实（如马格利特式的史学观念邀请我们所想的那样，不论我们是否意识到），或者怀特的说法是对的——我们所能**看到的**只有文本而根本不可能**穿透**文本？坏消息是我们必须抛弃穿透史学文本看过去本身的期望，而好消息是，远远超出我们所能想象的可能性，史学文本乃是过去和我们之间无比机敏的仲裁者。语言可以说是陶土，历史学家由之陶范其表现，同时，它也和陶土一样一般是不透明的。

因此，陶土层又回来了——但现在由诅咒变成了福音。

由马格利特式的史学语言概念走到语言转向是比科学哲学中所曾发生过的任何事情都更富戏剧性的事件（当然，是就语言的角色被关注而论）。因为，如同我们已经看到的，科学哲学一直被束缚在真—假问题上，从来不需要考虑语言问题本身。的确，从没有一个科学哲学家想过这个问题。科学哲学从未走到语言之外。在真—假的视野中，语言始终是透明的。斐斯特尔和兰克对马格利特模式的信心要归因于他们关于历史是一门**科学**的信念，对此我们用不着感到惊讶。关于这一点的解释是，科学哲学从未就自身关于史学的那种马格利特概念提出问题，并且根本没有理由去提问。语言在此是仆从，你始终可以控制和信赖它，相反，历史写作则始终是与语言天使之间的博斗。历史学家在此卷入一场战斗，在这场战斗中他既不可能赢也不会输。

换一种表达方式。将我们从马格利特概念引至语言转向的轨道迫使历史哲学家（跟科学哲学家不同）将语言**整个**对象化，由此走出既绝望又类上帝的一步，问出从**站在语言本身之外**的角度看语言对我们做了什么的问题。科学家和科学哲学家从来没有被逼到这样一种充满戏剧性的极端；他们得以保持其对语言的信赖，尽管他们总是乐于鼓捣语言，就像在科学中发展出许多人工语言的情形。我乐于承认，在许多方面科学哲学比历史哲学更有趣。但至少在这里历史哲学让我们直面的问题是整个科学哲学中都无可匹敌的。语言哲学甚至更等而下之，因为这个学科刻意不问语言如何被用于构建世界的可信替代者（如历史表现所示）的问题。

而这正是历史哲学吁请我们考虑走进历史、史学以及我们如何与过去相联系的非一语言、前一语言或超语言之处。我们将要看到，这要求我们聚焦于历史经验概念。

四　历史经验（先于语言的经验）

毋庸置言，这样一种非语言的（历史）哲学将会是更有趣的，如果它能成功表明其与语言（历史）哲学——从而与前此范式的关系的话。在处理这一问题时，我们可以再度期望从赫伊津哈，尤其是从他论述语言问题的论文计划[7]中寻求帮助，这是他完成在格罗宁根大学梵文学习后于1895年提出来的，他转向史学是在数年之后。该计划的主要想法是利用通感（synesthesia）以获得对印度—日耳曼语中关于感觉经验的词汇——即我们用于色彩、声音和触摸的词汇——的更好理解。

洛克是开始对通感现象发生兴趣的第一位哲学家，主要应感谢他收到的威廉·莫利纽克斯（1656—1698）的信，他在《人类理解研究》中引用了这封信的下面一段话："假定一个人生来就是瞎的，现在他长大成人，通过自己的触觉可以分辨同样金属质地以及几乎同样大小的立方体和球体，当他摸着这个和那个东西时，可以说出哪个是立方体哪个是球体。假定接下来立方体和球体被摆在桌子上让盲人能看见：请问，在触摸这两个东西之前，凭着他的眼睛是否能看出哪个是圆的哪个是方的。"[8]

---

[7] J. Huizinga, *Inleiding en Opzet voor een Studie over Licht en Geluid. Red. Jan Noordegraaf* (Amsterdam 1996).

[8] J. Locke, *An Essay Concerning Human Understanding*. Vol. I, (London 1965), 114.

洛克论证说，这个盲人[9]没有关于立方体和球体如何作用于其视觉的经验，因而他没法凭视力来区分二者。在他的理解中，经验的主体仿佛是一个大都市，五种感觉经验中的每一种就像是城市里的一个终点站，但却没有一个将这些终点联结起来的某种地铁系统。因此，感知之间（像视觉和触觉）任何一种综合性的相互关联在他看来都是成问题的。康德式的想象力（Einbildungskraft）提供了在洛克的经验论中阙如的地铁系统。于是，想象力可以让原先看不见东西的盲人在头一次看到这些形状时认出哪个是立方哪个是圆球。

赫伊津哈在与19世纪有影响的哲学家弗里茨·贝希特尔（Fritz Bechtel, 1855—1924）的讨论中提出了他自己的通感理论，贝氏曾经探讨过与洛克在两个世纪前所提出的问题相似的问题。[10]洛克讨论的是立方体和球体，而贝希特尔处理的是视觉和听觉。用贝希特尔自己的例子：我们是不是会将鼓声与红色而不是任何别的颜色联系起来？如果是这样，为什么？贝希特尔的回答是肯定的：存在通感这样的性质，从而鼓声跟红色的确有其共通性，令我们将它们联系起来。这里所说的性质在于二者都是**穿透性**的——这可以解释它们通感上的亲和性。

赫伊津哈同意贝希特尔所说的这一切，但他认为贝氏的论证不令人满意。他作出的论证如下。当说明通感时，贝希特尔要求我们考虑一组声音和一组色彩，每次从一组声响中听一个声音

---

9 莫利纽克斯提到的盲人是英国数学家桑德森（Nicholas Saunderson, 1682—1739）。

10 F. Bechtel, *Ueber die Beziehungen der sinnlichen Wahrnehmungen in den indogermanischen Sprachen*, (Weimar 1879).

和从一组色彩中看一种颜色时，我们在纸上记下一个最能把握我们的经验的形容词。尔后——依他之见——我们会发现，形容词"穿透性的"同时被用于鼓声和红色。

赫伊津哈认为，以这一方式，通感现象仅仅是**被确立了**而非**被解释了**。贝希特尔的确对通感进行了经验探究，但却从没有问自己如何解释他所观察到的素材。为补救其不足，赫伊津哈建议用纵向方式替代贝希特尔的横向方式。贝希特尔的方式可以被描述为横向的，因为他满足于观察到大多数人会将形容词"穿透性的"跟红色和鼓声联系起来——他由此将二者相匹配。而赫伊津哈则偏好纵向取径，其观念是，我们（及语言）可以**贴近**或是**背离**横轴上的世界。在贝希特尔的例子中，通感指的是一个（贯通性的）经验，设其为 E，这是红色与鼓声共有的经验。**因而，E 将我们归约到这样一个阶段，此际，感官经验尚未分裂为声音和色彩，因而处于纵轴上，较之声音和色彩经验更贴近实在。**E 始终且普遍存在于我们关于世界的经验中，只是我们从未注意到它，我们总是将自己的感觉经验整齐切割为关于声音、色彩的感觉以及嗅觉、味觉和触觉。只有当我们试图（纵向地）解释通感时才骤然开始意识到它的在场。最后，注意到我们将形容词"穿透性的"与红色及鼓声联系起来——但不存在我们对 E 会同样这么做的先验理由——这终究不是关于色彩与声音的独立经验，因而必须与它们区分开。因此，为描述经验 E，我们需要与"穿透性的"不同的**另一个词**。赫伊津哈为此所建议的词是"强烈的"（在荷兰文中这个词为 fel）。

赫伊津哈由此得出一些惊人的结论。首先，"强烈的"一词能表达贝希特尔的"穿透性的"所不能表达的东西：它将我们带到这样一个经验层面——通感的层面——在此，声音和色彩之别尚未发生。这很明显，因为"强烈的"表达了我们关于声音和色彩的经验的共通之处。由此可见，我们可以将"强烈的"和"穿透性的"这样的词范畴化，它们或者是更**贴近**实在（"强烈的"）或者**没那么贴近**实在（"穿透性的"）。换言之，"强烈的"较之"穿透性的"暗示着关于世界更为直接和当下的经验。

我毫不犹豫地赞扬这是一个最为革命性的发现，因为，没有一个语言哲学家曾经用通感（或任何其他语言的属性）支持我们必须区分语言的不同层面这个有趣主张，将自然语言中某些词汇较之其他词汇更切近世界这样的主张合法化。有一个准纵向轴，在其基础上可以衡量我们所使用的语言是更贴近还是疏离实在。事实上，在当代语言哲学框架内，所谓"更贴近实在"或"远离实在"这些短语如果不是胡扯也是没什么意义的，虽然归纳主义者对此仍然怀有一定的乡愁（但是，没有一个正常的人会把赫伊津哈关于通感的思辨跟归纳主义命题联系起来）。

同样令人称奇的是以下内容：当用"强烈的"替代"穿透性的"时，赫伊津哈同样坚持"强烈的"是一个情感词（stemmingswoord，即表示特定情绪或情感的词）。[11] 在这一背景下，我将回忆 O. F. 博尔诺在其相关论题的著作中提出的关于情绪和情感的理论。博尔诺在此主要的（海德格尔式）主张是，情绪和情感都是既不主观又不客观的；它们将我们带到一个先于主观和客观区分的阶段。与诸如担心、爱和恨不同，它们是非客观的，因为它们带我们所到

---

11 关于在我们与过去的关系中情绪或情感所扮演的角色的进一步探讨，见我的 *Sublime Historical Experience*; 306—312。

的是一个可辨认事物的轮廓尚未形成的阶段。它们是非主观的,因为我不可能说这些情绪或情感是我的;与此相反:这些情绪或情感拥有我们,可以说大于我们本身。我们处于这样的情绪和情感中,但它们却不在我们中。博尔诺援引 S. 斯特拉舍如下:"在情绪一词的正确意义上,这里根本没有'我',没有客体,也没有自我和世界中的客体之间的界线。我们毋宁说:自我的界线以一种特定的方式变淡和消散。自我和世界被嵌入在一个不可分割的经验整体中。情绪是关于自我和世界二者的经验。"[12]

回忆一下前此章节中关于过去和现在的距离是如何由先于二者的情境中显现出来的论点。在神话、崇高历史经验和我所称的个体性历史经验中,这一原初的统一破裂,过去和现在间的区别进入存在,从而历史客体让自己成为整个史学学科(对应于集体性崇高历史经验)或个体历史学家(对应于个体性历史经验)的研究对象。由此可见,赫伊津哈所诉诸的情绪或情感暗示了这一原初阶段——过去与现在的区别再度消失。依照赫伊津哈,我们可以言及与过去的直接接触——不是因为过去和现在此际无限接近于彼此,而是因为我们暂时回到了那个原初阶段,在此现在和过去尚未分离开来——因而二者之间在此不可能有任何距离。

五 《中世纪之秋》中的历史经验

虽然赫伊津哈从未回到这一专题论文计划,它为其后来大量关

---

12 见 O. F. Bollnow, *Das Wesen der Stimmungen* (Frankfurt am Main 1941), 40, 41。

于历史和史书——他称之为"历史感知",我在此称之为"历史经验"——的著作提供了一个背景。更重要的是,它为我们更好理解其主要著作《中世纪之秋》提供了一个平台。这本书的开头是这样写的:

> 在一个比现在年轻五百岁的世界,所有事物的轮廓比今天呈现在我们面前的清晰得多。痛苦与欢乐、逆境和顺境之间的对立都显得更为突出。所有的经验在人们心目中仍然有着孩子生命中的痛快和疼痛那样的直接性和绝对性……我们今天几乎不能体会到一件皮衣、壁炉中烧得旺旺的火、柔软的床、一杯酒从前带给我们的真切感受……进而,生活中所有事物都具有骄傲或冷酷的公开性。麻风病人敲着他们的拨浪鼓列队行进,乞丐在教堂展示他们身体的残疾和悲苦……处决与其他司法行为,沿街叫卖,婚礼与葬礼,这些都由号啕和队列、歌曲与奏乐来宣示……静寂与声响,明与暗,就像冬与夏之间的差别都比我们今天生活中来得更强烈……所有事物都以强烈的反差和深刻的形式将自己呈现给我们,给日常生活增添兴奋与激情的气氛,在绝望和漫不经心的娱乐、残忍和仁慈之间产生不断的波动,这构成中世纪生活的特征。[13]

在这些段落中,过去与现在之间的差异——**距离**——被浓墨重彩地加以强调。赫伊津哈将这本书的第一章标题定为"生活之烈"[14]

13　J. Huizinga, *The Waning of the Middle Ages. A Study of the Forms of Life, Thought, and Art in France and the Netherlands in the Fourteenth and Fifteenth Centuries*. Trans. F. Hopman (London 1990), 9, 10.

14　在郝普曼欠佳的英译"The Violent Tenor of Life"(生活的强音)中,"猛烈"(fierceness)的通感性质被丢掉了。

（在荷兰文中，原文为"Levens felheid"）也许不是偶然的——在他的专题论文计划中，他正是用这个词解释语言的通感潜能。我们可以猜测，他有意要发掘"强烈的"这个词的通感力——这是他约二十年前就发现的——以便将读者引到现在与过去之间的纵轴上，这将强化我们关于过去的经验。

然而，现在可能有人会反对说，**强烈**是赫伊津哈在这里提出来刻画中世纪本身特征的——而**不是**描述我们如何与那个时代相联系的。我打算顺着这一反对意见的思路走，但有两点保留意见。首先，恰恰是在历史经验探讨的背景下，"中世纪本身特征"和"与那个时代相联系"这二者之间的对立开始消失。如同本章讨论所示，历史经验关注我们如何与过去相联系的问题，这一联系只能依照这里所说的过去的特征加以表达。因此，正是在这里：赫伊津哈以对生活的强烈性的言说开始他对我们如何与中世纪样式的生活相联系的有力探究。他是怎样做的？通过告诉我们中世纪最突出的特征。的确，除此之外赫伊津哈手上还有什么牌？除了绘出自己眼中最突出特征的意象之外，想要描绘中世纪晚期生活的历史学家别无可为。

其次，当我们仔细阅读《中世纪之秋》，就会发现赫伊津哈有特定的一组词，他喜欢用它将读者拉入语言和世界通感关系的纵向轴，而这通常是易于产生关于过去的历史经验的。除了"强烈的"之外，你还可以想到像"高""沉重""锐利"这样的词，以及尤其是所有关于色彩的词（我们将在下一节回过头来谈它）。在他的文章中不容易发现关于其用词的一个什么系统，虽然曾经有人指出过，赫伊津哈用词偏好的共同特性是，在剥去语言往抽象走的倾向的同时，发掘语言将自身隐没在所描绘实在的样貌背后的全部能力。依照我们在第四、第五章的论证来阐述，赫伊津哈在他的著作中用语言的表现性用法代替指称性用法。指称性使用似乎有分裂主词和谓词的抽象之过，而语言的表现性使用则充分尊重二者的统一，从而给我们以经验的具体性。在这里，我们可以辨识出本章所探讨的个体性历史经验与第四章引入的表现——以及样貌概念——的关联。

在前面章节中，我们分梳了赫伊津哈在其专题论文计划中关于色彩词的思辨的两个维度：通感以及认为像"强烈的"这样的通感词表达的是特定情绪或情感的观念。现在让我们回到这第二个维度。它是在《中世纪之秋》的导言中宣示的，在那里，赫伊津哈告诉读者他写作这本书时的情绪："当我写着这本书的时候，我的目光仿佛被引向夜空的深处——但这个天空一片腥红，愤怒地伴随着不祥的铅灰，满是成色不真的铜光。"[15]

在此应提出以下数点。第一，这里提到的段落事实上是用一句话概括了整本书。它比任何其他的单个句子都更好地捕捉了这本书在它的（有见识的）读者那里造成的印象，以及这本书的精华所在。它将中世纪晚期那个粗暴和野蛮世界的综合体呈现给我们，赫伊津哈眼中勃艮第王朝炫目的光彩及其高康大*式的盛宴、最骇人听闻的政治罪行，以及极度世俗化与极端虔诚。所有这些

---

[15] J. Huizinga, Herfsttij der Middeleeuwen, in id., Verzamelde Werken III. Cultuurgeschiedenis (Haarlem, 1949), 3. 遗憾的是，在我熟悉的赫伊津哈此书的英译本中没有这段序言。

* 高康大（Gargantua）系文艺复兴时期法国作家拉伯雷讽刺小说《巨人传》中老饕主角。——译者

不同的事情都在对这一怪异夜空的诗性描述中被放到了一起。如所周知，历史学家的任务本质上就是综合：历史学家必须能将过去的各股线索编织成协调统一的整体。第二，综合在此似乎融入通感：赫伊津哈常用来描述关于过去的通感经验的词——比如"腥红""不祥的铅灰色""成色不真的铜光"——所有这些都出现在一个句子里。历史综合在过去现象中辨识出共同特性，那些现象骤看之下就像色彩和声音离得那么远和那么不一样；同样地，通感也让我们发现像色彩和声音这样截然不同的东西的确有其共通之处。这是通过给出一个我们如何与世界间建立起联系并经验世界的纵向轴实现的，二者都可被投射在此轴上。因而，如果我们由关于世界的通感经验移向那世界本身，通感被存留下来——作为历史经验的潜在对象。第三，这把我们带到历史经验的真正秘密：被置于历史经验的纵轴后，我们就在情绪与情感的意义上遭遇过去——依我们与世界的关系遭遇过去，在此，就像我们在前边的讨论中看到的那样，主体（历史学家）和客体（过去）间的界限被消解了。将所有这些综合起来，我们就能解释——并证成——赫伊津哈关于历史经验及其本质的主张，这些主张一眼看上去即便不是断然荒谬也是非常奇怪的。

其含意是，进而言之，在历史经验中，饱受争议的主客观问题将丧失其意义：假如主观和客观之间的界限被清除了，关于这个问题还剩下什么？在下一章中我们会回到这个问题。

六 歌德论色彩经验

我在前面说过，赫伊津哈引入主观和客观之间的纵轴同时隐含着这样一个极为不合时宜的主张，语言跟在经验后边而不是相反。今天，每个人对此都会附和，其中声音最大的是语言转向的追随者。但这将意味着什么？语言如何可能在经验之后？而这却是歌德1808年的《色彩学》(*Farbenlehre*)令人吃惊地对我们大有帮助之处。[16]

无可否认，没有人会有一刻认真对待歌德的说法：认为他的《色彩学》给出了与牛顿的光学不同的另一选项。但我们可以像下面这样来读一读歌德。有色彩存在——而我们可以做两件事。我们可以——跟牛顿一样——确立不同色彩光的物理属性，以及这些属性在我们视网膜上产生的效果。这一策略的成功当然是无可争议的。但我们也许也该问问自己我们是如何**感受**色彩的——对特定色彩的感知会带给我们什么样的经验状态。这个问题跟牛顿的光学显然毫无关系。其次，当我们要求光学将经验状态放进语词时遇到的是什么样的语言困境？诸如此类的问题不能归结为牛顿所问的那些问题，正如我们的意识状态不能归结为我们的神经生理器官（假定关于身心问题的当前共识是正确的）。

歌德声称，那么，在色彩和我们用以表达色彩感受的语言之间的关系是系统地不确定的（在牛顿的那里，当然没这么回事）。关于色彩的经验在那儿——就像经验所可能有的一样清晰和界定明确——但我们只能摸索和尝试着让语言捕捉经验，在这方面从来不可能功德圆满。特别有趣的是歌德对我们如何令语言完成我们想要它做的事的刻画：

16　J. W. von Goethe, *Theory of Colours*. trans. C. L. Eastlake (London 1840).

第十章 经验（二）

这样一种便利的语言的必要性和适切性——在此，基本符号表达现象本身——通过扩大例如极性一词的运用得到恰当的欣赏，这个词是从磁铁到电子和电容那里借用的。可以用来替换它的正负被认为适用于许多现象；即使是音乐家，也许从来不让自己为那些其他东西烦恼，也自然地被引致用大［调］和小［调］来表达旋律模式上的主要区别。（757）对我们自己来说，我们长期以来一直希望将极性这个词引入色彩学说中。（757）[17]

为公正对待我们关于色彩的经验，我们得依赖极性、差异，以及不同色彩之间的差别。没有"纯粹的"色彩，有的只是像红—黄、红—蓝、蓝—红、腥红、不祥的铅—灰，以及成色不真的铜光——仅举几个赫伊津哈的例子，这在当下的背景中是相当恰当的。歌德长篇大论地描述了这些色彩的一些混合。但在这里从来没有语言和经验之间自然、固定和不可改变的联系，因此，唯一留给我们的选择是开始可以说用语言绘图，尝试找出最贴近经验的语词组合。在此，经验是主人和大师，语言则上气不接下气地跟在经验后面，永远无法与经验比肩。总之，如果我们试图让语言做它应做之事，我们应该如歌德所坚持的依赖**别样的**色彩词汇，依赖描绘别样色彩的语词。在此，他的论点跟我们在第七章中论意义的观点显然是一致的。与某一历史表现的意义依赖于另一这样的表现一样，色彩词的意义依赖于其他色彩词的意义。在这两种情况中，真理从来不是（最后的）裁断者。真理只有当

17　J. W. von Goethe, *Theory of Colours*, 303.

意义已经符号化且除去了其基本的不确定性时才得以出场。

歌德的色彩理论在被叫作"色彩忘名症"（color anomia）的毛病中得到了最受欢迎的经验证实："忘名症的患者通常被要求完成辨别色彩的任务，但却没法说出颜色名，或依测试者说出的颜色名指认对应色彩。色彩感知和色彩辨识是不同的。"[18] 因此，患者在感知颜色上没有问题：他们能像我们一样感知色彩。他们不是色盲。但他们无法系统地说出自己所看到的颜色的**名称**，因为不存在能一目了然地确定我们的色彩经验及其词汇之间关系的样本——像是"正方形"和"圆形"那样的。当我们向某人解释什么是正方形和圆形并向他展示了样本，如果他仍然不能正确地辨认正方形和圆形，那我们只能说他在感觉能力方面一定出问题了。

但是，色彩忘名症患者在相关的感知能力方面一点都没问题。他们的问题出在从色彩**经验**向色彩**词汇**的转换上。他们不能将自己所在的文化中所使用的色彩词汇成功内化到自身中。他们的毛病因此不是认知性的，而是文化性的。他们至少就人类文明的这个方面而言就像一直生活在卢梭式的自然状态中。所有这一切都表明，我们用以表达色彩经验的语言一定不知怎么回事是极端和无可救药地有缺陷的——这也就是为什么对有些人来说它是没法学的。但是，我们关于色彩的语言的这一缺陷不应被当作意味着语言在指称完满性上的失败，后一方面是关于正方形和圆形的语言（以及由牛顿发展出来的谈论色彩的语言）所擅长的。那将会是一个过于规范性的反应；问题不是关于色彩的语言应该像关于

18　见 http://www.nanonline.org/nandistance/mtbi/ClinNeuro/agnosia.html。

正方形和圆形的语言那样在指称方面应用无碍，而是在我们言说自己（关于色彩）的经验时牵涉到与言说正方形和圆形时不同的逻辑。在**这一**逻辑中，语言必须放下其前此的所有骄傲和传统上的傲慢；它现在显得是其至上主人——经验——的恭顺仆人。

色彩是世界最为普通的样貌之一；色彩永远围绕在我们身边，看上去根本没有藏着什么秘密。因此，如果语言会在这么简单的一个现象面前绊跤，我们对它在其他方面所能做到的事情也不免信心不足，尤其是当经验，或者不如说以上提及的经验状态进入视野。这种自信减损在我们跟文化、艺术、诗歌、音乐、情感——以及，对了，历史打交道时最可能发生。赫伊津哈在表达其关于中世纪的历史经验时如此倚重色彩语言并非偶然。

七 经验与表现（色彩及形状）

这显然提出了关于表现与色彩经验之间关系的问题——如何将我在本书第一章中关于（历史）表现的阐述与上一章关于经验的论述以及本章中赫伊津哈的建议联系起来的问题，以及如何在色彩经验的基础上刻画我们关于过去的经验的问题。

维特根斯坦在他的《哲学研究》中论及色彩时写道："有人告诉我：'我看着花，但心里想着别的事情，并没有意识到它的颜色。'我理解这句话吗？——我可以想象一个有意义的上下文，把他的话继续说下去：'然后我突然看到它，意识到它就是那个……'或者：'假如我当时转身走开，我将不可能说出它的颜色是什么。''他视而不见。'——有这样的事情。但这种事情的标准是什么?——好吧,它有不同的样式。"[19]显然,维特根斯坦在此考虑的是色彩与形状之间的关系。他的观点明显是形状先于色彩:我们可能记得看到一朵花,但却没有注意到它的颜色。这与我们关于色彩和形状关系的直觉是完全一致的:可能有色彩而没有色彩所附的形状吗?换言之,我们可以说"形状的颜色",但短语"颜色的形状"一眼看去似乎没法理解。我们觉得这是反直觉的,因为我们发现,很难想象如何指谓色彩的形状。想必你必须**首先**有特定的形状,然后它才可以有特定的颜色?色彩终归总是像洛克所说的那样是第二性的质[*]。

但是,我们只需要看看绘画史以确认,维特根斯坦的这一观点只是关于形状与色彩的全部真理的一部分。D. 邦福德区分了西方艺术中色彩使用的三个阶段。他从切尼诺·切尼尼[**]1390年的《艺者手册》(*Il libre dell'Arte*)开始,在这本书中,切尼尼建议画家对织物使用一种基本颜色,然后逐渐用白色使它变淡,过渡到亮的区域。在第二个阶段上(与这个阶段相联系的是阿尔贝蒂1436年的《论绘画》),基本色与白与黑色相混合,以从亮区中分出阴影部分。这就是所谓的明暗对照法。[20] 在我们转到第三阶段

19　L. Wittgenstein, *Philosophical Investigations* (Oxford, 1974), 211.

*　根据洛克的观点,第一性的质是与物体不可分的性质,像大小、形状、组织等;第二性的质并不是对象本身中的性质,而是第一性的质在我们身上产生颜色、声、滋味等各种感觉的能力。——译者

**　切尼诺·切尼尼(Cennino Cennini, 1370—1440),文艺复兴时期意大利画家,写作了文艺复兴时期首部关于绘画技术的论著即《艺者手册》。他的绘画作品现已失传。——译者

20　D. Bomford, "The History of Colour in Art", in T. Lamb and J. Bourriau, *Colour: Art & Science* (Cambridge 1995), 18—38.

第十章 经验（二）

之前，有两点重要的观察可以提出。正如从关于切尼尼和阿尔贝蒂的建议的这些话中可以看得很清楚的那样，在此我们得想想笔触和色彩是怎么被用来表明衣物的形状，或者是不平整的表面的。这些形状不同于单一事物本身，只是由画家在绘画（或表现）中通过色彩的处理给出的事物的样貌而已，或者，更准确地说，通过绘画中——借用第四章中引进的术语——所呈现者（presented）给出的样貌。没有与这些形式一样的可确定的存在物——正如，再一次说，没有跟"板中央"或"平均纳税者"这些我们在讨论指称的章节中说到的概念相应的可确定的存在。然而我们有形状。这一形状不是衣物、织品或表面的形状，而是色彩或笔触的形状。

然而，可能会有这样的反对意见，指我在此混淆了色彩的形状与织物等等的形状，这由色彩是如何被使用的暗示出来。这把我带到我的第二点观察。正如切尼尼和阿尔贝蒂的建议所清楚表明的，形状是通过将白色和/或黑色加到一个基本色上进入存在的，并且它们是通过（同一）**颜色**的变异被整合起来的。当同一色彩的阴影部分被运用来表示明暗，形状就出来了。但是，如果事情是这样，什么还可以被当作是复归于所有色度与浓淡中的原始色，这一色彩可以在此被呈现？它现在就像在音乐中，在特定的主题上我们可以有无穷的变奏却用不着主题本身。色彩于是只存在于其播散中；其核心，或本质已然不在。形状于是跟在色彩后面而非相反（如同维特根斯坦所论证的）——不再存在一个作为不变形状的本质，对之可以给出特定色彩。这可以为色彩的形状这一看起来荒诞的用语提供合法性辩护：色彩被用于表达呈现在自身中的形状。

由此同样可以得出，我们必须对17世纪著名的鲁本斯派和普桑派间关于**色彩**对**线条**的论争作出有利于前者的决断。根据鲁本斯派的观点，**色彩**决定**线条**或形式，而非相反。鲁本斯的追随者对前面段落中探讨的色彩的形状概念会表示欢迎。他们会同意柏拉图在《美诺篇》中的论述："只要考虑一下你是否接受对它的这一描述：形状，让我们说，是始终随着色彩而被确立的唯一存在之物。"[21] 如果我们转向西方艺术中色彩使用的第三阶段，**色彩**对**形状**的优先性就变得更清楚。听听帕尔马·乔凡尼对老提香在比如"阿克泰翁之死"这样的画作中的工作的著名解说：

> 他通常在他的画作中用大量色彩打底……然后他往往把画翻转向墙，不再去看它们，有时一放就是几个月。当他想再下笔时，他会以最大的严格性审视它们，就像它们是他的不世之仇那样，看看是否能找出什么破绽。然后他慢慢地处理那些形状，在最后阶段，他更多地用手指而不是画笔作画。[22]

色彩的形状在此不再仅仅在衣物、织品或表面的形状上，而是在绘画的构图本身中呈现自身。所有的构图形象——比如所描绘的那些人、树木、花草、风景，等等——现在都变成是出自绘画的色彩，并且是对色彩的形状的表达。这就是西方艺术史上由提香开创的阶段，这个阶段从他以降，中经鲁本斯、华托、弗拉戈纳尔以及瓜尔迪，直到印象派的莫奈和塞尚。在所有这些画家

21　Plato, *Meno*, 75 b.

22　转引自 Bomford, *History of Colour*, 21。

的作品中，色彩先于形状，画作呈现给我们的可以说就是绘画色彩的形状。[23]

带着这些我们回到赫伊津哈。首先，就在给出他关于历史经验（或感觉）最精心的解说之后，他提出了他所说的"历史形态学"（historical morphology），一种关于历史的式样的学说："伟大的文化史学家，在缺乏任何清楚界定的方略的情况下，一直就是历史形态学家：生活形式、思想、习俗、知识与艺术的探究者。他们的成功可以通过其对这些形态的界定的清晰性加以衡量。"[24] 不过，他接着补充，彻底的清晰是永远没法达到的，文化形态如他所说始终是"一模糊之事"。进而，他明确警告，试图赋予那从来不能被实际赋予的确定性是危险的。首先存在着这样的诱惑，想通过其心理学化来确定历史形态。但赫伊津哈坚定地拒绝任何这样的尝试，因为历史形态始终属于人类个体*之间*的场域，而非人类个体的场域或他们的心理的场域，不论这里的心理是怎么回

---

23 正如莫奈对他的传记作者佩里（Lila Cabot Perry）所说的那样："[当]你走出去画画[的时候]，试着忘掉你面前的对象，一棵树、一间房子、一片田野或什么。仅仅想这里是一个小小的蓝色长方形，这儿是粉红色的椭圆，这儿有一片黄色的条纹，就按你所看到的画，准确的色彩和形状，直到它呈现为你面前景色的质朴印象。"转引自同上，24。

24 J. Huizinga, *De taak der cultuurgeschiedenis* (Groningen, Meth., 1995), 77. 同时想想《中世纪之秋》的副标题"14、15 世纪法国与尼德兰生活与思想**形态**研究"[重点号作者所加]。赫伊津哈的形态概念跟卡西尔的象征形式不应被当作是一回事，后者实际上是康德先验唯心主义的社会学化。赫伊津哈的形式与其说是基于客体（历史实在本身），不如说是基于主体。对于赫伊津哈来说，具有决定意义的是他最亲密的友人乔勒思（André Jolles）的 *Einfache Formen* (Halle 1930)，此书将整个文化生活归结为 9 种基本形式，比如传说、神话、谜语、谚语、童话、笑话。见 W. E. Krul, "Huizinga's definitie van de geschiedenis", in J. Huizinga, *De taak der cultuurgeschiedenis*, (Groningen 1995), 306。

事。²⁵ 其次，文化历史学家必须在所有时间里避免将历史形态具体化为各种神话，像斯宾格勒在其《西方的没落》中所做的那样。诚然，如该书副标题"世界历史形态概述"（*Umrisse einer Morphologie der Weltgeschichte*）所示，斯宾格勒同样想要依照形态把握人类历史——也就是他在人类历史中区分出来的自人类童年以来的五大文明。然而，在他这里，形态不再是从过去自己向我们的呈现中产生出来的，而成了一张过去本身必须依之削长补短的普罗克拉斯提斯床*。斯宾格勒将"拟人的形态学"投射到过去身上：也就是说，他肯认给予历史抽象或形态（诸如资本主义、人文主义，以及革命）以准人类行为者的能力。²⁶ 这就是赫伊津哈对斯宾格勒的批评。

这样一来，一个禁区被跨越了：形态于是被当作先于历史研究给予我们之物，只等用历史资料来填充。**色彩**（colore）在此被**线条**（disegno）所取代。与之相反，在提香的"阿克泰翁之死"中，阿克泰翁的形态——半人半鹿——是从围绕着他的色彩中生成的，或仅仅是通过色彩被我们看到的。尔后我们进入个体事物的场域，并以色彩为其第二性的质。色彩的形态此际让位给形态的色彩。但重申一遍，赫伊津哈在其形态学里心中想的是前者："[历史学家]不仅在线条中包含了他所设想的的形态，并且还以可见物的具体性为之着色，令线条充满可见的迹象。"²⁷

---

25 Huizinga, *Taak*, 75.
* 普罗克拉斯提斯是希腊神话中开黑店的强盗，传说他劫持旅客后使身高者睡短床，斩去其身体伸出的部分，使身体矮小者睡长床，将其身体强拉到与床同长。——译者
26 Huizinga, *Taak*, 79.
27 同上书，76。

这就是你称之为过去的色彩的东西,历史会在其中向文化史家揭示其自身。赫伊津哈一再强调关于过去的色彩经验是一种形态经验,这清楚表明,这一经验是关于色彩的形态而非形态的色彩(像小孩在树、房子、狗等东西上涂颜色那样)。用斯宾诺莎的术语来说,形态在此是**产生自然的自然**(natura naturans)而不是**被自然产生的自然**(natura naturata),*这话用在这里格外合适。但这样的话,它可能会让我们离后者越来越近。

在第六章第二节里,我将样貌说成是少于事物但多于性质的东西。事实上,认历史形态为历史经验的潜在对象,我们一下触及了样貌与事物之间的边界——边界兼有二者的特征,因而样貌在此处于成为客体或个别事物的临界点——但却从未真正超过那个临界点。而这也是表现与描述相互无限接近之处,虽然,吊诡的是,它们的交集点并不处在所想象的将表现与描述尽可能直接地联结起来的那条线上(像你会预期的那样),而是双方彼此相离最远之处,即历史经验的场域。同时,我们在此发现了表现与第七章末尾所讨论的命题真理之间的临界点。

八 经验主义者与历史经验

很清楚,牛顿的色彩理论揭开了歌德的一个旧疮疤;他跟牛顿的斗争因而远远不只是色彩理论本身的问题。牛顿色彩理论令

---

* 斯宾诺莎《伦理学》中的观点,natura naturans 指实体和属性,因为它们是由自己说明的。而 natura naturata 则指样式,它们是从实体和属性来的,必须由后者来说明。——译者

歌德困扰至深的，是现代科学中他始终厌恶的一点——即科学是如此轻易地用新的概念替代了先前的经验概念。

在波义耳的以下论述中可以找到现代经验概念由之被最好地概念化了的发源地："经验只不过是理性的助手，因为它的确为知性提供信息，但知性仍然保留其判断，并且有权力或权利审视以及使用被呈现于它的证据。"[28]

的确，经验主义者始终就是这样理解经验的，直到今天。很清楚，这就是这种经验概念跟我们在讨论赫伊津哈及歌德时所碰到的经验概念不同之处。在经验主义中，理性是主人，经验则是其恭顺的仆人；它只不过告诉主体自然在回答理性所提出的问题时说了些什么。如果我们没有问题要问，则经验也就没有什么可以对我们说的。它的角色从根本上说是被动的；在经验主义中，我们从来不像在生活中那样被经验所淹没或者被经验素材不愉快地触动，在生活中，我们被迫不断以这样那样的方式适应我们无法预见的经验。经验主义者的经验是完全被驯化和删节了的经验变种，没有现实生活中经验不可预见的惊恐和欢娱。

从波义耳到今天几乎没有什么改变。虽然今天很少有哲学家会说自己是经验主义者，波义耳的理性和经验的管制方式几乎被普遍照单全收，即使是在那些对经验主义传统抱有敌意的哲学家那里也是如此。无论波义耳式理性的角色是由主体概念扮演，或是由语言或理论概念扮演，经验始终对理性与其各种继任者保持同样的臣属地位。用当代哲学的词汇表达，如果说只有一件事是

28　R. Boyle, *The Works of the Honourable Robert Boyle*, vol. 5 (London, 1672), 171.

所有当代哲学家，不论属于什么流派，都同意的，那就是语言支配经验，而非相反。关于经验也许先于语言的观点遭到各个哲学家的拒斥，从塞尔对"给定物神话"的摒弃，奎因对经验论两个教条的攻击，戴维森的整体论，贡布里希对"清纯目光神话"的批评，经验事实的理论负载学说，罗蒂"语言无处不在"的口号，到德里达对"在场的形而上学"[29]的谴责。并且，你还可以想出更多的例子。西方哲学具有理性主义的特质，你甚至可以在即使是明确质疑理性主义的哲学中遭遇到它，想想当代语言哲学就可以了。

其次，波义耳的陈述让我们意识到经验主义的经验概念的又一个特征，即其假设有一个理性的心灵（被称为认识主体），它提出关于其所探究的世界（认识的客体）的猜测。在主体与客体间没有交集。假如主体开始探究它自身（比如医学、脑科学或心理学），我们应该将自我的这些方面视为是包括在客体世界中的存在。最终，这一经验自我或者说主体将收缩为一个先验的自我，仅仅是认识的可能性之条件，关于它（如同这一名称所表明的）的经验认识是不可能的。

由这一解说可以引申出两件事情。第一，经验始终被置于主体与客体之间，且与二者均不发生重叠。经验与客体之间没有重叠，因为客体不具有经验能力。第二，虽然经验能导致主体处于命题状态（sentential state），但经验本身却永远不会是主体的一部分。将经验与主体命题状态相混淆（用康德的术语说）将会是对经验概念不恰当的先验运用，不可避免要导致唯心主义，因为这样一来主体

---

29 关于这一概念的介绍，见前面章节。

将会是其自身经验的原因。因此，当经验主义哲学家达致其论证的逻辑结论，主体与客体的严格分离将成为现实：这与先验自我和世界之间的分裂是一回事。换言之，主体和客体将更加趋近彼此，最终仅仅是被哲学范畴给隔开了。正如叔本华关于主体和客体所说的那样："它们拥有共同的边界：客体开始之处，主体终止。"[30]

现在，如果经验要被置于任何地方，除了在主客体之间，还可能在哪里？难道经验不是主体所拥有的关于在其之外的客体的经验，从而是二者之间的桥梁，关于世界的资料由此被带入主体的内在密室？可是，假如主体和客体彼此直接各自为界（叔本华所谓的**无中介的**），假如二者间的边界最终变得像先验自我和世界之间的边界那样缥缈——那留给经验的还剩下什么？所有的空间都被主体和客体吞没，结果是经验会在二者之间被挤碎。于是这看起来得出，如果经验主义的意味被想到底的话，经验主义的经验概念实际上不得不被抛弃。不存在这样的经验，其所包含的要素不可以被归结于主体或是客体。对于西方哲学——就其从科学导向的经验主义汲取灵感而言——始终对经验本身的关注如此之少我们一点也用不着惊讶；如果说它依经验主义者的要求成功地将认识与世界联系起来，它之所以能做到这一点，靠的毋宁是我们与这个词之间令人愉快的关联，而非任何坚实有力的论证。经验主义是这样一种哲学立场，它只是以不融贯为代价才能保持与经验概念的联系。

在史学中，经验有更牢靠的地位。首先，与在经验主义中理性、主体和语言是主宰而经验是它们恭顺的仆从不同，在史学中

---

30 A. Schopenhauer, *The World as Will and Representation*, trans. Judith Norman, Alistair Welchman, and Christopher Janaway, vol. 1 (Cambridge 2010), 26.

第十章 经验（二）

情况正好相反。在关于赫伊津哈的部分里我们看到，他依照通感来模范历史学家的语言与过去之间的关系，于是，语言是随着经验（的强度）之变化而变化，而非相反。赫伊津哈的大胆直觉被歌德的色彩理论和关于色彩忘名症的当代解说所确认。在此，经验是二者的能动伙伴，因此，主体、理性和语言得竭尽所能，以便能够跟上经验的步伐。

第二，如果说经验主义不可避免地终结于一方面先验主体或自我，另一方面实在的二分关系中，同时由此消除经验的生物群落，在史学中，如此赤裸裸的区别是不可能的。史学可以说是经验主义的它者，这意味着，历史学家会被忠告不要让自己被格式化为经验主义者。因为如我们所知——伽达默尔（从海德格尔那获得教益）甚至比我们所有人都更知道——我们是过去的一部分，过去也是我们的一部分。在历史和文化世界中，主客体之间的分野是典型地不稳定的，并且事实上是不可能界定的。你能说你自己"止"于何处，历史"始"于何处（或者相反）吗？历史之根深深植入我们心灵的最深处，不可能跟我们自己是什么和是谁完全隔绝。[31] 这样意义上的过去——在此我心目中的确有一个伸展到我们文明的特定根基处的过去——不是一个只有历史学家在他们的学术研究中才接触到的独立存在物，而是始终伴随着我们的伴侣，它甚至比我们的父母、妻子或丈夫，或我们最亲密的朋友离我们更近。它是我们的第二自我，我们整个一生都是与历史的持续战斗。主体（自我）和客体（历史）这两个概念从来就不可能

---

31 参见第一章第六节。

在彼此对立中被清楚界定——这当然不是有意要暗示它们不再存在，现在已经凝结为一个不可分割的整体。

但是，主体与客体的边界已然变为系统地不确定的，始终向修正与探讨开放。在现实生活中就是这样，一点不次于其在历史中的状况。在这两种情况下，经验拒绝被解释掉，在经验主义中这将是不可避免的。经验在此始终周旋于主客体之间；更准确地说，由于某些难忘的经验，主体会决定重新界定他或她自己以及客体的领域。经验甚至会变得如此突出——如在崇高经验的情况下——它将主体和客体都消减为不相干的。试想一下某人在四十多岁时候被医生告知罹患癌症，且只有两个月的时间去活：在这样一个时刻，主体在哪，客体又在哪？这时所有的只是听到自己的死亡判决时不可言喻的惊愕经验——只有在后来阶段上，当这个人试图描述其经验时，[32] 主体和客体才重新出现。这个人于是归结为类似人们在遭遇我们在前面章节探讨过的神话性崇高事件时的状态——虽然，当然了，这个人是从相反的方向到达这一状态的。在此，主体和客体消融在单纯的经验状态中，而在崇高历史经验中，情况是相反的。因为在那里，是经验状态分裂为主体（现在）与客体（过去）。

九　结语

我从所谓马格利特式的历史概念开始本章，这是一个大部分史学工作者——和兰克、库朗日一样——都会赞同的概念。我们

32　见我的 *Sublime Historical Experience*, 226, 227。

第十章 经验（二）

看到，这一概念可以被转换为坚持直接进入或与过去直接接触可能性的理论——在前面一章中这被称为历史经验。因此，我对历史经验的维护与历史学家们关于其专业的基本直觉是一致的，尽管他们在历史经验方面确实地表现出不情愿。但是，唉，语言转向揭示了马格利特式概念是个幻相——用准确的术语来说，是"关于错觉的幻相"。自海登·怀特以降，我们知道史学文本总是站在我们和过去之间，当我们错误地自以为**透过**文本看到过去本身，我们事实上**所看**的是史学文本，它无可变更地将过去从我们的注视中排除在外。

然而，我主要的论点一直是，语言转向并非关于过去与史学文本之间关系的终极话语。首先，这一问题从未真正列入在人文学科中所称的语言转向的议事日程中。正如我们在第六章第四节所看到的，在这个词的真实意义上，人文学科中从未真正有过语言转向。实际上，语言转向乃是关于语言与实在关系的理论。这是奎因、罗蒂和许多其他人在使用这个词时心中所想到的东西。但是，那个问题从未被语言转向的支持者探讨过，因为他们眼里只盯着文学或史学文本结构属性的变体。没有人会有片刻否认我们受益于对史学文本的这种关注：这是二次大战以来历史哲学中最重要的革命。但再说一遍，史学文本中的指称、真理和意义问题在此被抛在脑后。因此，说这是人文学科中的修辞转向要比语言转向更恰当。

换一种说法，与史学工作者从未看到史学文本不同，语言转向的拥护者们看到的只有**它**。但这是反应过度。因而，我们在此寻找两个极端之间的**中道**。这是我从第四章到第七章尝试去做的，我本可以在此就结束我的论证。但是，由于两个理由，历史经验的话题似乎同样值得稍许说一说——尽管仍然存在许多困难,并且这个问题在历史学家本身和历史哲学家中都缺乏人气。虽说历史经验在历史写作中的确只扮演一个非常边缘化的角色,它却侧身于历史写作的源头。要是没有原始的历史经验将过去与现在分割开来——不论历史经验的本质实际上究竟是怎么回事——就不会有史学这么一个学科。更重要的是,文明或民族生命历程中后来的事件可能引发对原初历史经验的部分重演。这会把历史写作拉到历史研究的潜在领域,否则这些领域将依然是混沌未开。

最后,我们探讨了个体性历史经验,不是由于对历史写作实践来说我们由此可以期待许多,而是因为它将在语言哲学中引进一个新的经验概念。经验的这一新的样式不同于流行的经验,因为这里的经验在语言与经验的关系中是最强的伙伴。作为这样的东西,个体历史经验同样可以对美学与语言哲学之间未来富有成果的合作作出贡献——哲学的这两个学科之间彼此冷落已经太久了。历史哲学于是成为二者之间的**中介**:经验联结美学与历史哲学,而语言则将语言哲学跟关于历史表现的反思联结起来。

第十一章　主观性*

一　引言

前一章中所讨论的关于历史的马格利特概念告诉我们当历史学家们说到史学文本的"客观性"或"主观性"时他们心中（隐含）想到的是什么；如果一个人在**文本**中跟他**过去本身**中看到的是一样的，那么，史学文本就是客观的。我们还发现，历史的马格利特概念有其特别的复杂性（对此我试图用历史经验概念以拯救之），这使得它较之日常这一类天真观念断然要有趣得多。有人可能会说，马格利特的概念仍然有其生命力，因为被（错误地）指称为"历史哲学的语言转向"的现象明显是对它的过度反应。

在本章中，我们将对客观与主观的问题作更深入的分析：这也许是全部历史哲学中最古老的话题，琉善（Lucianus，约120—约180）对此作了如下最有说服力的阐述：

> 历史学家的文本应该跟清晰、擦拭干净并且不走样的镜

---

* "Subjectivity"一词兼有主观性与主体性两义，本章以下在翻译中取主观性义，但根据具体情况，有时亦择机译为主体性。其对应词"Objectivity"亦此。——译者

子一样,依其所感应的样子给出过去的影像,对其形状和色彩毫无改变。历史学家所告诉我们的话应独立于其任意的偏好;过去的事件始终已然在那儿,它们已然发生,等着被描述……归根到底,他必须是一个有着自由灵魂的人,他对别人无所畏亦无所求。如果不是这样,他就会像那个不公正的法官,按照所付钱款决定他对案件的正面或负面判决。历史学家的义务是不得选边站,并依每件事所发生的样子做出关于它们的描述。[1]

大概在 2000 年之后,依照历史主义的观点,兰克对自己观点的表述与此并无二致——我们今天从根本上说对这个问题仍然是这样理解的。琉善的镜子隐喻明显是马格利特历史概念的异种。在这两个情况下所暗示的都是,有一个像镜子一样忠实呈现实在的再现界面,这样,我们不再能区分这一镜面所反映的东西与(过去)实在本身。

历史学家本身和历史哲学家始终十分了解这一论辩的利害关系。在史学史上,这个最为痛苦的问题一再出现,一个历史学家当作是客观真理(反映了客观历史实在的状况)的东西被其他历史学家谴责为主观思辨(反映的是历史学家的主观道德感受)。如同我们在前面一章里看到的,这一可悲的状况无药可救。因为,当我们将经验主义关于经验的描述跟与斯宾诺莎、维柯、黑格尔及赫伊津哈相联系的关于经验的描述对举时,我们发现,主观和

---

[1] 转引自 F. Wagner, *Geschichtswissenschaft*, (Munich 1966), 34, 36。

客观之间，以及语言、世界和经验之间的边界在史学著述的历史上和实践中都是不断流动的。那界定了历史学家之为人的东西——例如，他或她的道德信念——于是会穿越主观和客观间的界线。虽然说，这一界线是部分地被取消了，或没法被确定也许会更好。但不论何时发生这种情况，我们不再能指望真理与道德、客观性与主观性之间有一个严格和普遍接受的界线。这于是令我们无法继续停留在历史主义的理智基体内，这一基体是由科学主义观念引起的，它遭到伽达默尔的谴责。

这些介绍性的评论表明，如果主观性的史学被认为将史学家的某些东西或某些方面带进他对过去的描述，从而与过去本身不符，人们心里总是想到历史学家的道德与政治信念。[2] 如果历史学家被说成是主观的，这始终是因为他们的道德和政治规范和价值被认为钻进了他们的著述。但事情为什么是这样？为什么单单对道德和政治上的价值观感兴趣？显然，历史学家同样还会因为许多其他理由在他们的作品中现身。他们也许有特定的撰述风格，或者他们对很特殊的史学论题感兴趣，或者在其文本中表露出他们的愚蠢，由此我们一下认出了它的作者，又或者他是特定史学学派的门徒，等等。所有这些都可能是历史学家在其对过去的描述中现身的无误信号。更重要的是，另外的这些东西在历史学家的文本中常常比他们所接受的道德和政治信念更突出。

提出为什么聚焦于道德和政治价值观的问题就是回答问题。因为，还有什么解释比指出以下这点更可信服呢？所有那些其他因素明显远没有道德和政治以及价值那么令人担心。显然，比起

---

2 见我的 *Historical Representation*, (Stanford, 2001), chap. 2。

专注于风格、与特定论题的关系、纯粹愚蠢或学术门派等方面，在规范和价值方面将主体（历史学家）与客体（过去自身）分开要难得多。事情还可能怎么样？很明显，前面这些特点摆明了说的都是历史学家的事，过去实在本身并没有类似的特点。因此，我们一眼就能看出它们是怎么回事——无非主体的那些瓜葛——我们永远不会被诱使将它们投射到过去自身中。由于这一理由，从历史学家在其作品中努力达到客观性的角度看，这些都用不着特别担忧——就算我们同意海登·怀特的观点，它们在史学中出现的频率一点也不少于道德和政治价值出现的频率。[3]但这和道德、政治规范不同，后者同时存在于主客体两域。历史学家有他或她自己主张的道德和政治价值，但这些价值同样强有力地存在于过去本身中，甚至对过去本身是怎么样的有相当大的影响。[4]

因此，在追求对过去的客观描述的努力中，历史学家有充分的理由担心道德和政治价值甚于其他任何东西。这些价值是不可靠的，不是因为它们与过去完全**异调**，或者是历史学家将自己的前见明目张胆地投射于过去。事实上，恰恰相反——历史学家（正确地）对道德和政治价值表示担心，是因为客体（过去）跟主体的场域无限趋近于彼此变得难以区分的那一点。的确，一旦道德和政治价值进入视域，主体与客体的界分将变得无比困难；对于一个历史学家来说的客观真理对另一位历史学家来说可能只是一种主观价值—反之亦然。

更糟的是，从历史客观性这个羸弱理念的角度看，道德及政治

---

[3] 我这里所指显然是海登·怀特提出的喻义框架。
[4] 见第十二章。

价值甚至可能在**两个方向上都穿透我们以为将客体（即过去本身）从主体（即历史学家）分开的边界**。不仅历史学家可能被诱惑将自身的道德和政治观投射到过去中，活跃于过去的道德和政治价值同样可能侵入历史学家及跟他同时代的人的世界。例如，试想一下思辨的历史哲学。在此其观念是，如果我们关注历史，我们应该能够在其中辨识出特定的模式，并且，我们在道德上有义务为实现由该模式揭示的历史进程的目标做出贡献。作为历史存在者，我们参与到一种全方位的历史道德法则中，与这一法则保持一致是我们的道德义务。只有当我们愿意参与到那个法则中，自由和道义才成为可能，那些不愿意这样做的人将既不道德也无力量，正如斯多葛主义者所说的那样，**愿意的人，命运领着走，不愿意的人，命运拖着走**（*fata voluntem ducunt, nolentem trahunt*）。总之，在我们作为其部分的历史法则之外无道德性可言，我们除了拥抱历史为我们保存的道德和政治价值外没有别的选择。我们必须得出这样的结论：道德与政治价值具有消解史学中原本坚硬的主观性（历史学家及其世界）与客观性（过去自身）界限的让人吃惊的力量。

这对关于历史客观性的传统观点来说有一个奇怪的后果。我们已经注意到，传统上历史学家被要求不要把他的道德和政治价值引进其著述中，因为这可能会累及其客观性。但按我们现在应该肯认的看法，对历史学家的这一禁令是天真的，因为它不能公正对待这样的事实，即在道德和政治价值层面上，主体（历史学家）和客体（历史）之间的界限趋向于消融。在这一层次上，主体和客体之间的连续性开始进入存在，它阻止对道德和政治价值的成功客观化，后者是自韦伯以来许多理论家向我们推荐的方案。

我们没法像处理关于一场战争或一个和平条约的事情那样将这些价值客观化，因为，这些价值在我们自身中可能也有其未被觉察的精神支柱。虽然道德价值的客观化在许多方面也许是容易和完全没有问题的——对此毫无疑问！——我们越是接近我们自己以及接近于将自己所持的价值当成真理这样一种无可避免的倾向，客观化就越是困难。在这一脉络上，想一下什么被当作是"正常"的，在此，我们关于世界是怎样的信念跟我们关于世界应该是怎样的信念混合在一起。被我们称之为"正常"的东西经常作为一种在我们眼中事情应该是怎么样的规范。"正常"这一范畴是消除事实与价值之间分界的致命一击。在有关人类事务的探讨中，有什么范畴是比它更无所不在的吗？

将以上所说的这些纳入我们的视线，我们应该说，在关于历史客观性的传统观点中始终存在着悖论——我建议将它表述为"历史客观性的双重束缚"悖论。我把双重束缚定义为处于条件与标准之间的关系，在此，令某物成为 A 的条件与判定某物为 A 的标准二者是不相容的。设想一个母亲对她女儿说："随性些！"这时这个女儿有以下两种选择：(1) 她对其母亲的话置之不理，或是 (2) 她遵从其母亲的建议。但是，如果她做出后一个选择，她决不能满足她母亲的要求，因为，被强制的随性不是随性。因此，这孩子面临的选择是，要么不顺从，要么被力图随性（即随性的条件）和做到随性（即满足随性的标准）这二者之间不相容的双重束缚给制住。这孩子不论怎么做都是错的。[5] "随性些"是个无法遵从的要求。

---

[5] 双重约束概念是贝特森（Gregory Bateson）提出来的，目的是解释精神分裂症的发病机理。见 G. Bateson, "Towards a Theory of Schizophrenia", in *Steps to an Ecology of Mind* (St. Albans, UK, 1972)。

第十一章 主观性

现在，我们在关于历史客观性的传统说法中将遭遇如上所述的相同处境。历史客观性传统上被认为是要求历史学家在其关于历史的描述中避免道德和政治价值的困扰。然而，（如我们所看到的）由于道德和政治价值没法被客观化，历史客观性的要求将如下的困境置于历史学家面前。他可以决定满足这个要求——就像那个孩子决定让自己变得随性些。但是，一旦他试图满足历史客观性的要求，他就被强制达到一种断然是极其荒谬的主观性姿态。因为这时他不得不将自己从以上探讨过的过去与现在之间的道德连续性中分离出来。他于是得说他在哪里**缺席**——而正是这一自我否定将其自身置于舞台中央聚光灯下。于是他得将自己与他所研究的过去相对置——由此傲慢地暗示出一幅这样的图景：过去和历史学家多少是平等伙伴，要在二者之间商兑出某种认识论的交易。

这一我们通常将之与客观性愿望联系在一起的自我否定和自我约束，将吊诡地揭示出自身最明目张胆和乖戾的主观主义。客观主义于是将堕入某种否定或反转的主观主义，在此，主体通过可悲与自我贬抑的声称缺席的表白强调了自身的在场。这就像这样的情景，某人高声喊叫，"别看着我！我不在这！我不存在！"从而恰恰是因为所有这些高分贝的发声而极为成功地将大家的注意力吸引到他自己身上。说实在的，这一基于声称的自我消隐而来的自我扩张喜剧，在很大程度上包含着关于当代所谓科学史学（想想布罗代尔和他三十年前的那些门徒）的矫情抱负的真相。[6]

诚然，假如存在着将主体和客体分割开来的前定法则而不知为何被污损了，那么，将自己（即主体，历史学家）从过去（客

---

6 参见 P. 卡拉得：《新历史的诗学》(*Poetics of New History*)（巴尔的摩，1992）。

体)中剔出**也许会**导致那让历史客观性总是被赞颂的东西。的确,在**这种**情况下,我们也许可以求助于某种我们所喜欢的认识论,以将主体和客体分开,并将各自再安放在适当的位置上。然而,如果**没有**这种前定法则,如果在以上所界定的道德和政治价值层面上相反存在着主体和客体间的连续性,那就不容易设想一种较之任意在主客体间提出某种必要边界更为难以置信的主观主义。这里的悖论因而就是,在传统历史客观性观点之内,寻求客观性的最强努力将导致最惊人的主观主义变种。这一悖论显然满足我的双重束缚定义:在客观性的传统定义内,历史客观性的条件(即争取客观性的努力)与为实现历史客观性而提出的标准是不相容的。

二 卡夫卡与意义和经验的双重束缚

卡夫卡有一篇有名的小说叫"法律门前"或"门卫"("*Vor dem Gesetz*"或"*Der Türhüter*")。卡夫卡1919年将之收在短篇小说集《乡村医生》(*Ein Landartzt*)中发表,但它还被收入《进程》(*Der Process*)一书的倒数第二章,是书由马克斯·布洛德在卡夫卡逝世一年后的1924年出版。在这本书里,该故事引出了约瑟夫·K和监狱牧师在教堂黑暗的侧室中关于其意义的长篇探讨,K是受其上司的指派陪一位重要的意大利客人到此观光的。虽说这个故事相当出名,我还是简述其梗概。一个门卫守在通往法律的门前。一个人从乡村赶来,请求门卫让他进去。他没被允许过门而入,虽然门卫加了一句,说他在未来某个时候也许可以被允许进去。因此,来自乡村的这人决定等这个时候的到来。他等呀等直到接近生命的尽头。他于是艰难地从地上站起来,最后一次对门卫耳语:"如果每个人都渴望法律,为什么这么些年里除了我没有人为了被允许进这个法律之门到这儿来?"于是守卫对着这个垂死的人咆哮:"没有人会从这里进去,因为这门是专为你而设的。现在我得走了,我关上这个门。"故事至此结束。

关于这个故事的要旨有许多的讨论,但现在人们接近于达成一致意见,[7]它应该被看作是传达某种深刻的道德真理的讽喻性寓言。这与我们对这个故事的感受也是高度一致的:读完或听过这个故事后,我们感到,从人的奇异命运中可以获得某些这样的深刻道德真理;我们觉得他被十分不公正地对待,想知道为什么,并且问自己,门卫最后所说的那些玄奥之言怎么解可以消除我们的困惑。这也是《进程》中 K 自己在听了教堂牧师告诉他这个故事后的第一反应。因此,毫不奇怪,这个寓言引出了很多的阐释。事实上,西方文学中很可能没有一个文本曾引发出比对这个一页多一点的寓言更多的阐释。这个寓言被放到克尔凯郭尔、海德格尔、马克思、阿多诺以及福柯哲学的背景下加以解读;[8]它被从宗教哲学(马丁·布伯和 W. 齐默曼的角度来阐释;并且被声称是一篇关于负罪感(K. 温伯格、I. 韩内尔)和关于存在的挫折感(H. 丹纳特)的论文。那个乡村来的人与门卫的关系被呈现为一种人

---

[7] 宾得(Hartmut Binder)是显眼的例外:"[将]这些结构视若讨论中的的文本(篇章)种类不可或缺的形式要素,则不能将《法律门前》称作寓言,遑论古典意义上的寓言。"见 H. Binder, "Vor dem Gesetz". *Einführung in Kafkas Welt* (Stuttgart/Weimar: Verlag J. B. Metzler, 1993), 33, 34。

[8] W. Schönau, *Lezen, interpreteren, analyseren* (Groningen: Eigen Beheer, 1999), 9.

格分裂（W. H. 索克尔）。进而，还可以列出一长串关于这一寓言的弗洛伊德（拉康）式的阐释（H. 凯色，J. 波恩，I. 亚龙，G. 库尔兹，H. H. 希伯尔和 P. 西塔梯之间）。最后，还有一系列试图运用接受美学手段处理文本的尝试（U. 盖尔，哈特·尼布瑞希），或者完全按它本身的词汇（不论是寓言本身的还是作为《进程》一部分的）去理解它，所有这一切在德里达 1985 年的《成见：法律门前》(*Préjugés. Devant la loi*) 中所提出的那不可避免是解构的和富有影响力的解读中达到登峰造极的地步。安德林加（Els Andringa）在她穷搜极讨的研究中探讨了 1951—1994 年关于这个寓言不下 42 种阐释，并且她强调自己在书中只讨论了最重要的那些阐释，如果那些不那么权威的解读也包括进来，那这个单子还要长。[9]

这里有些东西殊堪忧虑，因为一方面，我们面前有一个寓言，它是用清楚而不含混的散文写的少于 700 字的短故事，另一方面，关于这篇寓言所写的阐释文本足可填满一个图书馆。更有甚者，如果我们在这一阐释丛林中跋涉前进，我们看不到一个在之前阐释基础上持续推进的任何进展。如果说有任何可辨认的进展，它不表现在寓言本身的一些方面或组成部分中，而仅仅是自 20 世纪 50 年代以来（传统解释学、伽达默尔的解释学、接受美学、[后]结构主义、解构主义，等等）所被采用的文学理论的不同时尚的反映。

在我们对文学理论的这一丑闻（人们会这么说！）的失望中，

---

[9] E. Andringa, *Wandel der interpretation. Kafka's "Vor dem Gezetz" im Spiegel der Literaturwisschenschaft* (Opladen: Westdeutscher Verlag, 1994) 在这一段中所列出的这些阐释均出自安德林加此书，尤其是其中第五到第七章。见 M. Bevir and F. R. Ankersmit, "Exchanging Ideas", *Rethinking History* 4 (Winter 2000): 351—373。

第十一章 主观性

我们应该停下来考虑一下修复志在重建作者意图的传统解释学的问题，[10]尤其是因为，作为《进程》中的一章的这个寓言是以约瑟夫·K和监狱牧师之间关于其含意的透彻探讨结束的。二者之间的争论或将让我们对卡夫卡本人心中对这个寓言大概是怎么想的有一个概念，这么假设似乎是合乎情理的。然而，即使是这种想要解开这个寓言之谜的尝试，也必定仍然是不成功的。首先，卡夫卡本人的评论所涉及的只是寓言的一个方面——来自乡村的人跟门卫的关系——而没有解释对这一关系的洞见对我们理解寓言的意义有什么用。此外，我们没法确定，卡夫卡是否真的想借约瑟夫·K和监狱牧师之间的讨论来解释他心中关于寓言的想法。在这一上下文中，牧师不祥的陈述是在说："你不要过于依赖解释。圣（经）言是无可更改的，但其解释则通常不过是我们对此感到绝望的表达。"[11]但是，对传统解释学的信奉者来说，更糟的还在后头，因为卡夫卡在他的日记中承认，对于这个寓言的意义，他本身实际上从来就不确定。[12]他在另一处论及寓言文体时说，它们的意义从来没法完全分辨，因此，它们迫使我们最后承认，"不可理解的东西就是不可理解的"。[13]因此，文学理论家们没法从诉诸作者意

---

10 关于作者意图的讨论，见第七章。见 M. Bevir and F. R. Ankersmit, "ExchangingIdeas", *Rethinking History* 4 (Winter 2000); 351—373。

11 见 K. Kafka, *Der Process* (Frankfurt am Main: Fischer Verlag, 1990), 230。注意，更重要的是，监狱牧师把寓言当成就像是圣言的一部分。

12 我先是对故事的含义豁然明了，她［卡夫卡的未婚妻菲丽丝，鲍尔］也能正确把握。然后，我们极为疑虑地进入其中，而这是由我开始的。转引自 Schönau, *Lezen*, 13。

13 所有这些比喻只是想说，不可捉摸之事不可捉摸，而我们知道这一点。F. Kafka, *Das Ehepaar und andere Schriften aus dem Nachlass* (Frankfurt am Main 1994), 131。

向上找到安慰：极而言之，压根就没有作者意向这回事。

历史学家大概会对他们那些平时傲慢得让人受不了的文学理论系同行为解读卡夫卡寓言秘密而焦头烂额幸灾乐祸。但他们最好不要急着看文学理论家们的笑话，因为，可以预期文学理论家会责成其历史系同行解释**你讲过的故事**（*fabula de te narratur*）。因为，如果被要求找出类似于卡夫卡那样的寓言的意义，难道史学史不会呈现一副跟文学理论一样的窘态？诚然，没有人怀疑史学学科中的进步：我们对过去的了解要比从前多得多，无疑对许多历史问题我们现在可以给出远较前一代所可能给出的更为令人满意的答案。然而，我们不会看不到，在（西方）文明史最关键的那些问题上，存在着跟文学理论家面对卡夫卡寓言时所遭遇的十分相似的那种困境。想想那些文明必定是由之发源的事件（并且想想，例如卢梭或弗洛伊德对此会说些什么）；想想罗马帝国的衰亡、西方世界的基督教化、文艺复兴、启蒙运动、法国革命和工业革命、"上帝之死"，或者是两次世界大战和大屠杀的恐怖。每一代人都提出了和将提出关于这些事件的历史的新解释——和文学理论面对卡夫卡的寓言时的情况如出一辙。如果我们想想这种类型的历史事件所共有的东西，就会发现，它们全都仍然在我们心中有其回响，它们中没有一个是我们可以不带感情加以探讨的历史。

但是，这也许不是一个表述它的非常有用和明晰的方式——并且，再一次地，文学理论也许能帮助我们对这一阐释困境的症结作出一个更有助益的诊断。文学理论有勇气以建设性的方式处理这些学科上的难题，它指出，意义的不确定性恰恰是令一个文本成为真正伟大的文学文本的东西,是让文本成为能始终抓住读者的兴趣和对读者有诱惑力的地方。荷马之所以是荷马,但丁之所以是但丁,莎士比亚之所以是莎士比亚,恰恰是因为他们的作品总是能生发出新的意义,以及他们总是能成功抵挡每一种将之框定在一种最终和权威阐释中的企图。从荷马到卡夫卡或普鲁斯特,只有少数作者能做到这一点,多数作家和诗人不行。由此可见,我们必须始终尊重来自过往时代文本基本的意义模糊性,并采取满足这一要求的方式阅读她。斯泰因梅茨提出过"悬置阅读"——这种阅读始终是暂时的,始终意识到存在着其他解读的可能性。[14] 历史学家可以从中学到的教训是,他们这个行当的伟大之处,不在于他们能获得解释的确定性,而在他们关于过去永无止境的阐释之战。诚然,在史学中确定性是可以达到的。但是,那种真理和确定性对他来说就是事情的全部的历史学家就像只评论廉价小说的文学家,因为在这里事事都是确定的。

但即便是这样说,对我们眼下的目的而言也不是充分有益和让人明白的。因此,让我们再次回到卡夫卡,以获得对通常发生在伟大文学作品以及——我们现在要加上——西方文明史上真正伟大事件上的阐释问题更令人满意的洞见。在他论卡夫卡的书中,宾得(Binder)指出,卡夫卡的全部作品呈现给我们一种相当特别

---

14 若一文学篇章在其不确定性未去除时只能作为文学篇章来接受;若文学诠释并非合理化的接受,旨在消除不确定性;则必定成为诠释主要任务的是,在对不确定性作文本处理过程时,保持文本的不确定性,甚或以不确定性的特殊蕴涵为题,在对其作论证时予以顾及并使之富有成果。见 H. Steinmetz, *Suspensive Interpretation, Am Beispiel Franz Kafkas* (Göttingen: Vandenhoeck, 1977), 42。

的阐释问题，这一问题在《法律门前》中得到了最好的例示；顺便指出，正因如此，宾得才决定用我们这里的这个寓言来组织安排他关于卡夫卡文学作品的论著。在这里，阐释问题是依该寓言的如下决定性因素加以界定的：

> 那个乡下人所接收到的双重信息是，那个门卫，通过他站到一边的让道，以及他对乡下人通过那个门进去的建议，让那个乡下人依此而动，然而，另一方面，同时又执行着不许进入的禁令……因为那位乡下人没法将这两个信息以一种满意的方式整合起来，他必然得出这样的结论，他既不被禁止也不被允许进入法律。[15]

然而，宾得接着强调，对问题的这一建模方式对阅读寓言的读者来说是正确的，但对那个乡下人本身则不是这样。其解释是，这两个信息之间的矛盾只在故事结尾时才揭露出来：只有当他濒临死亡时他才明白，他将永远进不了那个门。而寓言的读者则立即就知道了这一点：对他来说，这正是寓言的全部要点所在，他正是因此而既为之着迷又倍感困惑："因此，我们必须认定，关于门的双重信息——一方面是专为那个从乡下人进入法律而设的一道门；另一方面是他被禁入此门——**并不是存心要让那个乡下人而是让读者陷入双重束缚**。之所以是这样，因为这两个信息必须同时对读者生效"（重点号为本书作者所加）。[16]

---

15 Binder, "Vor dem Gesetz", 192.
16 同上，194。

因此，不是那个乡下人发现自己受到双重束缚——也就是，在相互抵消的两个信息的相互冲突中，或者如薛瑙（Schönau）的阐述，"在一种悖谬和不对称的交流中，发话者（即卡夫卡）给出的指令是你既无法避开又无法满足的。"[17] 寓言强烈要求阐释，但同时又成功地消灭每个阐释的企图。这就是卡夫卡的寓言所例示的一切阐释的双重束缚。

我们手头现在握有所需的全部资料，由之可以了解关于文学和史学阐释我们从卡夫卡的寓言中可以学到些什么。至关重要的是，我们要清楚地区分——和薛瑙一样——开头或"原初的"寓言阅读阶段，与后来"第二步"把握寓言意义的阶段。承认第一个阶段的存在是绝对必要的——在这个阶段，文本可能，或者说甚至应该对我们击一猛掌（像卡夫卡有一回自己说的，就像脑袋上挨了一锤）。[18] 的确，这样的经验是痛苦的，因为，这是遭遇文本双重束缚困境之地，在此，它既邀请又抗拒阐释（由于这一痛苦与吊诡的结合，这里的阅读经验无疑乃是崇高家族的一员）。更准确地说，这是本质上的痛苦，因为，双重束缚在我们心中引起了被一种实在完全压倒的感觉。在这种实在中，我们无从解脱自己，被它那超大的力量重重掼下。双重束缚因而不只是某种我们可以无动于衷地经历的认知困境（只有在第二个阶段上才是这

17　Schönau, *Lezen*, 10.

18　若我们所读之书不振聋发聩、使我们醍醐灌顶，那我们为何读书？……我们却需要如一场不幸般影响我们之书，此不幸令我们巨痛，如同我们爱其甚于自己者之死，如同我们被逐入林中，远离人群，如同自尽，对我们心中封冻之海而言，书必定是利斧。F. Kafka, *Briefe 1902—1924* (New York: Von Schocken Books, 1958), 27, 28.

样):相反,它激起的是某种存在上的无助感,某种被命运或某些强有力的人格逼至墙角的感受。[19] 但在这一阶段上,双重束缚仍然完全存在。然而,在第二个阶段上,阐释的阶段不再给双重束缚留下任何余地——这由以下事实可以看得很清楚,这一阶段全部的存在合理性是以某种方式消除双重束缚,引出某种连贯与无矛盾的阐释。但是,在第二阶段上,原初阶段的记忆从未消失:在这个阶段,对阐释提出的挑战极为突出,并且,这是我们在考虑新的不同阐释时总是要经历的。所以,阐释是不断走出和回到阅读经验的过程。

在文学中就是这样——在史学中也一样。我们在从理知上进入西方历史上这些真正伟大的事件之前首先**感知**它们,我们之所以感知它们,是因为它们压在我们身上,就像是我们无以解脱的沉重负担。它们将双重束缚施加于我们,我们只有在短暂满意的[阐释]表现中才能暂时逃脱这一束缚。总之,无论在哪历史表现的风暴获得飓风般的力量,那里史学著述的风暴永无止息——想一想文艺复兴、法国革命或工业革命好了——我们在风暴中心会看到沉静的历史经验。[20]

---

19 想一下那个来自乡村的人心中必然会有的感受,更好的是想想卡夫卡写给他父亲的信中的这段话:"我总是受辱,我遵循你的命令,这是耻辱,因为它们确乎只针对我;或者我抗拒,这亦是耻辱,因为我怎么可以对你抗拒,或者我不能服从,因为我没有你的力量、你的胃口、你的灵巧。"见 H. Politzer Hrsgb., *Das Kafka-Buch. Eine innere Biographie in Selbstzeugnissen* (Frankfurt am Main: Fischer Verlag, 1978), 20。

20 关于这一隐喻的阐述,参见我的 *Sublime Historical Experience*, chapter 8, section 8。

三　库切：从双重道德束缚到经验

我现在要转向库切（J. M. Coetzee）的小说《伊莉莎白·科斯特洛：八堂课》，他2006年获得诺贝尔文学奖。小说的主角是伊莉莎白·科斯特洛（这个名字是在字母和排序上将Coetzee稍作改动，将z改成s，两个e改成两个l）。她是一个在国际文学界享有声誉的老年澳大利亚小说家，曾经受邀在美国、南非，以及欧洲各处的许多学术会议上发言。有时她一个人，有时她儿子——在一所美国大学任教的物理学家——陪着她。小说实际上就是对她在这些会议上的经验的叙述。这篇小说的许多地方让我们想起卡夫卡。首先，关于连环会议的描述中无疑有些东西是卡夫卡式的，在此，人们对这么多聪明和高学历者的智力较量会有的预期，与会议无意义和无望的**声音之对话**之间构成了可悲的分裂，让读者深感挫折和绝望。读者搞不明白，为什么一个极端明智的人——伊莉莎白·科斯特洛无疑属于这种人——会让自己深陷其中。

然而，更重要的是，小说的最后一章明明白白地是卡夫卡"法律门前"的精致改写。在最后这章中，伊莉莎白·科斯特洛来到一个死气沉沉的小城——完全没有人告诉我们她从哪来或为何到这来。从把她带来的巴士上下来之后，她走到一个门口，那有一个穿制服的人懒洋洋地在站岗，她问门卫这是不是她要进的那个门。卫兵让她去一个小屋，在那她见到了看门人。这一切准确折射出卡夫卡寓言的开头。更重要的是，这一章的标题是"在门外",贯穿它的是对"法律门前"如假包换的指涉。[21]

但二者之间的区别也很重要。卡夫卡书中那个乡下人在门前等了一生,故事以其死亡结尾;而另一个呢,情况只是逐渐才变得清楚,伊莉莎白·科斯特洛发现她自己处在生与死之间一个不确定的中间过渡阶段,用她自己的话说,这是某种友好的"赎罪所"。还有,与某个处于生死门槛上的人相称,她发现自己被驱使着对她作为**作家**的一生加以描述或给出道德上的辩护。显然,在卡夫卡的寓言中并无相应的内容;我们可以说只能从外部了解来自乡村那个人的内心,从来没有真正切入在其内部所发生的事情。[22] 但在库切的版本中,门卫交给伊莉莎白一张表,告诉她只要在表格中填清楚她的"信念"是什么,就可以被允许进门。这让她满头雾水,一开始不明白到底要她怎么做——她只是慢慢才明白,要她陈述自己信念的要求实际上是对她作为作家的整个一生提出的问题。因此,这一章实质上说的是她与这个问题的斗争,以及她处理这一问题的尝试如何从探究她**作为一个作家**的道德信念转到反思信念本身是什么。

---

21 例如,当伊莉莎白·科斯特洛——就像卡夫卡寓言中那个乡村来的人一样——被允许看一眼门后都有些什么,她问自己:"问题是不是,他〔指卫兵(引者)〕告诉她的这个门是特意为她一个人而设的,更要命的是,她被注定永远穿不过它?她该不该提醒他,让他知道她了解这一实情?"见 J. M. Coetzee, *Elizabeth Costello, Eight Lessons* (London: Secker & Warburg, 2003), 196. 以下对本书内容的引述将在正文中给出。

22 虽然有些卡夫卡寓言的评论家声称,寓言中的故事是某人内在自我中所发生的戏剧的外化。寓言是关于存在上或道德上的瘫痪;因为,那个从乡下来的人为了来到法律面前,应该会有勇气去(试着)推开门卫,破门而入。我们只有通过强力推进才能克服双重约束;也就是说,通过某种方式否认其存在。

第十一章 主观性

从最初的迷惘中恢复过来以及徒劳地想要从不得不陈述其信念的磨难中解脱出来之后——这是她对此的感受——她最终在不愿陈述自己的信念和得这么做的义务之间做出了一个妥协。她把自己描述为"不可见者的书记员":

> 我是不可见者的书记员,是多少年来许多书记员中的一个。这是我的使命:听写书记员。不是由我去询问,去判断被口述给我的是什么。我只是把那些语词写下来,然后检查它们的读音,确保我听对了。(199)一个好的书记员是没有信念的。它对其职能来说是不适宜的。一个好的书记员只需时刻准备听吆喝。(200)信什么非我的专业所在,只是动笔写。这不关我的事。我像亚里士多德说过的那样,就是依葫芦画瓢。(194)我只是暂时地保持信念;固定的信念会挡我的道。我像换住所或者换衣服一样改变信念,根据我的需要来。(195)

不言而喻,这和历史学家和(现实主义)小说家传统上被希望满足的客观性要求是一致的。历史学家和小说家永远不应让他们的信念——他们的道德与政治价值——干扰他们对世界的描述。

但是,仅仅充当所述对象书记员[23]的准兰克式谦恭会让伊莉

---

[23] "但愿我的自我仿佛湮灭,而只有让威力显现的事物在言说,这些威力在千百年间一同且经由彼此而起源并壮大,于今相互反抗,陷入争斗(……)。"见 L. von Ranke, *Englische Geschichte. Vornehmlich im siebzehnten Jahrhundert. Zweiter Band,* in id., *Sämmtliche Werke. Fünfzehnter Band* (Leipzig: Duncker und Humolot, 1870), 103。

莎白·科斯特洛像那个来自乡下的人一样陷入双重束缚——虽说，不可否认，她的双重束缚是道德的而非存在的，从而提示我们导言中碰到的那种双重束缚。这一点在一个裁判庭讨论伊莉莎白·科斯特洛关于其信念的陈述时变得很清楚。其中一个法官指出，仅仅作为不可见者的书记员，这归根结底导致她必定无法在谋杀者和他的被害者之间做出判断。他对伊莉莎白·科斯特洛说，

> 你不对谋杀者和他的牺牲品之间做判断？这是不是就是书记员之为书记员的意思：把你听到的不管什么记下来？良心破产？
>
> 她被逼到了死角，她知道。(204)

库切在这里隐含地指涉了他在前面章节中提出的论点——为正确把握伊莉莎白·科斯特洛和法官之间的交谈，关于这一点有必要稍赘数言。在前面的章节中，伊莉莎白·科斯特洛曾经受邀在阿姆斯特丹的一个会上做一个关于"邪恶的问题"的报告。她演讲的主要目标是保罗·韦斯特写的一本名叫《冯·斯道芬伯格伯爵的富足时光》(*The Very Rich Hours of Count von Stauffenberg*)的小说，[24] 在小说中有关于处决那些在1944年7月共谋反对希特勒的人的描写，直到那些最令人恐怖和恶心的细节。(斯道芬伯格本人和一些主要同谋就是在7月20号晚上被当场处决的，但还有几百人——经审讯或未经审讯的——在后来数月中被处决)。不用说，对于库切来说，在过去15—20年所写的关于大屠杀以及我们该如何对待

---

[24] West, P., *The very rich hours of Count von Stauffenberg*, New York 1980.

它的整个写作工业中，这本书只是沧海一粟（pars pro toto）。在所有那些关于大屠杀的文字和理论中不存在不道德的鲁莽吗（所有这些理论家们利用犹太人的痛苦以发表他们自己那微不足道的理论观点）？因此，对库切在他自己的论证中从犹太人转向反对希特勒的共谋者们，我们对他的睿智应该表示敬佩。

的确，伊莉莎白·科斯特洛在她的演讲中想解释她为什么在道德上对这本书和它的作者都感到深深的厌恶（因而，我们可以想象，当她发现保罗·韦斯特本人也在这个会上时她的尴尬！）。她用来反对这本书及其作者的主要论点是，一个人不可能像"保罗·韦斯特涉身纳粹恐怖的<u>丛林</u>如此之深却安然无恙一脸轻松。我们有没有想过，一个被吸引进这个<u>丛林</u>的探险者出来的时候没有因其经历而变得更好或更强，而是更坏"。（161）当然了，这对于像韦斯特这样的小说的读者来说也一样。她发现很难解释她对这本书的道德厌恶，直到她遇上了这个"驱邪的"字"龌龊"（obscenc）：像保罗·韦斯特的书这样的关于大屠杀之恐怖的作品是龌龊的。这个字作为正选之辞击中了她，因为"她相信那是**龌龊**的意味着对**聚光灯外**（off-stage）*的要求。为了人性的救赎，有些我们想看的东西（**我们想看，因为我们是人！**）必须保持在聚光灯外。保罗·韦斯特写了一本龌龊的书，他把不该示众的事情公之于众"（168）。因此，十分明显，这里的观念是，写像大屠杀这样的事有不道德的影响，它通过添加一个原本一直处于聚光灯外的维度而扩大了道德堕落的范围。通过我们对大屠杀的谈

---

* "场外"也许更贴近原字，但这里的"stage"作为剧场舞台亦即聚光灯打在上面的区域，故有现译。——译者

论，我们实实在在地扩大了不道德性的天地。这就是为什么伊莉莎白·科斯特洛在读韦斯特书的时候感觉到"撒旦灼热的羽翼掠过"。(178)[25]

现在我们可以来衡量一下伊莉莎白在跟她的法官讨论时自己曾经加以利用的那个道德困境的深度。我们可以将她的困境表述如下:把自己视作"不可见者的书记员"的小说作者(或历史学家)可以选择写或不写像大屠杀这样的事情。不这样做的决定明显预设了这样的**道德**前提,即一个人应当避免写出一本像韦斯特所写的那种书的潜在危险。但是,胸怀道德预设恰恰是像伊莉莎白·科斯特洛这样"不可见者的书记员"要去避免的事。更重要

---

25 在拉卡普拉(Dominick LaCapra)即将问世的著作中,他对科斯特洛关于韦斯特的小说的评论有透辟的分析:"[在]对这一批评作出反应,(历史中的)保罗·韦斯特(与库切小说中与他相对应的人物不同,并没有保持沉默)声辩说,如果你要带着对包括像希特勒的刽子手'这样的事件经历者的同情与移情'传达该事件,则特定类型的搬演是必要的。他认为库切不同意科斯特洛的观点,而是把她当作'祭牲[……]',在小说中是'被精心献上来毁灭的'。韦斯特并未挑明他所说的同情和移情的搬演是什么意思。但我认为,他把科斯特洛看作库切书中的'祭牲'的观点往好里说也是成问题的。你可能宁可强调,库切—叙述者与科斯特洛间的关系在各章之间乃至有时在章节之内都是不一样的,带有不同程度批评性的,有时是反讽性的距离,以及趋近——依照同情或怜悯来说的趋近,不能被看作等同于认同。[……]但我想,在本章中库切书中的人物科斯特洛的含意是,尽管她关于在文学中对极端邪恶的东西的搬演的观点不那么容易被置之不理,她对韦斯特小说的解读如果不说是完全也是在很大程度上自我投射式的(解读科斯特洛自称她自己是'通过疯狂的阅读'把书弄成她自己的书的一种方式[174]),同时是走向'一种执迷,这只是属于她自己的,而他[韦斯特,科斯特洛吃惊地发现他也是与会者,并且当她演讲时在场]显然不理解'[177]。"见 LaCapra, "Coetzee, Sebald, and the Narration of Trauma",见他将要面世的 *History, Literature, Critical Theory*。我完全同意拉卡普拉的分析。当然,问题依然是,科斯特洛所投射在韦斯特小说上的东西是否与库切本人对书的解读相一致。依我的看法,回答只能是肯定的;假如库切对韦斯特小说有别的解读,为什么他会在自己的小说中对它有这么强烈的攻击?

的是（虽说库切并未提及这一点），作出无视大屠杀的决定，仿佛它没有发生过那样，这同样是一种道德恶行。另一方面，作出写它的决定将陷你于跟保罗·韦斯特同样的道德龌龊。因此，首先，不可能谦恭地只当一个不可见者的书记员；伊莉莎白·科斯特洛越想驱除任何道德信念，这些信念就会越强烈地回来。其次——且更糟——书写大屠杀没有一个道德上高尚的方式，既然所有关于大屠杀的书写都（像伊莉莎白·科斯特洛所宣称的）将扩大道德堕落的范围——并且，在这样做的时候，让我们变成在道德上不如自己从前的人。我们也许是希望更警觉些，但是，不论在什么情况下，我们都将在道德上变得比之前更加麻木。总之，像大屠杀这样的事件给"不可见者的书记员"的（再一次）是双重束缚：一方面，这样的事件要求"不可见者的书记员"不管愿不愿意（nolens, volens）得在道德上面对如何书写它们的问题，而另一方面，对这样的道德问题找不到满意的解决方案。那么，伊莉莎白·科斯特洛在跟她的法官的谈话中觉得被逼到了死角有什么奇怪！

我们也没有看到她在这一章剩下的部分里用完全不同的方式对待她的信念问题。现在她抛弃了所有的道德信念或是"我相信不可压抑的人类精神""四海之内皆兄弟"这种可怜巴巴的口号。相反，她现在将其道德信念可以说是降为零。只有非常"稀薄的"信念也许才能穿过双重束缚的套索，或者也许是，信念以某种方式重复双重束缚的吊诡："我有信念，但我不相信它们。它们没有重要到值得去相信。我的心思和责任感不在这。"（200）这不是无信仰或犬儒主义的说法——因为很明显，无信仰和犬儒主义是相当坚实和高傲的信念。

当她在第二次开庭时被法官问到这些最低限度的信念是什么时，伊莉莎白·科斯特洛说了一个很妙的故事。她从自己所记得的童年时在靠近邓甘嫩河（Dulgannon）的维多利亚郊外时见过的一种青蛙开始讲，关于这些蛙每年在干旱季节如何往地下挖出通道，以及如何在哗哗秋雨之后全都从地下出来，开始呱呱地叫。接着她总结道："我相信什么？我相信这些小青蛙。我身处何地，今天，在我垂暮之年或也许更老，我不确定……但邓甘嫩河和它的河滩是真的。不论我告诉你还是不告诉你，它们都在那儿，无论我告诉还是不告诉，我相信它们……我相信那些才不操心信不信我的东西……她［即伊莉莎白］是有信念的创造物。怎么样的一个信念！"（216—218，222）。

伊莉莎白·科斯特洛在与她的信念问题纠结中怪异的转变之谜在该书的后记中得到了解答，这个后记是一封虚构的伊莉莎白·钱德斯女士给弗兰西斯·培根勋爵的信。这封信又是对澳大利亚小说家和诗人雨果·冯·霍夫曼夏尔那封（也是虚构的）1902年"钱德斯勋爵致培根勋爵的信"中一些关键段落的解释。在把伊莉莎白·钱德斯的信介绍给他的读者时，库切从霍夫曼夏尔的信中转引了以下片段：

在这样一个时刻，对我来说，哪怕是不足挂齿的造物，一条狗、一只耗子、一个甲虫、一棵长不大的苹果树、一辆盘旋在山路上的大卡车、一块长满青苔的石头，也比跟最漂亮、最奔放的情妇共度良宵更有意思。这些喑哑有时甚至是

第十一章 主观性

没有生命的造物,以如此丰沛、如此实在的爱,纷纷向我涌来。在我狂喜的眼中,无物不充满生命。仿佛这一切,这存在着的,我回忆中和胡思乱想到的一切,都有了意义。(226)

霍夫曼夏尔写这封信时正经历着可以称之为"语言危机"的状况——这是一个可怕的经验,在此,一个作家或诗人意识到,语言对完成其任务来说是绝望地不合用的,它不能把我们跟世界联系起来或传达意义。为了理解霍夫曼夏尔心里所想的东西,可以设想一下云彩或是一幅画。如果你在特定的距离上看着它们,你可以辨认出云彩的轮廓或画上的东西。但如果你走得太近,云彩化为丝丝雾气,而画面则化成一堆毫无意义的小小笔触。语词和意义也是如此:只有当我们,这么说吧,无思无虑和非反思地使用它们时,它们才能承担其职能。因为,一旦我们开始审视它们,专注地凝视我们的语言装置时(意译维特根斯坦的话,另一个维也纳人!),[26]它们就开始失去其张力——而除了将由它们命名的东西拉到一起联结起来的力之外,语言和意义是什么?此时语词和意义将变成无意义者,正如在过于抵近的注视下,云彩和画上的东西会失去其模样。也许除哲学家外,不能设想会有谁比诗人和小说家更容易遭遇这一语言危机,因为,我们难道不是由于他们比谁都更擅长以言行事而敬佩他们吗?如果不是关注语词及

---

26 "命名看起来像是把一个词跟一个对象奇妙联结——当哲学家试图通过凝视他面前的一个对象并且重复一个名称甚至只是无数次重复'这个'一词以得出名与物的关系,你的确可以得到这种奇异的联结。" L. Wittgenstein, *Philosophical Investigations* (Oxford: Blackwell, 1974), section 38.

其意义，如果不是不断地冒着眼看它们化为雾气的危险，他们怎么能够胜任自己的工作？

而霍夫曼夏尔的钱德斯信件中最奇妙的部分，是他对从语言和意义的这一遗失中得到了什么回报的解释。他写道，现在他能直接**体验**实在、世界，脱出语言环绕其所捕捉到的东西编织出来的意义之网。世界现在甩掉语言加诸其自身的面具——他现在直面的是脱去语言包裹在其身上的衣物的赤裸裸的世界。这就是他所体验到的——在这个字真实与词源意义上的——"揭秘"。这个揭秘将——如我们所预期的——最好是恰恰由世界中那些在意义和语言制度下被视为完全无意义的方面实现出来。因为这样一来，对立将最强烈地在我们所信任的意义世界与当语言的面具被短暂脱去时世界的本然所是间展开。

我们现在可以来看看，当伊莉莎白·科斯特洛说她"相信"这些邓甘嫩河的青蛙时想必在她的心里的东西。显然，这些青蛙在她那里是霍夫曼夏尔的那些狗、老鼠、甲虫、长不大的苹果树等等的变种（这些动物与植物所例示的是自然内在的无意义性，它的"就是在那里"）。把她引向那里的路正是钱德斯勋爵所走的路。因为，难道她不是被驱迫着注视她的信念和**她作为作者**最深刻的道德信念，就像钱德斯勋爵（或霍夫曼夏尔）发现他自己被迫注视意义和语言——并且就像他一样被此所瘫痪？正如在卡夫卡的寓言中，意义通过阐释的双重束缚从语言中被排斥出去。正如意义在钱德斯勋爵（以及霍夫曼夏尔自己）的语言危机中消散了，道德信念的双重束缚同样驱使伊莉莎白·科斯特洛放弃整个一套她学会将之与写作联系在一起的传统道德意义与信念。

但作为对阐释意义（卡夫卡）、存在意义（霍夫曼夏尔）和道德意义（库切以及他的别名伊莉莎白·科斯特洛）之消失的交换，直接经验的揭秘是可以期待的。[27]

四　结语：库切与斯宾诺莎

但是，按照以上所讨论的，在经验中什么东西被揭示？对此我们有什么可以说的吗？库切并未明确涉及这个问题。然而，他给了我们一个清晰而不含糊的暗示。在小说最后几页里，伊莉莎白·科斯特洛又一次回到那个门外，她的那个门外：

> 她想象着那扇大门，大门的另一边，不让她看的那一边。在门口，挡着道，躺着只伸展着四肢的狗，一只老狗；它从侧面看毛色如狮子，上面有无数次伤害留下的疤痕。它紧闭着双眼，正在休息、打盹。在它后面，除了一片一望无边的戈壁沙漠，什么都没有。她第一次有这么长的想象，她不相信自己的幻想，尤其是不相信这个回文词"上帝—狗"。*"太文学了"，她又一次想到。这是对文学的诅咒！（225）

因此，这只狗，在这里代表的是上帝——至少在特定意义上

---

[27] 我在其他地方已经讨论过霍夫曼夏尔的钱德斯信件对史学理论家的某些含意。见我的 *Historical Representation*，140—144。

* 回文词是中文里的说法，这里出现的英文原文是 anagram，字典上称之为"相同字母异序词"。这是一种碰巧正读反读都有意思的词，比如这里说的"上帝—狗"的英文原文"DOG-GOD"就是这样。——译者

是这样。我们也许还记得，在霍夫曼夏尔引文的第一句中，它变形为崇高。这很清楚就是小说最后文字的暗示。显然，在这一想象中所隐含的泛神论一定会让我们想到斯宾诺莎。[28] 更重要的是，科斯特洛/库切都明确指出，荷尔德林是唯一这样一个作者，她/他在老年时仍然总能为其而找到时光。(188) 的确从来没有一个比荷尔德林更斯宾诺莎的诗人了。[29] 因此，在**伊莉莎白·科斯特洛**止于此的经验概念和斯宾诺莎哲学体系之间可能存在怎样的并联？这一体系是在他身后 1677 年发表的《伦理学》中阐述的。

这里当然不是着手对斯宾诺莎哲学体系的细节长篇大论的地方。因此，我只限于在少许主要之点上略加阐述。在其《伦理学》中，斯宾诺莎将上帝、实体和自然这三个概念等量齐观：只有一个实体，这个实体是上帝，自然界中所有的一切尽在其中（上帝或自然，Deus sive natura）。这一实体有无穷的属性，其中两种属性是我们可以认识的——这就是笛卡尔心目中的思维与广延。实体，或上帝既是它自身的原因，又是自然界无数个别事物比如人的原因，斯宾诺莎将之称为样式（modi）。现在，在一个像斯宾诺莎这样的严格演绎系统中，所有的"运动"，在形而上学的意义上说，都来自上帝而下达至有限的样式——意味着，通常说来，不存在由有限的样式返回上帝的通道。因为这跟一个实体或上帝与有限样式之间等级式的（因果）秩序不协调。并且，一般而论，

28　我并不是暗示斯宾诺莎在这个词的严格意义上是个泛神论者；他并未主张上帝与世界之间简单和低档的同一性。万物趋灵论（panentheism）也许是更好的一个词。

29　见 M. Wegenast, *Hölderlin's Spinoza-Rezeption und ihre Bedeutung für die Konzeption des "Hyperion"* (Tübingen 1990)。

第十一章 主观性

在斯宾诺莎的体系中就是这样的。然而，如果我们聚焦于可以说是斯宾诺莎的认识论，存在着这一规则的例外。对斯宾诺莎来说，存在三条认识的途径。头两个是想象与根据理性而来的知识。想象是通过联想而来的认识，并因而可能产生错误的联想。（在本章的语境中，补充这一点是很有趣的：对斯宾诺莎来说，语言乃是基于声音与感知的联想，从而是这些联想错误的丰富来源。因而，语言始终被带着最大的不信任来看待。）根据理性而来的认识成功地克服混乱的联想，但它在本质上是普遍性的，不能给我们关于个体比如上帝或有限的样式的恰当认识。

但是，还有第三种且更为根本的认识方式，斯宾诺莎称之为"直觉认识"，因为，这种认识不依赖理性推理或演绎，属于**当下直觉**（*uno intuito*）的洞见，所谓"一眼之下"。[30] 这一直觉认识具有能让我们从有限回归到上帝的突出功能，令我们**在事物与上帝的关系理解上理解它们**。吉纳维芙·洛依德说：

> 斯宾诺莎直觉认识的内容不是别的，就是普遍真理，在《伦理学》的那些早期部分中这是通过理性获得的：我们所有的身体特性都依赖于上帝或实体。但我们的直觉认识具有理性所缺乏的直接性和力量。在《伦理学》第一部分中，我们应将有限样式的真实地位理解为一个抽象原则，这一原则是

---

[30] 他接着继续说，我们在"一眼之中"获得"科学直观"的洞见，这跟我们基于"当下直观"可以从数字序列 1 和 2，2 和 4 将推出 3 后面跟着的一定是 6 是一样。我要立刻补充，我们从斯宾诺莎的例子里不应得出这样的结论，以为科学直觉给予我们的是今天所理解的先验认识（这是对特殊的认识）。B. de Spinoza, *Pars secunda*; 命题四十，附释二。

从公理与定义中得出的。我们现在看到,这一根本真理影响我们的日常经验,从而我们能依与上帝观念的关系理解我们自己和我们的情感。[31]

毋庸赘言,这与伊莉莎白·科斯特洛的 DOG-GOD 的经验和由此所暗示的那种泛神论启示惊人相似,这给了我关于科斯特洛／库切的斯宾诺莎主义的猜测以额外的支持。[32]

因此我们可以问,最后,一个作者,不论小说家还是历史学家,可以从**作为作者**的斯宾诺莎那儿学到什么?对于小说家和历史学家来说,从所有这一切中可以探寻出什么样的斯宾诺莎式伦理学?在我的论证的这一阶段上,这一问题的很大一部分事实上已经得到了回答。我们已经看到,第一,文本意义(卡夫卡寓言的)与道德意义(伊莉莎白·科斯特洛)的悖论及双重束缚指向了**经验**概念的方向。第二,按照库切的提示,我们已经将我们这里所说的经验跟斯宾诺莎的科学直觉联系起来。因为这乃是经验让我们通达的东西。但是,这一由经验获得的直觉认识不是通常一般意义上的认识。它没有给小说家任何关于我们所生活的这个世界的认知性信息。它也没有给历史学家提供关于过去的知识。记住,在这一语境中,斯宾诺莎的这本杰作题名《伦理学》,尽管跟标题所示相反,我们在书中找不到关于我们的行为应当如何的道德律令或道德处方的推论。这些不是斯宾诺莎所感兴趣的东西。

31　G. Lloyd, *Spinoza and the Ethics* (London and New York: Routledge, 1996), 113.

32　在他给我的一封个人信件中,库切确认了他对斯宾诺莎思想的同情。

更重要的是，这样的道德律令对伊莉莎白·科斯特洛或历史学家一点用都没有。这些只不过是进一步给他们增加了困惑，让他们成为更多的文本及道德双重束缚的牺牲品。

但是，通过指出经验概念是有意义的和我们应该认真对待经验，斯宾诺莎对小说家和历史学家是会有帮助的。而短语"认真对待"在此肯定是恰当的，因为斯宾诺莎据说是所有伟大哲学家中最认真的一位（我毫不迟疑地加上一句，库切无疑是当代所有小说家中最严肃的一位）。我们所说和所做的一切，我们如何生活——所有这些"情感"都在它们与上帝观念的关系中被认识：上帝—狗，用库切的例子来说。你还能比这更严肃吗？但这不是那种重大的道德决断的严肃；这是要求将世界体认为无可逃避之必然性的严肃。我们必须学会把世界看作是必然的，是排除任何单纯偶然性的。[33] 如果我们有道德义务的话，这是首要的一个。这个义务就是要严肃认真，意味着要求我们认同斯宾诺莎主义关于世界的认知与存在法则相平行的主张，从而我们的思想与行为不与世界的其他部分或方面相抵触。假如我们成功做到了这一点，一切的联结，诸如伊莉莎白·科斯特洛的上帝—狗这样的联结，就完全能够支撑整个宇宙的重量。这也许就是伊莉莎白·科斯特洛在写她的故事的结尾时心中所想的，"**诚**（fidelities）。*现在她找到它了，她把它看作是这样一个词，一切都取决于它"（224）。

---

33 "理性的本性不在于认为事物是偶然的，而在于认为事物是必然的"。B. De Spinoza, *Ethica. Pars Secunda*; Propositio XLIV.（此处拉丁文的译文系引自斯宾诺莎：《伦理学》，贺麟译，商务印书馆，1981，第77页。——译者）

* 这里的"诚"，乃本体层面上"真实无妄"的意思。——译者

"诚"在这里不仅仅是在忠于事实这样的认知意义上使用的,而是在本体论意义上成为可依赖的或值得信赖的,就像我们信赖一座桥或是一座塔的坚固性。一篇小说或一本史书不单单是可能为真或为假的信息;它同时也是一个事物,作为这样的事物,它参与到事物的严肃性中,以及在所有存在物中上帝在场的严肃性中。

但最终,斯宾诺莎同样给历史学家以特别的启示。如同我们看到的,他的《伦理学》在**科学直观**概念中——以及在上帝的理智之爱(*amor intellectualis Dei*)达到顶点,这种爱既先于又伴随我们对上帝本质,或者是实体本质的直觉把握。由于上帝或是实体统摄万物,即从起源直到永恒的全部自然和世界,这一**科学直观**驱使我们从永恒的角度(*sub specie aeternitatis*)去看世界。它让我们肯认永恒存在的视界,在此之内,所有的历史变动尽收其中。它让我们认识到,歌德、布克哈特以及尼采都是对的,他们说不仅某些"非历史的"东西**先于**一切历史——显然了,自然——并且一些非历史的东西同样在所有历史**之上**,只有当我们将所有能被历史化的东西都历史化后,我们才能进入它。这是布克哈特在他的《世界历史研究》之后的非历史化——历史学家在说完了关于过去他所能说的一切之后,在历史中辨识出来的不变模式。尼采说过,"我把这些力量称为超历史的,它引领我们离开所有的演变到赋予存在以永恒品格以及同一意义品格的东西,引向艺术和宗教。"[34] 超历史是一意义永恒同一之域,我们在艺术品世界的经验中对它会有惊鸿一瞥,此际,那些将我们(作为历史中的主体)

---

34 F. Nietzsche, Vom Nutzen und Nachteil der Historie für das Leben, in id., *Friedrich Nietzsche. Werke I* (Munich, Ullstein Materialien, 1983), 281.

第十一章 主观性

与过去（作为客体）分割开来的全部岁月均骤然消逝。这时，主体与客体，现在跟过去都在斯宾诺莎式的**一个实体**中暂时融合为一。因而，艺术可以说是尼采的**科学直观**，让我们能够跟过去融合为一，在此，过去总是通过跟现在分开吊诡地消解它自己。[35] 尼采（及布克哈特）在此拥抱的视野乃是斯宾诺莎的全部哲学努力的高峰——关于这一点，伯图夏特所写的是最为感人至深的，我以它结束本章。

> 心灵的永恒性是这样的，在其在时间中的存在中，它无法依时间性的经验而成为可理解的。斯宾诺莎因而并未解释，人类如何由时间性的经验经由科学直觉的手段达致对永恒的经验；他只是宣称，如果人类个体一旦获得关于永恒的经验，他将达到一种新的自我理解，这能使他不为其自身时间性所困，从永恒的角度观照一切事物，并在自身中发现这一角度得到确认。[36]

这样，我们整整转了一大圈又回到斯宾诺莎一个实体的概念上，正如在第一章中所探讨的，对一个实体而言，主体与客体都只是其流溢或显现。历史学家关于主观性和客观性的问题于是丧失其前此的明晰性与自明性。主观和客观于是丧失其前此清晰的轮廓，二者均消融在斯宾诺莎式的历史的一个实体中。但这丝毫

---

35 关于由历史到超历史的飞跃，详见我的 *Sublime Historical Experience*; chapters 4, 8 and the Epilogue.

36 W. Bertuschat, *Baruch de Spinoza* (Munich, Verlag C. H. Beck, 1996), 141.

不意味着减轻历史学家在告知读者关于我们的过去时应有的道德责任。然而,至于这些道德责任是什么,没有人应尝试去加以定义;它们的强制力所在,恰恰在于不可能被一劳永逸地锁定。每一个历史学家都应与这个挑战斗争,且始终明白,一旦这一斗争看上去似乎趋于结束,他不再有权利说什么。只有当你真诚地对趋近它感到失望的时候,你才有可能趋近客观性。这就是伊莉莎白·科斯特洛在她那友好的受难地所发现的关于客观性的双重束缚。

第十二章 政治

一 引言

贯穿本书之我的主旨是在第三章中提出的表现／美学先于阐释／解释学的主张，以及与其从阐释不如从表现的视角探究历史写作。阐释是你对已然存在的文本做的事，因而"阐释**过去**"不过是一个解构主义的隐喻。因此，当代历史哲学的"语言（或不如说修辞）转向"以牺牲表现为代价而重视阐释时，结果就是可以被称作过去的"飘缈化"（etherealization）现象。文本现在被看作先于过去，相反，过去本身则只不过是文本的派生物。过去本身现在成了某种抽象的东西，一种发源于文本的事物，其本身没有实体性。

试图消除这一过去的"缥缈化"亦会让我们重新面对那个基本和直接的问题：过去到底**是**什么。它是由什么做成的？大部分历史的"实体"是什么（假如它不是"文本的"）？给出一个关于这一问题多少是认真考虑过的概念应该是个好主意，因为它能帮助我们抵御又一次将过去消融于文本与阐释云雾之中的诱惑。我们对于首先及主要可以在哪找到我们称之为过去的超文本实在（先于我们关于它所说的话）会获得一些很好的概念，以及关于它在哪拥有其最明确和确切的系舟之锚的概念——这是不论现在还是未来德里达都没法再从海底将之拔出的锚,不论阐释之风刮得多强劲都不行。诚然,我们在文本中可以拥抱各种让我们心驰神往的抽象观念,但让我们同意弗里德里希·海因里希·雅科比的话,摆弄抽象的游戏总是危险的游戏[1]——除非你玩的是数学,而即便是在数学中你也可能步入迷途,自哥德尔*之后我们都知道这一点。因此,在我们张开抽象的翅膀的时候,永远别忘了在一天结束之时问自己是怎么到那儿的,以及早晨的时候我们的出发点是什么。

于是,这把我带到政治史的主题,以及我以下将捍卫的主张:不论我们以什么方式看待这个问题,政治史乃所有各种历史写作包括社会经济史、文化史及思想史的基础与条件。所以,又一次,兰克和他的同辈历史主义者是正确的,他们相信历史根本上是过去政治的历史——批评者一直将之视为历史主义的主要罪过。[2] 我要马上补充,这一点不意味着试图贬低那些其他种类的重要性与合法性!从我这里的论点中也不能以任何方式引出这种反动的主张。让我们热情欢迎这些后起的种类!

---

1 这是我在 "Jacobi: Realist, Romanticist, and Beacon for our Time" 中提出的一个论点。*Common Knowledge* 14 (Spring 2008): 221—224。

* 哥德尔(Gödel, 1906—1978),美籍数学家、逻辑学家,其最著名的理论贡献是证明了形式数论(即算术逻辑)系统的"不完全性定理":即把初等数论形式化之后,在这个形式的演绎系统中总可以找出一个合理的命题来,在该系统中既无法证明它为真,也无法证明它为假。是为"哥德尔定理"。——译者

2 见,例如,伊格尔斯(Georg Iggers)仍然权威的关于历史主义的研究: *The German Idea of History* (Middletown, CT, 1968)。

二 对政治史的攻击

为政治史敲响丧钟是历史上一个古老而尊贵的传统。艾蒂安·帕斯奎尔16世纪在他那迷人的《法国研究》中就是这样做的，就像17世纪的培根、18世纪伏尔泰的《风俗论》、19世纪马克思和兰普雷希特，以及20世纪布罗代尔与无数其他人一样。政治史无一例外地被指责为老套，智力贫乏，是原始的战鼓与军号的历史，天真、肤浅、充满意识形态色彩；它被看作现世权力的女仆，没有对过去真正有意义的事给出任何信息。简言之，政治史被认为是所有明智、现代，以及最重要的，科学的历史学家极力避免的典型之物。但是，政治史每次被归诸为历史著述中的垃圾时，没有人似乎意识到，这其实是几乎跟历史写作本身一样古老的一种传统观念。

也许我们想不出有比托尔斯泰《战争与和平》（1865—1869）对政治史的攻击更醒目的例子。在这本书的结尾，托尔斯泰加了两个跋，其中第二个跋是篇幅超过50页的长文，他在这里探讨了历史学家的正当使命，以及一般而言前此所有政治史著述，特殊而言19世纪历史学家政治史著述的过失与缺陷。如同 E. H. 儒尼亚在其论托尔斯泰的精彩著作《战争病理学》中所表明的，战场是托尔斯泰对所有历史的思考模式。[3] 让他对这些战斗印象极为深刻的是，尽管指挥官们尽其所能地仔细拟订作战计划，绝对没

3　E. H. Runia, *De pathologie van de veldslag* (Amsterdam 1995)。不幸的是尚无英译。

有什么是按照所有这些具体与深思熟虑的计划发生的,因此,"战役"一词在实践中严格的同义词是"混沌"。在社会和公共领域中,没有什么地方计划与实际结果之间的断裂是如此之大和如此令人困惑的,也没有哪里像在战争中那样有如此深远的后果。战争是不可能计划好的;它们是两群士兵不合规则、令人困惑和完全混沌的冲突,最终获得的关于它的某些轮廓只是在历史学家关于战争胜负的结论中以深奥莫测的方式随后成形的——这结论在历史学家的争执中是成问题的——且这种争执似乎常常遵循与真正的战争本身完全一样的逻辑,仿佛这是一种平行的进程,意思是历史学家关于过去的记述是过去自身的重现而非对过去的表现。[4]

当把对战争的这一分析作为对很大程度上历史的隐喻,托尔斯泰试图攻击像梯也尔(Adolphe Thiers)这样的历史学家,后者将过去呈现为是帝王、政客和将军们精心规划和决策的后果[5](这并不妨碍托尔斯泰在写作《战争与和平》时肆意从这些著作中劫取东西)。简言之,为什么拿破仑在19世纪的第一个十年中征服整个欧洲大陆的努力得以成功?回答:由于其超级军事与外交天才。

历史写作的这一概念激起了托尔斯泰的愤怒和不屑。因此,他一次次地强调,在历史中根本没有谁处在舵手的位置上(或者是同时有那么多人都把着舵,结果一样);政治史家挥之不去的天真是以为有这么个舵手,并投射出关于过去的这么一种景象:每件事都被认为不但都是人类行为的结果,并且是出于人类的设计

---

4 见 E. Runia, "'Forget about it': 'Parallel Processing' in the Srebrenica Report", *History and Theory* 43 (October 2004); 295—321。

5 见 A. Thiers, *Histoire du Consulat*, (Paris 1883); A. Thiers, *Histoire de l'Empire*. 4 vols, (Paris, 1883—1888)。

第十二章　政治

（用弗格森的话来说）。[6]因为，只有在这一假设的基础上，对帝王、政客和将军的行为及其后果进行认真分析和发表看法才是有意义的。到此为止，一切都好，我并不急着提出抗议。

但是，托尔斯泰接着继续说，战争最好地例示了这样一个无法改变的真理：人类计划和决策从未成功切入历史的真正实体。将军跟他的参谋人员所拟订的战略、计划，无论花了多少心力，设想如何周到，却永远不能超过事情的表层，不能赋予战争的实际进程以形式和结构。在此起作用的是比自负的政客将军们轻薄的意向与行动更强大的力量。就像那句德国格言说的："人想要作主，但却被别的作了他的主。"

事情现在是这样：在托尔斯泰看来，这恰恰解释了战地指挥官库兹佐夫（Kutuzov）[7]为什么能击败（或不如说智胜）拿破仑。库兹佐夫按照他自己关于在战争中除了"时机与耐心"外别的都无关紧要的坚定信念，除了1812年在波罗地诺那一次之外，始终避免与拿破仑的军队交火。[8]因为他"知道"——按照托尔斯泰的说法——计划与决策只会导致适得其反的困扰，延缓那些在政治与军事中十分活跃的巨大力量的作用。因此，明智的政治家或将军首先应该谦卑顺从这些力量的作用，[9]与之和谐共处——任何与

6　见本书第二章注释19。

7　顺便说，他跟托尔斯泰的未亡人结了婚。

8　《战争与和平》中最好笑的段落，是托尔斯泰关于这如何激怒拿破仑给在圣彼得堡的沙皇亚里山大一世写了一封愤愤不平的信，抱怨这不是战争的体面方式。

9　托尔斯泰把这看作是首先由西方到东方（拿破仑的崛起）然后从东方回到西方（他的衰败）的一股巨大的地下运动，就像是某种巨大的地缘政治器官的收缩与扩张。这让人想起莫里哀的妙语：鸦片为什么让我们昏昏欲睡？回答：因为它具有催眠效果。托尔斯泰那宏大运动的因果力量也是如此。

它们作对的行为都必定自取灭亡！——因此，小心和谦恭地试着与之合作，以最好地利用它实现自己的目的。库兹佐夫只不过是通过柔和地为这些巨大力量的运行铺设道路成功击败了拿破仑，归根到底是它为他做了所有工作。这正是皮埃尔·巴楚克霍夫，他的虚构日常生活版，所做的事，他通过顺从在他看来是不可更改的天命而度过生活中所有痛苦的场景——从而最终幸福地跟可爱的娜达莎而不是傲慢的奸妇海伦娜在一起。就像法国人常说的，切勿妄动（*Ne bougez pas*）。

好，一切都那么精彩，动人，《战争与和平》的每个读者都会同意，甚至被深深打动。然而，在我们为托尔斯泰这部史诗的纯粹力量所折服，叹服于其画面的巨大与人物之众多（500人之多），以及他对西尔斯·艾塔·艾莉雅批评之深刻之后，有一些疑问开始出现。首先，无可否认，拿破仑在仅仅十年的时间里以比自查理大帝以来任何其他欧洲统治者都更持久和更具决定性意义的方式改变了欧洲的政治力量，他是通过无论如何总是能赢得战争做到这一点的，直到1812年9月6日波罗底诺那致命的一天。用某些巨大和非人格化的力量的介入来解释，往少里说无疑是一种用更含糊的东西来解释含糊（*obscurum per obscurius*）；而且，否认拿破仑作为军事家的不世之才在此一定起到某种作用，不免过于自以为是。其次且更重要的是，即使在托尔斯泰自己的词汇中，是否让自己对这些巨大力量的沉默与秘密声音开放取决于政治家和军事家本身。如果库兹佐夫更像那位精于算计但命运不佳，在奥斯特里茨战役中输给了拿破仑的奥地利将军威洛特（Weirother），历史将会按不同的道路发展（重申一遍，假定托尔斯泰本人的论点是正确的话)。

因而，如果政治家和军事家不想倾听这些超人力量的声音，它们将表明根本不是如此强大的（重申一遍，这是继续托尔斯泰自身论点的逻辑）。这是政治家或军事家必须决定的事——从而将他放回到舵手的位置上，而这是托尔斯泰所断然否认的。因而，我们得欢迎历史学家告诉我们，为什么这些将军愿意或不愿意倾听这些声音。这样，我们绕了一大圈又回到那个老的观点，政治学、政治计划和政治决策等等对于人类命运来说可以且常常是决定性的。因此，政治史的确事关重要，即便我们认可托尔斯泰关于那些巨大的超级超人力量及其作用的所有未经证实的思辨。[10]

三　黑格尔论政治史

因此，通常的情形是，每一次政治史遭受攻击，它后来都像凤凰从灰烬中重生，并且总是变得比前此更强。对于政治史引人瞩目的复苏，有一些多少是一目了然的解释。首先，不论你把目光投向全球哪个地方，以及不论在史学发源的任何地方，它从来都不是从经济史、社会史或文化史开始的。过去那些值得记忆的事件首先总是那些英雄、帝王以及军人的伟大业绩，以及他们战胜强大敌人的胜利。想想在希罗多德和修昔底德之前几个世纪，

10　进而，如果儒尼亚所说的是正确的，法布里斯（Fabrice del Dongo）的战地漫游——如同司汤达在他的《帕尔马修道院》（*La Chartreuse de Parme*）的开头的著名描述——是托尔斯泰理解战争现象（乃至一般而言政治史）的模型，那就不难解释在他的论点中有些地方肯定会有错。因为，将一个下级官员对于他正在进行的战斗的视野等同于总司令的视野，那一定是极大的误导。见 Runia, *De pathologie*, 36, 27。

荷马如何歌唱阿基里斯、赫克托、阿伽门农以及奥底修斯及其他许多英雄的功绩。这是史学由神话和传说中脱颖而出之地，在此，**政治史**是联接（一方面）神话和传说与（另一方面）所有历史著述的链条——这曾经在第九章中得到展示，它告诉我们全部历史意识的起源。政治史是所有历史的原型。政治史有一些不可避免和绝对自明的东西，这是后来的其他史所不具备的。因而，你完全可以假定，所有这些后起的竞争者都以这样那样的方式预设了对政治史基本史料最低限度的了解。

这把我带到了第二点思考。打开布罗代尔的《地中海》，然后把你心里所知道的关于16世纪欧洲政治史的**所有**内容完全删去：你所知道的关于其国家、民族、国王，以及政治传统和封建主义，绝对主义的兴起，法律制度，等等。彻底和全面地做到这一点，那你知道，16世纪的欧洲将会在政治方面等同于法老的埃及或中华帝国。然后开始再读布罗代尔的这本书。读这本书将让你如同开着车穿行在浓雾中，视线范围只有十米左右时的感觉一样。你将完全读不懂这本书：它看上去将缺乏焦点与主题——布罗代尔本人肯定猜到了这一点：他给这本书起的标题与他自己的方案并不协调——**地中海与菲利普二世时代的地中海世界**。只要去掉"菲利普二世"，这个标题就会变成难以索解之谜。

与过去五个世纪以来一再重申的这些试图摆脱政治史的企图相反，黑格尔把国家看作所有历史著述的当然和自明主题。他的论证如下：

> 只有国家不但给了我们适合于史学的内容，并且共同决

定了它的内容。一种公共意识在国家中逐渐成形，并且获得了或多或少是固定的形式，它不但要求政府仅适用于当下的主体行为，而且在此之上要求所有的诫律、法律，以及普遍有效的决断；以这样的方式，国家引起下述这类事件的产生以及其中的利益，它们由其结果和影响而合理地确认其自身，对此，记忆女神为了国家当下现存本质与形式这一自我持存的福祉，被驱使着将之加入永久的记忆。[11]

黑格尔在这里的出发点是这样一个触目的事实，在许多欧洲国家的语言中，"历史"一词同时意味着过去本身（往事）和关于过去的记述（对往事的记载）。黑格尔推测，这一语义上的摇摆不会是偶然的，其中必定包含某些深刻与隐密的智慧。更重要的是，如果我们把过去本身跟黑格尔的客体概念（这么说，客观过去实在，以及关于过去的记述）跟他的主体概念（对过去实在的主体记述）画等号，我们就会认识到，这一语义上的摇摆可以说是一个逻辑空间，黑格尔自己的历史哲学（在第一章中所阐述的）就在这一逻辑空间中展开其自身。因为，客观精神与主观精神在绝对精神中的复合乃是贯穿黑格尔历史哲学所说的元故事的基本情节。但不言而喻，接下来我们会要求有这样一个特定的场域，在此，这一复合，**和解或承认**，可以在实在历史进程中实际再现。在黑格尔看来，这一场域即国家。按照他在前引段落中的主张，其解释是，国家的统治、诫命以及法律超越主客体领域的分裂，

11　G. W. F. Hegel, *Vorlesungen über die Philosophie der Weltgeschichte*. Band I. *Die Vernunft in der Geschichte*, Hamburg: Felix Meiner Verlag 1955, 164.

因为它们将客观过去（它们是由此界定的）与主体性现在（在此，它们在此后事件中的持存由历史学家确立）都包含在自身之中。[12] 这的确有点像托尔斯泰笔下的库茨佐夫对历史中巨大的非人格化力量之希声大音*的倾听和让自己为其所包含的信息所鼓舞。

这解释了黑格尔为什么会宣称国家给我们以关于**过去本身**以及**关于过去的史家记述**二者的"文章"（prose），从而为什么国家给我们提供了主客体复合的视野和语汇。因此，对黑格尔来说，政治史不仅是所有历史写作的起点，还是所有历史著述的终点。

四 文艺复兴中西方历史著述的起源

黑格尔说国家给我们以历史文章，这个多少是随意性的评论可以被进一步推进，对此我可以很放心地说，因为如果我们只能就到此为止，是会让人担心的。这把我带到南希·施特吕弗1973年的《文艺复兴时期的历史语言》，一本了不起的小书，它从未获得应有的关注——在我看来。虽然这本书聚焦于文艺复兴，它有一篇非常好的论及古代的序言，施特吕弗在那儿界定了决定历史与其他学科关系的基体。[13]

在她看来，我们可以把这一基体理解为一个以哲学、修辞学和史学为三个角的三角形。她以柏拉图和由西西里岛的柯拉斯到高

---

12 黑格尔此处论证中的斯宾诺莎主义不言而喻。

* 老子《道德经》第四十一章：大音希声。——译者

13 N. Struever, *The Language of History in the Renaissance* (Princeton, 1973). 以下大部分内容是对这本精彩著作的概述。

尔吉亚的修辞学传统之间的斗争开始其故事，柏拉图对他们据称的怀疑主义和相对主义大加谴责。其次，她坚持智者派（Sophism）与修辞学传统的紧密关系。更具体地说，如同施特吕弗所指出的。虽然智者们寻求的是智慧——sophia 在希腊语中是"智慧"的意思——他们从未把智慧理解为超时间、永恒和（准）科学的真理；他们对"纯粹理性的理想领域及完美正义"不感兴趣，而是关注"居间和相对的"领域。想想巴门尼德的"万物皆流，无物静止"。在他们的词汇中本质的是像**时机**（*karos*）、**得体**（*to prepon*）、**常理**（*doxa*）这样的语词，它们都表达了这样的观念，所有我们所想和所做之事的成功与恰当都依赖于我们恰好置身其中的特定环境。这当然就是智者派和修辞学所共有的东西。修辞家清楚地知道，超时间地为真的科学论述的文体是修辞上没希望的。

所有这些都激起了柏拉图的愤怒：他要的是如他的理念所示的无时间的真理，理念表达的是背后的真理，它藏在世界（历史性地，我们可以恰当地在此补充）呈现在我们面前的混沌和令人困惑的多面性背后。时间给予我们的是单纯偶然性的领域，以及那些只是柏拉图式理念不完美、不纯粹的反映的领域。"一切会消逝者皆只是摹形"（所摹者即永恒的柏拉图式理念），就像歌德在《浮士德》第二部结尾用这一句话对柏拉图全部思想的机敏概括。那意味着智者及修辞家直面偶然性、反讽，尤其是人类及其历史存在之悲剧的心态的终结。别忘了随着柏拉图的出现，希腊悲剧（以索福克里斯和埃斯库罗斯为典范）就失去了其魅力与趣味。透明和合理性驱除了过去及其悲剧所固有的晦冥与阴暗的氛围，在苏格拉底和柏拉图之前，希腊人对此曾经特别敏感。我们对这一损失深感遗憾，就像尼采在他论悲剧的诞生一文中从音乐精神的角度所感叹的一样，对此我们在第八章讨论过。

因此，这表明了施特吕弗三角形的三个角彼此之间的关联。在修辞与史学之间存在着默认的同盟，因为二者都希望公平对待时间的要求，相反，对于以柏拉图为标本的哲学家来说，对时间的依赖乃是幻相与虚幻的确定象征。这里所说的哲学家是所有永恒真理追求者的模范，不论是在哲学本身中还是在神学或科学中。由此可见，当我们对哲学、神学或科学的信任达到暂时低谷时，历史著述每每被当成是值得尊重的理智追求；但是，当我们对人类精神可以达到非时间的真理重新信心满满时，史学就又成了所有学科中最谦卑的那个学科。

16世纪到17世纪史学命运的转变是一个十分醒目的故事。16世纪是一个不确定性和怀疑论的世纪，这主要是因为此时神学真理在两场致命的战争中遭遇其不可避免的失败，这是此前还从来没有过的。史学于是兴盛起来，像凯利和富兰克林这样两位作者正确地将之称为16世纪历史著述的"原历史主义"（protohistoricism）。可后来笛卡尔出现了，带着他那不容置疑的哲学确定性，挟数学与科学——这导致了16世纪原历史主义所有希望的夭折。

但现在让我们对文艺复兴人文主义的历史意识做一个多少更为贴近的观察。文艺复兴时期的历史意识是中世纪晚期唯名论与唯实论长期斗争的产物。[14]根据唯实论者的看法，在语言与世界间

---

14 我们已经看到，中世纪唯名论是如何为文艺复兴人文主义的原历史主义扫清道路的。于是，我们应该认识到，中世纪唯名论与唯实论之间的斗争在当代实在论与建构论的论争中有其对应物。对当代实在论者来说，科学语言事实上反映了实在是

第十二章 政治

存在着直接与必然的联系，因此，实在对于语言使用者来说原则上是可以接近的。实在论（或者像索绪尔会说的，"命名论"）有时是有它的神学根基的。例如，据说上帝或亚当给世间万物命名，其隐含意义是，对语言与世界间的联系从而我们现在所说的认识论真理，是存在某种神圣许可的。同时还有一些更为复杂的论证。我们可以通过考虑化学符号像 H_2O 或 NaOH 如何与以之命名的东西相关联来理解这类的论证：我们可以从它们的名字推出它们的性质。或者再次援引作为哲学普及者的歌德，回忆浮士德第一次见到魔鬼梅菲斯特（Mephistopheles）时是怎么说的："对于您，先生，一个人可以从您的名字推断您的本性，就像从您是被叫作苍蝇王、破坏王还是骗子王时那么一目了然。"Bei euch, ihr Herrn, kann man das Wesen / Gewöhnlich aus dem Namen lessen, Woe s sich allzu deutlich weist, / Wenn man euch Fliegengott, Verderber, Lügner heisst.

相反，对唯名论者来说，语言与世界之间的关系首先是由于某种历史的偶然性，正如从哲学角度看，法国人把狗叫作"*chien*"，德国人叫作"*Hund*"，罗马人则用"*canis*"称呼狗，是纯粹偶然的事情。由事物的名称中推不出关于世界的深刻真

怎么样的，相反，建构主义者则主张，语言只是我们在世界上生存的"工具"，因而是传送真理的某种装置，就像锤子和起子一样。工具论及其所引起的讨论不应被视为是关于实用主义的优点的讨论——虽说这里诚然存在特定的交集。处于议题中心的毋宁是本体论与指称问题。实在论者渴望语词与对象之间的符合，而工具论者则极欲去之而后快。工具论者力图尽可能免除一切的本体论承诺。在这一意义上，中世纪唯名论者和唯实论者对手之间的争论可以说参与了当代语言哲学中重要的探讨——进而，这一探讨对于如何哲学地理解历史学家的语言及其所言为何有直接的后果。

理。这些实际上就只是个称呼,只不过是某种声音震动,某种声波,因而有"唯名论"这个词,由此产生一些与目前语境相关的后果。

首先,如果语言与世界之间的关系是历史的偶然,它至少部分地必定是一种**人类的建构物**。这意味着,是**我们**而非**上帝**界定语言及世界的疆域,因而,我们有一切理由同意库萨的尼古拉的观点:唯名论者是上帝法则的反叛者。我们在此夺得了上帝最独特和最珍贵的财宝,从而在一定程度上变得像他,甚至和他一样。第二,如果这一关系只是历史的偶然,它可以且必定能被历史地解释。**因此语言有日期**。这是一个非常重要的见解,因为,正是这让洛伦佐·瓦拉(1407—1457)看到在他之前没人曾经注意到的东西,就是说,君士坦丁赠与(Donatio Constantini)是以受腐蚀的 8 世纪中古拉丁文而不是用君士坦丁时代的拉丁文写的。他得出结论,这份文件是伪造的,从而并不具有任何政治或法律上的重要性(尽管必须承认,这一点 10 世纪时那短命和特立独行的德意志王国国王奥托三世就已经搞清楚了)。

但还可以观察到第三点且更为重要的后果。因为语言的有日期,其作为历史偶然的存在让文艺复兴时期的人文主义者们注意到它跟修辞学的密切关系。瓦拉又一次是富于教益的,尤其是他坚持希腊语中的 logos(逻格斯)一词翻成拉丁文时不应是理性(ratio)而应该是言说(oratio)。对他来说,逻格斯意味着说出来的词,是在特定(历史)环境下且为了施行或"以言行事"(perlocutionary)的力量而说的,就像奥斯丁会说的那样。

语言**做**某些事,其使用会在世界上造成很大的不同。它具有

第十二章 政治

创造性的潜能，这一点修辞家们自古以来就知道。修辞家知道，修辞上有力的言辞能说服你的听众采纳特定的政治策略，那会——如果命运（或不如说命运女神）对它的反应是有利的——或多或少改变历史的进程。文艺复兴时期的人文主义者，总是敏于在学者生涯——被动生活（vita passiva）与政治家的活跃生活——主动生活（vita activa）之间保持正确的平衡，从而肯认语言的政治力量并为之深感欣喜。语言，尤其是修辞的语言，在**政治中是创造性**的，它强有力地决定我们的政治现实会是怎么样的。同样，想要理解过去以及它是如何成为存在的历史学家也应当首先关注政治学的语言。如果他没有做到这一点，他将与人类历史中最为有力和重要的动因失去联系。最后，一方面是造就我们的政治和社会实在的语言，另一方面是政治史学家的语言，这二者之间的连续性自动地会让历史学家关注人类自由的维度与英勇行为，以及那些政治自由的实践会在这个世界上造成的不同。

这把我们带回到黑格尔所宣称的.国家给我们以历史的文章——也就是说，语词同时决定了历史的进程和我们会如何描述这一进程。黑格尔与文艺复兴的人文主义者因而都认为，政治史乃是人类全部历史理解的核心与天然中心。这不是说全部历史是或应该是政治史，我在本章开头已经强调过这一点。相反，我们应该为经济史、社会史及文化史如何无法估量地深化和扩展了我们关于过去的认识而感到高兴。再说一遍，这一点毫无疑问！但这永远不应该让我们忘记，它们全都像围绕固定和永恒不变的中心不断扩大的圆环——这个中心就是政治史。

五　结语

我以这个不时髦的主张开始本书：兰克和洪堡的历史主义仍然是现有史学理论中最好的；并且我尝试将这一论点贯彻始终，尽管不是以在19世纪逐渐形成时那样的历史主义来重申和辩护。的确，如它从赫尔德中经兰克和洪堡再到德罗伊森和狄尔泰的主要拥趸所界定的那样的历史主义，不再能满足我们严格理论论证的标准。浪漫与唯心主义的哲学词汇已毫无希望地落伍了。但是，如果我们去除那些词汇，将在它下面发现关于过去自身的本质、我们与过去的联系，以及我们在历史著述中如何理解其意义的基本真理。通过以更为现代的词汇将历史主义者的理由呈现出来，我为这一主张进行了辩护——尽管我用这种语汇所说的东西在其他使用这些词汇的人听来常常显得不一样。但是，正是在这里历史主义穿上更流行的服装，从而让那些人了解到一些他们以前不知道的东西的存在。

如果这是本书传递给历史哲学家和语言哲学家二者的信息，最后一章所包含的信息是给历史学家的。这个信息就是，19世纪老的历史主义者坚持政治是历史的脊柱是正确的。这个脊柱支撑着历史其他方面——经济史、社会史及文化史等等——的整个躯体，值得展开最细致和持续的历史研究，但是，只要政治这个脊柱被遗忘、忽视或是蔑视，这整个躯体就将碎裂成无望地不连贯的断编残简（*membra disiecta*）的集合。

索　引

（索引页码为原书页码，即本书边码）

"aboutness", "关于", 29—81, 101

Abrams, M. H., 艾布拉姆斯, M. H., 112, 113n

Adorno, T. W., 阿多诺, T. W., 7

Aeschylus, 埃斯库罗斯, 167

aesthetics: 美学: as opposed to *hermeneutics*, 与解释学对立的, 50, 53, 58, 59, 62; and historical rationality, 及历史的合理性, 62, 63; and aesthetic *truth*, 及审美真理, 62, 63

"Ahnen", 心知, 112

Alberti, L. B., 阿尔伯蒂, L. B., 196, 210

"αλήθεια", 解蔽: and historical experience, 及历史经验, 118; as discussed by *Heidegger*, 海德格尔的探讨, 110—114; and representational *truth*, 及表现真理, 110—114

Andringa, E., 安德林加, E., 227

annals, 纪年, 33, 34

anti-representationalism, 反—表现主义, 67n, 81n

Aristotle, 亚里士多德, 22, 22n, 23, 108; on the novel, 论小说, 119—121

aspects (presenteds), 样貌（所呈现者）, 68—71, 73, 80, 85, 103—105; as being *foregroundings*, 作为"前景突出"的, 111, 112; and *properties*, 属性, 111, 154, 155; as being less than *things and More than properties*, 作为少于事物多于属性的; and *truth*, 与真理, 106—108

Assman. J., 阿斯曼, J., 180n

Augustine, Saint, 圣奥古斯丁, 4n10, 32, 33

Austin, J. L., 奥斯丁, J. L., 131

Bakker, B., 贝克尔, B., 49

Balzac, H. De, 巴尔扎克, H. 德, 123,

124

Bann, S., 班, S., 195

Barante, P. de, 巴朗特, P. 德, 194, 195

battle about *colore* versus *disegno*, 色彩与线条之争, 221

Baumgartner, H. M: 鲍姆伽特纳: on *Danto*, 论丹托, 44—46; on (*dis-*)*continuity and identity* as transcendentalist notions, 论作为先验概念的（反）连续性与同一性, 44; on *narrative* as transcendental condition of the possibility of historical knowledge, 叙述之为历史认识可能性的先验条件, 30, 31, 44—47

Bechtel, F., 贝希特尔, F., 200, 201

Beiser, F. C., 贝瑟, F. C., 9n22, 18n41, 20n46, 22n56—57, 23, 84n26, 172n25

Belting, H., 贝尔庭, H., 166, 167

Benjamin, W., 本雅明, W., 160n

Berg, N., 伯格, N., 178

Bertuschat, W., 伯图夏特, W., 243

Bevir, M., 比维尔, M., 141, 227n; on intentional meaning, 论意向意义, 132—135

Binder, H., 宾得, H., 230

Black, M., 布莱克, M., 论隐喻, 75

Blumenberg, H., 布鲁门伯格, H., on light as metaphor, 论光喻, 113n16

Boethius, 波爱修斯, 25n

Bollnow, O. F., 博尔诺, O. F., 202, 203n

Booth, W., 布斯, W., on "implied author", 论"隐含作者", 133n10

Bottici, C., 波蒂奇, C., 181n12

Boyle, R., 波义耳, R., 214, 215

Boym, S., 博伊姆, S., on nostalgia 论怀旧, 183—186

Burke, E., 伯克, E., 96n, 173n

Caputo, J., 卡普托, J., on Heidegger, 论海德格尔, 110n11, 111n11

Carr, D., 卡尔, D., 30, 34—40; and Hegel, 与黑格尔, 37, 38; versus Mink 对明克, 36—40; and narrative, 与叙述, 35, 37—40

Cassier, E., 卡西尔, E., 3n

Cennini, C., 切尼尼, C., 210

chronicles, 编年史, 33, 34

Coetzee, J. M.: 库切, J. M.: and Kafka, 与卡夫卡, 232, 233; and objectivity, 与客观性, 233—239; and Spinozism, 与斯宾诺莎主义, 239—244

Coleridge, S. T., 柯尔律治, S. T., 112

Collingwood, R. G., 柯林武德, R. G., 4n9, 58, 185; short-comings of his "logic of question and answer", 其"问答逻辑"的短处, 109n, 110n8

color anomia, 色彩忘名症, 208, 209
constructivism, 建构主义, 176, 227
crisis of historicism, 历史主义的危机, 5—7
Croce, B., 克罗齐, B., 79
Culler, J., 库勒, J., 157n, 158n

D'Amico, R., 德阿米寇, R., 5n
Danto, A. C., 丹托, A. C., 61, 96n, 177n; on the *Brillo Box*, 论布里洛肥皂盒, 164; on the *Ideal Chronicle*, 论理想编年史, 45; on *metaphor*, 论隐喻, 73—76; on *narrative sentence*, 论叙述句子, 43, 44; on *Nietzsche*, 165—167; on the *origins* of language and art, 论语言和艺术的起源, 165—167; on *project verbs*, 论计划动词; 41; on *representation*, 论表现, 165—167
Davidson, D., 戴维森, D., 9, 27, 90, 143, 116n; on conceptual schemes, 论概念图式, 8; on language and reality, 论语言与实在, 8, 9, 27; on meaning, 论意义, 8
description, 描述, 65, 86
dialectics, 辩证法, 14—26; misconceptions of dialectics of Popper and Leff, 波普尔和列夫关于辩证法的错误观念, 19n45
Dilthey, W., 狄尔泰, W., 2, 24, 25, 58

Donnellan, K., 唐奈兰, K., 88, 90
Double bind, 双重束缚, 224, 225, 230—241
Droysen, J. G., 德罗伊森, J. G., 14, 24, 60, 60n12
Dummett, M., 杜梅特, M., 28
Dujarding, K., 杜雅丁, K., 163

Ebels-Hoving B.: 埃伯思-霍文, B.: and the distinction between historical research and historical writing, 历史研究与历史写作的区别, 60n13; on the personal experience of the past, 论关于过去的个人经验, 178n5
εν και παν, 万物为一, 17, 22n
empiricism, 经验主义, 8, 101; and (historical) experience, 及（历史）经验, 214—217
entelechy, 隐得来希, 11
Euripides, 欧里庇得斯, as object of Nietzsche's scorn, 作为尼采嘲讽的对象, 171
evidence, 证据, 11, 59, 60, 82—84, 121; in *constructivism*, 在建构主义中, 176, 178, 187, 191; in *history* and geology, 在历史与地质学中, 3; in *metaphysics*, 在形而上学中, 83; "of" versus "for", "关于"对"为", 72; and the *Quine-Duhem*

thesis, 和奎因—杜衡命题, 114, 115; and *representation*, 与表现, 96, 97

existence, 存在, 81—85; degrees of existence, 存在的程度, 83

experience, 经验, of *color*; 色彩经验, 206—212; and *form*, 及形状, 211—214; as *lived experience*, 作为生命经验, 34—39, 43; and *meaning*, 及意义, 174; as *a personal experience* of the past, 关于过去的个体经验, 178; and *Spinoza*, 与斯宾诺莎, 240, 241; and the *sublime*, 与崇高的, 172—174; 181, 183, 188, 189; and *synesthesia*, 与通感, 200—206。参见历史经验; 语言

Farin, I., 法因, I., 6, 7
Ferguson, A., 弗格森, A., 42n19, 250
Flaugert, G., 福楼拜, G., 124
Frege, G., 弗雷格, G., 8, 65, 140; *difference* between Frege's notion of the sign and representation, 弗雷格符号概念与表现的不同, 105—107; on *meaning*, 论意义, 73, 106, 127, 142, 152, 153; on *reference*, 论指称, 91, 129, 143, 153; and *representation*, 与表现, 73, 105, 106; and *representational meaning*, 与表现意义, 127—139; as contrasted to *Saussure*, 与索绪尔的比较, 142, 152, 153; on the *sign*, 论符号, 105, 106n6

Freud, s., 弗洛伊德, S., 16, 17, 18n11; on the interpretation of dreams, 论梦的解释, 54—59; and metaphor, 与隐喻, 57; and representation, 与表现, 54—59

Fustel de Coulanges, N. D., 斐斯特尔·德·库朗日, N. D., 193, 196

Gadamer, H. G., 伽达默尔, H. G., 16, 25, 27, 58, 96n, 216; on the *aesthetic consciousness*, 论审美意识, 125; as a critic of *Epistemological historicism*, 作为认识论历史主义的批评者, 24; on *ontological Gradations in* representation, 论表现中的本体论演化, 98

Gallie, W. B., 加利, W. B., on essentially contested concepts, 论本质上有争议的概念, 82

geology, 地质学, 3

Goethe, W. von, 歌德, W. 冯, 17, 253, 254; on Language, 论语言, 206—209; on synesthesia, 论通感, 206—208

Goldstein, L., 戈德斯坦, L., 178n7

Gombrich, Sir E., 贡布里希, E.（爵

士), 96n
Goodman, N., 古德曼, N., 76, 77, 117; on exemplification, 论例示, 106n7
Greenblatt, S., 格林布莱特, S., 182
Gumbrecht, H. U., 冈布瑞希特, H. U., 157n, 164n, 166n, 167n3

Hackaert, J., 哈克特, J., 49—51, 53—55
Hamburger, K., 汉伯格, K., on the "Ich-Origo", 论"我—源", 122n24
Harris, R., 哈里斯, R., 142n24, 144n26, 149n33
Hart, H. L. A., 哈特, H. L. A., 6
Hegel, G. W. F., 黑格尔, G. W. F., 42n19, 84n26 150, 237; on the *concept*, 论概念, 19; and *dialectics*, 与辩证法, 14—26; on *knowledge*, 论认识, 18; on *language*, 论语言, 18, 19, 20n47, 23; on *Reason*, 论理性, 20; on *reification*, 论具体化、物化, 21; on "*subjective*" and "*objective*" Reason, 论"主观"和"客观"理性, 24; on *Socrates*, 论苏格拉底, 170; and *speculative* philosophy of history, 及思辨的历史哲学, 14, 24, 26; his *Spinozism*, 他的斯宾诺莎主义; 18, 251n12; on the *state as* the proper topic of historical writing, 论国家之为历史著述的恰当论题, 250—252; as presenting a historicized Variant of *Stoicism*, 呈现为斯多葛主义的历史化变体, 24; on the *unconditioned*, 论无条件的, 19; on "*Vernunft*" and "*Verstand*", 论"概念"与"理解", 21。亦见 Carr（卡尔）
Heidegger, M., 海德格尔, M., 6—10, 27, 36, 158, 164; and historicism, 与历史主义, 6, 7—10, 27; on truth as "αλήθεια", 论作为"解蔽"的真理, 110—114
Herder, J. G., 赫尔德, J. G., 1, 2n2, 4, 11, 15n34, 16, 17
hermeneutics, 解释学, 50, 53, 57; and its short-coming, 及其缺陷, 58
hermeneutic meaning, as defined by Bevir, 比维尔所界定的解释学的意义, 132
hierarchy of representation, description, aspects (or presenteds) and the world, 表现、描述、样貌（或所呈现者）与世界的等级关系, 80, 81
historical change, 历史演变, 10—12
historical experience: 历史经验: and αλήθεια, 与解蔽, 188; as *collectivist* Historical experience, 集体历史经验, 175. 176, 192; and

empiricism, 与经验主义, 214—217; is an *existentialist* and not a cognitivist category, 是存在而非认知范畴, 190; as the *experience of the distance* between past and present, 作为过去与现在之间距离的经验, 185, 186: as *individual* historical Experience, 作为个体历史经验, 185—189; and *language*, 与语言, 196—203; and the *linguistic turn*, 和语言转向, 196—198, 208; and *nostalgia* (Boym), 与怀旧（博伊姆）, 183—186; and the *subject/object* split, 与主体/客体的断裂, 215, 216; and *synesthesia*, 与通感。亦见赫伊津哈

historical explanation, 历史解释, 11, 12

historical idea, 历史理念, 11—14; *criticism of* the historical idea, 对历史理念的批评, 12, 13; criticism of the historical idea *refuted*, 对被拒斥的历史理念的批评, 13, 14

historical novel, as the *trait d'union* between the representation of the world in the novel and in historical writing, 历史小说, 作为小说中与历史著述中关于世界的表现的中介, 121—124

historical presentation, 历史表现, 59—62。亦见表现

historical research ("Geschichtsforschung"), 历史研究, x, 60—62

historical writing ("Geschichtsschreibung"), 历史著述, x, 60—62

historicism: in the *Anglophone* countries, 历史主义：在盎格鲁国家, 4; is the *best theory of history*, 是最好的史学理论, ix, 1, 28, 29, 256; *crisis of historicism*, 历史主义的危机, 5, 6; *definition of historicism*, 历史主义定义, 1—4, 29; and *dialectics*, 与辩证法, 14—27; has been a *German invention*, 一直是德国的发明, 4; and *historical change*, 与历史演变, 10—12; and *historical explanation*, 与历史解释, 11, 12; and the *historical idea*, 与历史理念, *idealist and romanticist idiom of*, 相关的唯心主义及浪漫主义格言, 1; and *neo-Kantianism*, 与新康德主义, 5, 6, 9; and *myth*, 与神话, 181, 246; and *panentheism*, 与泛神论, 14; and *philosophy of language*, 与语言哲学, ix, 1, 26, 27; and the *professionalization* of history, 与史学的专业化, 11; and 16th century "*proto-historicism*", 与16世纪"原历史主义", 253; and the necessity of its *reformation* in a more modern vocabulary, 和将它用更现代的词汇表达的必要性, IX, 1, 14, 28, 256; and *speculative philosophy of* history, 和思辨的历史哲学, 15, 90n; and *time*, 与时间, 29, 30; *vindication* of historicism, 历史主义的正当证明, 14。亦见黑格尔, 海德格尔, 洪堡, 科泽勒克, 曼海姆, 马格利斯, 奎因, 兰克, 罗蒂。

history: *passim; constructivist theory* of, 史学: 各处; 建构主义的理论, 175—177; as occasioning the *crisis of historicism*, 作为历史主义危机的发生, 5—7; and *experience*, 与经验, 2,175—219; and *form*, 与形状, 211—214; as a *guide* for the philosophy of language, 作为语言哲学的向导, ix, 9, 27, 29, 213; *history of ideas* (intellectual history), 观念史(思想史), 26, 130—136; *language*, 与语言, 196—203; and *nature*, 与自然, 181; *organicist* conception of, 有机主义的概念, 22, 23, 172; as history of *past politics*, 作为过去政治的历史, 245, 256; *reflection* on, 对历史的反思, 4n; *relevance* of, 相关性, 3; and *Renaissance humanism*, 文艺复兴人文主义, 252—256; and *science*, 与科学, 3, 3n8, 6, 14, 24, 41, 78, 113; *as totum simul* (Mink) or *omnia simul* (Ranke), 作为瞬间(明克)或恒常(兰克)的, 25n65; *transcendentalist approach to*, 先验取向, 31, 32, 41—47; *as world history*, 作为世界史, 15。亦见黑格尔; historical research, 历史研究; historical writing, 历史著述; historicism, 历史主义; Magritte conception of history, 马格利特史学概念; novel, 小说; myth, 神话; objectivity, 客观性; time, 时间; "Universal history" (Mink), 普遍史(明克)

Hoffmann, H., 霍夫曼, H., 166n

Hofmannshal, H. von, 霍夫曼夏尔, H. 冯, 237—239

Holdcroft, D., 霍尔德克罗夫特, D., 148

Hölderlin, F., 荷尔德林, F., 16, 17, and *principium individuationis*, 和个体化原则, 171, 172

Huizinga, J., 赫伊津哈, J., 13n30; on the vagueness of representational meaning, 论表现意义的模糊性, 145n; on historical experience, 论历史经验, 175, 185—189, 201—206, 212

Humboldt, W. von: 洪堡, W. 冯: and *historical explanation*, 与历史解释, 11, 12; and the *historical idea*,

与历史理念, 11—14, 22; and *historicism*, 与历史主义, ix, 1, 1n, 2; *Huizinga* on, 赫伊津哈论 187; and *Popper's* "historicism", 与波普尔的"历史决定论", 1n, 90; and the necessity to *reformulate* his historical thought in a more modern vocabulary, 以更现代的语汇改写其史学思想的必要性, ix, 1, 14, 28, 256

Hume, D., 休谟, D., 99

Husserl, E., 胡塞尔, E., 34, 35, 36

indeterminacy in relationship between representation and represented, 表现与被表现者关系的不确定性, 103

individuation, 个体化, 100

individuum est ineffabile (Goethe), 个别不可穷尽, 14

intentional meaning, 意向意义, 130—136, 139—141, 225—228; *Bevir* on, 比维尔论, 132—136; in *Kafka*, 在卡夫卡那里, 226—229; *Skinner* on, 131—133, 斯金纳论, 131—133

interpretation, 阐释, 48—64; why it needs to be *controlled* by representation, 为何阐释应为表现所控制, 52, 53, 120, 144; as *explanation*, 作为解释; 56; *Freud* on the interpretation of dreams, 弗洛伊德论梦的阐释, 54—59; the *gap* between interpretation and representation, 阐释与表现的裂隙, 56; *interpretation* + reality = representation, 阐释+实在 = 表现, 57; and *representation*, 与表现, 48—64, 138

Iser, W., 埃舍尔, W., 133n10

Jacobi, F. H., 雅科比, F. H., 15, 18, 246

James, W., 詹姆斯, W., 96n

Joseph, J., 约瑟夫, J., 142n24

Kafka, F., 卡夫卡, F., 141, 225—234; and the double bind of meaning, 与意义的双重约束, 230—232; and intentional (authorial) meaning, 与意向(作者)意义, 226—229。亦见库切

Kant, F., 康德, F., 1, 5—7, 22n55, 58, 80, 99, 125; and Spinozism, 与斯宾诺莎主义, 15—17, 24; on time, 论时间, 31, 32

Kellner, H., 凯尔纳, H., on White's Kantianism, 论怀特的康德主义, 137n17

Kelsen, H., 凯尔森, H., 6n14

Koselleck, R., 科泽勒克, R., 30, 73n11

Kripke, S., 克里普克, S., 88

Krol, R., 克罗尔, R., 14

Kuhn, T., 库恩, T., 78n17

LaCapra, D., 拉卡普拉, D., 236n

language: *autonomy* of language, 语言：语言的自足, 14, 115, 117; as stumbling already over so simple a phenomenon as *color*, 在色彩这样简单现象上语言已然绊跤, 176, 177, 196—217; *fatal defect of* natural language, 自然语言的致命缺陷, 116; of the *historian*, 历史学家的, ix, 12, 13; the *historian's worries*, about language, 历史学家对语言的忧虑, 194—196; in history and science, 在史学和科学中, 198, 199; *history of*, 语言史, 152; *Hofmannsthal's* "languagecrisis", 霍夫曼夏尔的"语言危机", 237—239; *natural language*, 自然语言, 89, 90, 116; as *not being required* for representation, 不是被要求为表现的, 85, 86; and *ontology*, 和本体论, 156, 161, 162, 166, 167; *ordinary language philosophy*, 日常语言哲学, ix, 143; *parallelism* of language and reality, 语言与实在平行论, 12, 13, 15, 18, 28, 76—79, 89, 114, 254; of *politics*, 政治学的, 255; and *representation*, 与表现, 97—99, 154; *rhetorical language*, 修辞的语言, 255; and *synaesthesia*, 与通感, 177, 200—203, 209—214; as a *way of worldmaking* (Goodman), 作为构造世界的方式（古德曼）, 117。亦见丹托、戴维森、歌德、黑格尔、奎因、罗蒂、索绪尔、怀特、维特根斯坦

Lasch, C., 拉什, C., 183

Leff. G., 列夫, G., 19n45

Leibniz, G. W., 莱布尼茨, G. W., 20n51, 89; on a "full universe", 论"充实的宇宙", 99, on the identity of indiscernibles, 论不可分辨者的同一性, 162, 163

Lessing, G. E., 莱辛, G. E., 15

linguistic turn, 语言转向, 8, 26, 196—199, 219; and (historical) experience, 与历史经验, 196—198, 208; in history and the humanities, 在历史和人文学科中, 114—118

Lock, J., 洛克, J., on synesthesia, 论通感, 200—202

logos philosophy, 逻各斯哲学, 23, 24

Lucianus, 琉善, 220, 222

Lucacs, G., 卢卡契, G., on the historical novel, 论历史小说, 122

Magritte, R., 马格利特, R., 192—195

Magritte conception of history, 马格利特的历史概念, 192—196, 199, 219; as de-fused by White, 被怀特平息了的, 197, 198

Maigron, L., 迈格荣, L., on the historical novel, 论历史小说, 123, 124
Mandelbaum, M., 曼德尔鲍姆 M., 2
Mann, T., 曼, T., 178n6, 180n10
Mannheim, K., 曼海姆, K., 10
Mantegna, A., 曼特尼亚, A., 51
Margolis, J., 马戈利斯, J., 9n21
Marx, K., 马克思, K., 14
Maupassant, G., 莫泊桑, G., 124
Mayer, K., 迈耶, K., 183
meaning, 意义, 127—156; and aspects, 与样貌, 70; defining versus fixing meaning, 界定的对固定的意义, 143, 144; *dictionary* meaning, 字典意义, 85, 105, 106, 127; *differentialist* meaning, 差异中显示的意义, 147; and *experience*, 与经验 174, 199—203, 206—269, 237—239; *double bind* of meaning, 意义的双重约束, 224, 225, 230—241; of the *dream* (Freud), 梦的意义 (弗洛伊德), 54—59; *figural* meaning, 拟义, 143; *hermeneutic* meaning, 解释学意义, 132; *iconological* meaning, 象征意义, 49—53; *instability* of meaning, 意义的不稳定性, 20; as *intrinsic or extrinsic* to the text, 内在或外在于文本的, 147; and *metaphor*, 与隐喻; 73—79; as being the *origin* of itself, 作为其自身起源的, 143; of the *past*, 过去的, 34, 38; as *preceding* truth, 作为先在真理, ix, 64, 117, 121, 129, 138—145, 153; and *proper names*, 与专名, 129; and *reference*, 与指称, 88, 151—153; and *synonymy*, 与同义, 127; *syntagmatic and associative* (or paradigmatic) patterns of meaning (Saussure), 意义的句段或联想意义 (索绪尔), 148—152; as a *text's summary*, 作为文本的概括, 128; *textual* meaning, 文本意义, 115, 117, 127—130, 135; *textual meaning as different* from that of the past, 区别于过去意义的文本意义, 138; as *value* (Saussure), 作为价值 (索绪尔), 148。亦见戴维森、弗雷格;意向意义;卡夫卡;奎因;表现意义;索绪尔、怀特;维特根斯坦
Meinecke, F., 梅涅克, F., 14, 178n6
metaphor, 隐喻, 73—76; Black on metaphor, 布莱克论隐喻, 75
metaphysics, 形而上学, 83, 84
Mill, J. S., 穆勒, J. S., 128
Mink, L., 明克, L.: versus Car, 对卡尔, 36—40; and Davidson, 与戴维森, 13; on narrative, 论叙述, 38, 39; "Universal History", 与 "普遍史", 14, 24—26, 38, 44, 61, 81, 150, 197
Molyneux, W., 莫利纽克斯, W., 200

Mooij. J. J. A., 穆伊, J. J. A., 73n10, 111n11,

Mortimer, I., 莫蒂默, I., 178n5

myth, 神话, 167, 181—185, 199, 250; of the Given, 给予的神话, 214

narrative, 叙述, 35, 40; *Baungartner* on narrative, 鲍姆伽特纳论叙述句子, 44, 45; *Danto* on narrative sentence, 丹托论叙述句子, 43, 44; as a *transcendental condition* of the possibility of historical knowledge (Baumgartner), 作为历史认识可能性的先验条件（鲍姆伽特纳）, 44—47

navel of the dream, 梦之脐, 57—59

neo-Kantainism, 新康德主义, 5—7

New Historicism, 新历史主义, 182n13

Newton, Sir I., 牛顿, I.（爵士）, 214

Nietzsche, F., 尼采, F., 65, 151, 179, 243; on Greek tragedy, 论希腊悲剧, 167—169; and representation, 与表现, 165—173

"nomenclaturism"（Saussure）, "命名主义"（索绪尔）, 142

nostalgia, Boym on, 怀旧, 博伊姆论, 183—186

notational systems（Goodman）, 符号系统, 77, 78

objectivity/subjectivity, 客观性／主观性, 194, 206, 220—225, 224; and Coetzee, 库切, 233—239。亦见真理

Ockham, W., 奥康姆, W., 168

Oexle, G. O., 奥克修, G. O., 5n12

Ogden, C. K., 奥登, C. K., 105

Oleynikov, A. A., 奥里尼科夫, A. A., 47n33

"Pantheismusstreit", "泛神论之争", 15

Pasquier, É., 帕斯奎尔, É., 246

Peirce, C. S., 皮尔士, C. S., 105

Perry, J., 佩里, J., 4n10

philosophy of history: 历史哲学：in *Anglophone* countries, 在英语国家, 4n9; in *Germany*, 在德国, 4n9; *literary truth* in philosophy of history, 历史哲学中的文学真理, 26, 118, 220; and *philosophy of language*, 与语言哲学, 219; and *philosophy of Science*, 与科学哲学, 199; *problems* of philosophy of history, 历史哲学的问题, 11; *speculative* philosophy of history, 思辨的历史哲学, 12, 15, 24; as being torn apart between *Spinozism and Kantianism*, 被撕裂于斯宾诺莎主义与康德主义之间, 24。亦见黑格尔；赫尔德；罗蒂。

philosophy of language: 语言哲学: *analytical* philosophy of language, 语言分析哲学, 114, 143; and its *discontents*, 及其不满, ix, 7, 67n, 86, 88n2, 91, 103, 106, 116, 143, 153, 154, 199, 215, 219; and historicism, 与历史主义, 26—28; and philosophy of history, 与历史哲学, ix; *"pure" and "impure"* philosophy of language (Rorty), "纯"与"不纯"的历史哲学(罗蒂), 15n, 35。亦见罗蒂

Pieters, J., 皮特士, J., 182n13

political history, 政治史, 252—254, 256: as the backbone of all historical writings, 作为所有历史著述的脊柱, 246, 256; Hegel on, 黑格尔论, 250—252

Popper, Sir K. R., 波普尔, K. R. (爵士), 1n, 19n45

presence, 在场, 157—175; and *absence*, 与不在场, 159, 160; and *representation*, 与表现, 159—162; and the *sublime*, 与崇高, 172—174; as a *supervenient property*, 作为伴生的性质, 162—165

presenteds, 所呈现者。见样貌

principium individuationis: 个别化原则: and Schopenhauer, 与叔本华, 169, 171; and Hölderlin, 与荷尔德林, 171, 172

properties, 属性, 85, 106

propositional truth, 命题真理, 67; and *Dummett*, 与杜梅特, 129; and *proper names*, 与专名, 93; and *reference*, 与指称, 129; and *representation*, 与表现, 77, 80, 102—110, 213; and *representational meaning*, 与表现意义, 155。亦见真理

Quine, W. V. O., 奎因, W. V. O., 9, 26, 27, 83, 117, 143; on the dogmas of *empiricism*, 论经验主义的教条, 115; and *historicism* (Rorty), 与历史主义(罗蒂), 8n18; his *holism*, 其整体主义, 8; *implausibility* of his holism for history and the humanities, 其历史与人文学说整体论的不可信性, 89, 90, 114; and the *linguistic turn* (Rorty), 与语言转向(罗蒂), 114; on *meaning*, 论意义, 126; on *reference*, 论指称, 8, 89, 90, 95; and *scientism*, 与科学主义, 116; on *semantic ascent*, 论语义上行, 79

Quine-Duhem thesis, 奎因—杜衡命题, 89, 114

Ranke, L., von, 兰克, 4n, 25n65, 30nl, 33, 90n, 195, 196, 217; and (historical) epistemology, 与（历史）认识论, 24, 25, 194, 195; closeness to *Hegel*, 与黑格尔的相近处, 14; and *Hegel's conception of the idea*, 与黑格尔的理念概念, 22, 23; and *historicism*, 与历史主义, ix, 1, 2, 2n3; and the *historical idea*, 与历史理念, 11—14, 22; and *Humboldt*, 与洪堡, 21, 25—28, 36; and *Mink*, 与明克, 25n65; defining the *modern paradigm of historical writing*, 对历史著述现代范式的界定, 178; and *objectivity*, 与客观性, 194, 221, 234; on *political history*, 论政治史, 246, 256; and *Popper's* "*historicism*", 与波普尔的"历史决定论", 90n; and the necessity to *reformulate* his historical thought in a more modern vocabulary, 及用更现代的词汇改写其历史思想的必要性, ix, 1, 14, 28, 256; on *time*, 论时间, 30nl

reference, 指称, 66, 75, 86—101; and "*aboutness*", 与"关于", 79—81, 101; and *attribution*, 与谓述, 66, 67; and true *description*, 与真值陈述, 80; and *historical representation*, 与历史表现, 91, 94, 145, 146, 151; on *individual objects*, 论个体对象, 91—95; and *meaning*, 与意义, 64, 73, 86, 106, 114, 129; and *metaphysics*, 与形而上学, 99—101; as *picking out uniquely*, 作为唯一地拈出的, 65, 87, 88, 92, 94; and *proper names*, 与专名, 88, 89; and the *referentialist illusion*, 与指称幻相, 91—95; and *representation*, 95, 105, 106; and *truth*, 95—99; 126, 129; 亦见多奈兰；弗雷格；奎因；索绪尔；塞尔；自我指称；斯特劳森

referentialist illusion, 指称主义幻相, 91—95; having its support in a prejudice as massive and unshakable as Mount Everest, 得到与喜马拉雅山一样沉重和不可撼动的偏见的支持, 92n, 116

representation: 表现: and "*aboutness*", 与"关于性", 79, 82; and *absence*, 与不在场, 159, 160; and *aesthetics*, 与美学, 58, 59, 62, 63, 80, 97, 125, 159, 160, 177, 179; in *anchors in reality*, 锚定在实在中, 52, 120; and *anti-representationalism*, 与反表现主义, 67n, 81n, 161; and *aspects*, 与样貌, 71—75, 78, 80, 92—95, 103—105, 150, 151, 205; *collectivist and Individualist interpretation of representation*, 表现的个体及集体阐释, 158, 159;

copy theory of representation, 表现的复制理论, 45; and true *description*, 与真值描述, 65—73, 78, 80, 86, 149, 213; *difference* between Frege's notion of sign and representation, 弗雷格的符号理论与表现的区别, 105—107; and *epistemology*, 与认识论, 57, 58; *etymology* of representation, 表现的词源, 56, 159; and *evidence*, 与证据, 96, 97; and *existence*, 与存在, 81—85; and *experience*, 与经验, 179, 193, 195—199, 205, 209—214; and *explanation* in history, 与历史解释, 12; and *hermeneutics*, 与解释学, 51—53; and *historicism*, 与历史主义, ix, 58; and *indiscernibles*, 与不可分辨者, 162; and *individuality*, 与个体性, 92—95; as contrasted with *interpretation*, 与阐释相比照的, 48—64, 119, 120, 140; *levels of truth* in representation, 表现中真理的层次, 115—117; *logical features* of representation, 表现的逻辑特征, 65—73; as being *logically prior to language*, 作为逻辑上先于语言的, 86, 152, 154, 155, 245; as *making present* of what is absent, 作为令不在场者出场的, 157; and *meaning*, 与意义, 64, 105, 117, 126—157; and *metaphor*, 与隐喻, 73—79; and *metaphysics*, 与形而上学, 99—101; as *missing link* between "is" and "ought", 作为"是"与"应该"之间失去的关联, 99; as *model* for philosophy of language, 作为语言哲学的模本, ix, 62; and *narrative*, 与叙述, 47; and *music*, 与音乐, 168; and the *novel*, 与小说, 118—124; *ontology*, 与本体论, 57, 58, 72, 97, 161, 162; and *political history*, 与政治史, 245—256; in *politics*, 在政治中, 160; and *presence*, 与在场, 158—174; and *presenteds* (see *aspects*); 与所呈现者（见样貌）; and *properties*, 与属性, 106, 107; and *provisional truth*, 与暂时真理, 213; and Quine's holism, 与奎因的整体论, 95; and *reality*, 与实在, 76—80, 150—152; and *reference*, 与指称, 66, 68, 87—102, 126, 188; representation "as" and "by", 表现"为"与"通过"……表现, 103n3; *representation as "Geschichitssch-reibung"*, 作为"历史著述"的表现, x, 60, 62; and the *represented*, 与被表现者, 56, 68—71, 113, 161; *resemblance theory* of representation, 表现相似论, 78, 86, 87, 160; and *self-reference*, 与自我指涉, 80—82, 146; as defined by the *sentences it contains* (see *self-reference*), 由其所包含的句子所界定的（见自我指涉）; and the *sublime*, 与崇高, 169—173, 179; *substitution theory* of representation, 表现替代论, 56, 57, 78, 96, 98, 161—164; and the *thesis of the theory-ladenness of empirical fact*, 与经验负载理论命题, 60, 61; as a *three-place operator*, 作为三阶因子, 68—76, 81, 91, 103, 150; and *truth*, 与真理, 66, 67, 70, 80, 95, 96—99, 102—125; if seen as *word or sign*, 如果被看作词或符号, 104, 105; 亦见丹托; 弗雷格; 弗洛伊德; 贡布里希; 明克; 尼采; 在场; 命题真理; 表现意义; 表现真理; 席勒; 施莱格尔; 叔本华; 范登艾克; 怀特; 扎米托

representational meaning, 表现意义, 126—129, 138—159; *defining versus fixing meaning*, 界定对固定的意义, 145—147; *enrichment* of, 充实, 146, 147; as *intrinsic or extrinsic* to the text, 作为内在或外在于文本的, 147; must remain *undefined*, 必定保持为未界定的, 138, 139, 141, 153。亦见意向意义；意义；索绪尔；怀特

representational truth, 表现真理, 106, 107, 109—114; as "αλήθεια", 作为"解蔽", 110—114; requires no *correspondence*, 不需要符合的, 114—118; *as de-subjectified* truth, 作为去主体化的真理, 107; is not an *either/or affair*, 不是非此即彼的, 108; and the *linguistic turn*, 与语言转向, 114—118; in the *novel*, 小说中的, 118—124; and *propositional truth*, 与命题真理, 107, 108; *as self-revelation* of the world, 作为世界的自我揭示, 109, 111, 112, 125。亦见海德格尔

represented, 被表现的, 56, 68—71, 113, 161

rhetorics, Struever on, 修辞学, 施特吕弗论, 252, 253

Richards, I. A., 瑞恰慈, I. A., 105

Rickert, H., 李凯尔特, H., 6

Ricoeur, P., 利科, P., 30, 34, 35, 66n2, 93n

Rorty, R., 罗蒂, R., 7—10, 27, 113n16; and *Davidson*, 与戴维森, 8; on *Gadamer*, 论伽达默尔, 9; on *Herdegger*, 论海德格尔, 8; and *historicism*, 与历史主义 8—10, 27; on *language*, 论语言, 3—10, 27; on the *linguistic turn*, 论语言转向, 8, 114; and *philosophy of history*,

与历史哲学, 9; and *Quine*, 与奎因, 8

Ruisdael, J. van, 雷斯达尔, J. 范, 49n3, 163

Runia, E. H., 儒尼亚, E. H., 158n, 249n

Rüsen, J., 吕森, J., 5n12

Russell, Lord B., 罗素, B.（勋爵）, 87, 128, 129

Saussure, F. de, 索绪尔, F. 德, 142—152; *avoids defining meaning*, 避免界定意义, 141; contrasted to *Frege*, 与弗雷格的比较, 142, 152, 155; on *language*, 论语言, 142, 143, 148; on *meaning*, 论意义, 142—152; on "*nomenclaturism*", 论"命名主义", 142; on *reference*, 论指称, 142—144, 153; on the *sign*, 论符号, 141, 142; on *signification/value*, 论含义/语义值, 148; on *syntagma and association* (paradigm), 论句段与联想（范式）, 149。亦见转换 (transgression)

Schama, S., 沙玛, S., 159n

Schapiro, M., 夏皮罗, M., 168

Schelling, F. W., 谢林, F. W., 16, 17

Schiller, F., von, 席勒, F. 冯, 58, 59, 125; on Greek tragedy, 论希腊悲剧, 167, 168

Schippers, H., 施帕斯, H., 16n37

Schlegel, F. von, on Greek tragedy, 施莱格尔, F. 冯, 论希腊悲剧, 167, 168

Schleiermacher, F., 施莱尔马赫, F., 16

Schönau, W., 施瑙, W., 226n8

Schopenhauer, A., 叔本华, A., 169, 215; and the *principium individuationis*, 与个体化原则, 169—171; his pessimism, 其悲观主义, 171

scientism, 科学主义, 3, 89, 90, 101, 116

Scott, Sir W., 司各特, W.（爵士）, 122n26, 123, 124n29

Searle, J., 塞尔, J., 87, 88

self-reference, 自我指涉, 80—82, 126, 146。亦见指称

Sidney, Sir Philip, 锡德尼, 菲利浦（爵士）, 162n

Skinner, Q., 斯金纳, Q., on intentional meaning, 论意向意义, 131—135。亦见比维尔

Slive, S., 斯利弗, S., 49n3

Smith, A., 史密斯, A., 17n37

Socrates, 苏格拉底, as symbolizing the death of Greek tragedy, 象征希腊悲剧之死, 170

Sophocles, 索福克勒斯, 167

speaking about speaking, 关于言说的言说, 80

Speaks, J., 斯必克斯, J., on Frege, 论

弗雷格, 129

speculative philosophy of history, 思辨的历史哲学, 1, 12, 15, 24, 82, 90, 150, 213

Spengler, O., 斯宾格勒, O., 32, 212

Spinoza, B. de, 斯宾诺莎, B. 德, 15, 16, 22, 24, 26, 213; on *scientia intuitive*, 论科学直觉, 241—243; as (favorably) compared to Vico, 与维柯（正面的）比较, 17; and Coetzee, 与库切, 229—244

Steinmetz, H., 斯泰因梅茨, H., 229

Stirner, M., 施蒂纳, M., 16n38, 17n38

Stoicism, 斯多葛主义, 23; and Hegel, 与黑格尔, 24

Strasser, S., 施特拉瑟, S., 202

Strawson, Sir P. E., 斯特劳森, P. E.（爵士）, 65

Structuralism, 结构主义, 147

Struever, N., 施特吕弗, N., 252—255

style, 文体, 风格, 73—79; lack a *fundamentum in re*, 本身缺乏根基, 77

subject/object split, 主观/客观断裂, and historical experience, 与历史经验, 215, 216

subject of change, 变化的主体, 10

subjectivity, 主体（观）性。见客（观）体性

sublime: 崇高: and historical experience, 与历史经验, 181—183, 188, 189; and presence, 与在场, 172—174, 217

summaries, 概述, as failing to give us the text's meaning, 没法给出文本的意义, 127, 128

symbolization, 象征化, 53

synesthesia, 通感, 200—206

synonymy, 同义, 127

Tarasov-Rodionov, A., 塔拉索夫—罗迪诺夫, A., author of the novel *Chocolate*, 小说《巧克力》的作者, 139, 140, 141

Taylor, C., 泰勒, C., 19, 20n47, 21

thesis of the theory-ladenness of empirical facts, 经验事实负载理论命题, 60, 61

time, 时间, 29—47; as *clock time*, 作为钟表时间, 32—34; as "consumed" by *historical narrative*, 为历史叙述所"假设"的, 43; as *lived time*, 作为生命时间, 34; as *transcendental concept*, 作为先验概念, 31, 32, 44—47。亦见卡尔; 科泽勒克; 利科; 斯宾格勒; 怀特

Titian (G. Vecellio), 提香（G. 韦切利奥）, 211, 213

Tolstoy, Count L., 托尔斯泰, L.（伯

爵),247—249
transgression of the demarcation-line between syntagma and association, 句段与联想分割线的转换, 150—152, 154—157
Troeltsch, E., 特洛尔奇, E., 5
truth: 真理: and *action*, 与行动, 99, *aesthetic truth*, 美学真理, 62, 63; as αλήθεια, 作为解蔽, 110—114, 188; *analytical truth*, 分析真理, 81; and *evidence*, 与证据, 96; *and instrumentalism*, 与建构主义, 254n; as preceding *meaning*, 作为先于意义的, ix, 117, 126—129, 132, 158; *narrative truth*, 叙述真理, 113; and the *novel*, 与小说, 118—124; *object-and metalevel of truth in historical texts*, 史学文本中客观及形上层面的真理, 115—118; and *presence*, 与在场, 159, 161; and *presenteds*, 与所呈现者, 93; and *proper names*, 与专名, 93; and *reference*, 与指称, 88, 105, 106, 154; and *representation*, 与表现, 98, 102—125; as *revelation*, 作为揭示, 118, 125; and *style*, 与文体, 78; *synthetic* truth, 综合真理, 93, 94。亦见弗雷格; 海德格尔; 尼采; 客观性; 命题真理; 表现真理

unintended consequences of human action, as defined by Ferguson, 人类行为的非意想后果, 如弗格森所界定的, 42n19; as defined by Hegel, 如黑格尔所界定的, 42n19; "Universal History" (Mink), "普遍史" (明克), 14, 25, 26, 38, 44, 61, 81, 150, 197
Ut pictura poesis, 诗画同流, 59

Van den Akker, C., 范登艾克, C., 71n
Valla, L., 瓦拉, L., 255
Veit-Brause, I. . 法伊特—布劳泽, I., 5n12
Vico, G., 17, 维柯, G., 22n55, 151
vita passiva and *vita activa*, 被动生活与主动生活, 255

Wagner, R., 瓦格纳, R., 168, 169
Walsh, W., 沃尔什, W., on metaphysics, 论形而上学, 83, 84
Weber, M., 韦伯, M., 223
Wegenast, M., 韦格纳斯特, M., 240n29
West, P., 韦斯特, P., 235, 236
White, H., 怀特, H., 32, 33, 37, 41, 143, 222; criticizing the *free play of signifiers*, 对能指自由游戏的批评, 52, 53; on *language*, 论语言, 52, 53; as de-fusing the *Magritte*

conception of history, 对马格利特历史概念的拆解, 197, 198, 218; on *meaning*, 论意义, 136—138; on *tropology*, 论喻义学, 137, 138

Windelband, W., 文德尔班, W., 6

Wittgenstein, L., 维特根斯坦, L., 12, 26, 30, 68n, 143, 144; on color and form, 论色彩与形状, 209, 210; on meaning, 论意义, 147

Wordworth, W., 华兹华斯, W., 112

Zammito, J., 扎米托, J., 22n56, 23, 83, 89n4, 91n7, 102n, 105n4

Zola, É., 左拉, É., 124

译者后记

这是一本2012年由康奈尔大学出版社推出的安克斯密特教授的新作。在全球史学理论或历史哲学圈子里，这位荷兰格罗宁根大学思想史与史学理论教授的声名可以说尽人皆知。在学术上，他可以说是堪与圈内另一巨头海登·怀特比肩的人物，虽然由于出道早晚等各种原因，后者在史学理论圈外的声名远较安氏为盛。

在狭义学科[1]意义上，历史哲学在哲学各部门中是一个较为边缘化的学科。近一百年来，在这一领域中活动过的哲学人物，无论在人数还是量级上都与科学哲学或语言哲学不可同日而语，并且，绝大多数曾涉足这一领域的哲学家都属于惊鸿一现的性质，最典型的无过于亨普尔。他在1942年以一篇"普遍规律在史学中的作用"在历史哲学中引发了20世纪中叶关于"历史解释"的学术论争，但此后再无下文。以《分析的历史哲学》而获得卓著声誉的阿瑟·丹托，亦只有这一本关于历史哲学的专门著作。在这一背景下，安克斯密特可以说是一个罕见的例外。自1983年出版

---

1 在宽泛意义上，海德格尔的《存在与时间》不但具有深刻的历史性维度，且包含不少直接论及历史和史学的思考。伽达默尔的《真理与方法》第二部分中也有不少这方面的内容。

的《叙述的逻辑：史家语言的语义分析》后，他所发表的历史哲学论著有九部，论文百篇以上，2007年创办并任主编的学术刊物的名称即为《历史哲学杂志》（本学科知名权威刊物的刊名则为意义更为广泛的《历史与理论》）。诚然，单就在学术体制内的身份论，和海登·怀特一样，安克斯密特隶属历史系而非哲学系，但他曾在哲学系拿过学士学位，当然，更重要的是，他的学术兴趣及论著主题均为哲学本位而非史学本位的。即以本书而论，他明确地说，除最后一章是对历史学家说的话之外，其余的话都是对历史哲学和语言哲学家说的（原书第332页，即本书边码，下同）。为此，作者在书名上特意拈出意义、真理与指称这三个标准的语言哲学概念。因此，这是一本在哲学同行中也许会比在史学界有更多读者的学术著作，同时，其学术内容对读者的哲学素养亦是一种挑战。

本书在安克斯密特的历史哲学著述中具有集大成的性质。其主要观点在前此发表的著作，尤其是《历史表现》与《崇高的历史经验》两书（均有中译本）中均已论及，不过，如果说前此论说有时还处在探索状态，在这本书里它们则更多以逻辑融贯的系统呈现，因此，全书各章纯以范畴为题，层层递进，表现出某种黑格尔式的论述风格。（顺便指出，黑氏乃安氏尊敬的哲学家。）当然，在思想表达方式乃至具体论述上，作者都有了新的补充与推进，例如，关于指称、真理和意义的逻辑关系上意义的基础性，"经验"范畴中两种怀旧经验以及个体与集体历史经验的区分等等都是这样。

安氏治历史哲学的一个显著特点，是其明确的哲学问题意识与哲学抱负。如果要用一个词概括当代西方哲学的基本走向与精神，大多数人会同意，最先由罗蒂提出的"语言的转向"仍然是不二之选。正是在语言问题上，安克斯密特显示出其作为一个历史哲学家的独特性和优越性，提出了值得重视的哲学观点。

基于其基本研究对象即科学语言的特色和追求严格性与精确性的科学主义取向，英美语言哲学实际上所探讨的只是语词（摹状词、主词、谓词）或句子（陈述句、命题、叙述句子）水平上的语义逻辑和语用维度等问题，文本作为语言的完整形态反而完全在他们的语言分析视野之外。[2]而"文本事实上……比句子更基本"。（第199页）如果说句子是对事实的陈述的话，那么，在文本层面上，语言是"关于"对象（世界）的文本表现，这是一个在语言与世界的哲学理解上具有某种革命性的观点，其与海德格尔包括伽达默尔的语言观及存在真理观有内在会通之处。在语言的现成存在与个体语言习得的维度上，语言往往被理解为由语词、句子到文本的系统，名词命名与指称对象，句子执行描述、发问、断言等基本交流功能，文本则被视为句子的集合。可是，在人与世界的本原性关系上，事情也许恰恰是反过来的。在语言之外并没有现成的一个个清晰的物体列队等待命名，世界由原本一片混沌中的整体成形与物的到场是同步的，各种事物其实是在混沌中被意识和被描述即安克斯密特所说的"表现"中首先到场然后被标记即命名的，如果说这在自然物体方面也许不那么明显或确切，

---

[2] 欧陆哲学如解释学、利科、福柯哲学等倒实在触及文本和话语层面。当然，文学理论对文本更有丰富的研究成果。这对海登·怀特、安克斯密特乃至整个当代历史哲学界的理论视野和运思方面均有启示、发明之功。

那么，社会存在物如历史对象（人物、事件等）则是先有"样貌"而非"带有属性的事物"，"这就是表现比真值陈述更基本的原因"，（第153—154页）反映在语言上，就是文本对句子在元语言（逻各斯）层面上的优先性，具体说，就是叙述比陈述更基本。从表现的观点看，文本不"指称"，"真理"和"意义"亦皆与基于句子分析的语言哲学理解大异其趣。

在包括安克斯密特等历史哲学家及文学理论家的思想视野中，当代普通哲学的语言转向存在明显的局限性。人工语言学派在语义逻辑及语义澄清方面的主张容或有其合理性，但其工具主义的语言观无疑是偏颇狭隘的。奥斯丁等日常语言学派将语言的探讨推进到日常语用层面，提出"以言行事"和"以言取效"的言语行为理论，更为切近生活世界中语言的实况，但归根到底，都只是在言语层面上看问题，未能真正触及语言的奥义。试想，在这种看似实际的语言探究中，人类在日常会话层面之外独白式的长篇大论的语言运用如神话、历史、文学文本该作何理解？事实上，只有在这里，语言才摆脱其工具性的附庸地位，处于真正"在家"的自足（autonomy）状态。与语言的日常语用相比，我曾经提出，语言的叙述文本本质上可以概括为"**以文为事**"。[3] 以文为事是关于语言（文本）的本位观，侧重强调语言自我中心、自成一体的游戏本质，就像在日常语言中，我们把明明是画中有物的绘画称

---

[3] 我是在提交给2013年7月10日—13号在比利时根特大学举行的"史学理论和历史哲学的未来"（Theory of History and the Future of Philosophy of History）国际会议的论文"Why and What Narrative Matters?"中提出"以文为事"观点的。安克斯密特教授在给我的邮件中对我提交会议的论文和此一观点表示"深受触动"和"热烈同意"。

之为**画画**。在这一视野下，伽达默尔借鉴洪堡提出的"语言作为世界经验"的"道成肉身"维度才可获得合理的理解与解释。

"以文为事"本质上当然包含"以文运事"的文外指涉意味，就像即使是在做梦这样一种意识自我指涉的活动中，某种世界框架仍然是内嵌在我们的意识流中。在非指称性使用的情况下，文本如安克斯密特所说仍是"关于"世界的表现性揭示。作为表意符号系统，在文本层面上，语言所建构的实际上是一个意义王国，从神话到文学、史学乃至各种民间故事，不论其取材于现实或想象，都提供了关于大到整个世界，小到一个局部的意义解读，从文本分析的角度说，这一点是通过将经验之流的各种片断整合进一个有头有尾的故事结构做到的。正因如此，不论是纪实还是虚构，文本本质上均是有意义的人世故事，如果说语言观即世界观的话，在一定程度上，作为其原始基底的乃是我们的故事观。"我们用它来理解我们生存的世界的意义。"（本书中译本前言）

相对于语言在日常交际和科学命题中的二阶性运用，语言的话语和文本表现形态才是语言的一阶原生态存在，因此，作为语言哲学核心概念的"指称""真理"和"意义"都不能被用以说明历史表现。由此可以引申出一系列重要的哲学观点。首先，文学、美学与史学本质上是同一语言共同体的成员，前者可以为后者提供重要的理论启示，比如区别于命题真理的（艺术、历史的）表现真理概念。在外部关系上，史学乃至文学文本与科学相比并无高下之分。并且，"意义先于真假"，科学的语言游戏最终是在由自然语言所奠定的关于世界的基本意义平台上实现的。

与此相应的是，在语言表现的一阶本真层面上，传统认识论预设的主客二分被消解。在自然语言文本如历史叙述中,语言不是透视实在的透明符号,而是具足实体性[4]的存在物。依照古德曼的说法,由于艺术表现语言"句法密集"与"语义密集"的特征,艺术作品中的例如一根线条跟我们在设计图纸上看到的代表实物的线条符号是截然不同的,其粗细浓淡、色泽、尺寸均非无关紧要。[5](这一点,我们从中国书法线条的韵味中可以得到很好的印证。)历史表现亦是如此。因而,历史表现乃不在场过去的到场之地,"在表现中世界向我们呈示自身。"(第142页)在质料或者说实体性的层面上,语言当然并不是具有呼风唤雨之力的巫术,但**在意义的维度上**,端赖历史的叙述文本表现,已逝过去才不致"恍如去岁湖上之风,渺无踪迹可寻"。(对德里达广受诟病的"文本之外别无他物"的说法,也许亦应作如是观?)这里应该强调的是,意义并非纯粹主观物,而是内在于作为此在的世界的一个本体"样貌"维度,也就是安克斯密特所强调的在表现和被表现者二阶之外的第三阶(第89页)。与科学或日常交际中所使用的语言不同,"表现是那让语言能帮助我们穿越人类存在的最深深渊和成为我们生命之旅可依赖伴侣的东西。它给予我们诗的语言,爱和恨的语言,要是没有它,我们根本不成其为人。"(第128页)在此,表现是具有存在质感与生命温度的语言的本真状态。

在"指称""真理"和"意义"这三个基本概念上与一般语言哲学对话构成本书的核心部分,而贯穿此一对话的主线则是出现

---

[4] 安克斯密特在其处女作《叙述的逻辑》中将史学文本视为某种"叙述实体",这一概念后来为"历史表现"所替代,但仍然保留其基本内涵。

[5] 古德曼:《艺术语言》,褚朔维译,光明日报出版社,1990,第229页。

在本书标题但容易被忽视的表现概念。然而，作为一部历史哲学方面的专著，本书还处理了诸如时间、阐释及历史经验这样一些理论课题，其中尤其值得关注的是关于人类如何形成关于"历史"的经验的探讨。人类关于我们有一个过去从而过去与现在之间区别的反思性历史经验乃尔后所有历史探究与叙述的逻辑起点。人类关于历史的时间意识的觉醒集中表现在神话中，在关于既往过去玫瑰色的追忆中，历史于其不在场中正式出场。

安克斯密特教授撰述此书的基本理论抱负，是力图填补主流语言哲学在语言文本意识及其分析方面重大的理论阙失，无论其努力在多大程度上获得了成功，其所提出的无疑是具有相当理论深度和价值的问题。不过，即使是对这一问题兴趣缺缺或不以为然者，亦可能成为"开卷有益"的读者。比如书中对海德格尔的时间之思由于专注于个体存在而缺乏历史向度的评论，关于黑格尔概念论的非唯心主义内涵的辨析，对辩证法的正面评价及其与斯宾诺莎思想关系的论述，对当代语言哲学诸家如奎因、戴维森尤其是罗蒂思想的阐发，等等，都可能让有心者眼前一亮，见猎心喜。更不用说其历史认识客观性常识信念的"马格利特式"描述巧思、关于史学如历史主义及政治史在史学中的中心地位的种种思考。总之，宏大理论视野加上细密繁复的学术针脚，为各取所需的读者留下了宽广的思想空间。

从学术地位上看，历史哲学在哲学王国的版图中可以说是"处江湖之远"，（与哲学跟科学比不无类似之处）然而，天下其实一江湖，历史哲学要想在哲学大家庭中获得更多的尊重，取决于她在哲学上能够创造出怎样的理论增长点和提供什么思想资源，

译者后记

就此而论，江湖有时恰恰成为旌指要津的急所，在这一意义上，像安克斯密特这样人在江湖，胸怀天下的学者显得格外可贵。试想安克斯密特之所以能发主流哲学之覆，在一定程度上不正得益于其历史哲学的独特视角与训练吗？

我与弗兰克有数面之缘，其学识有书为证，近日一位英国学者在一本关于安克斯密特的专著中称其为"欧洲的海登·怀特"，我想是实至名归之论。在我的印象中，如果说怀特有多数大牌教授"望之俨然"的一面的话，这位长相略似马克·吐温的荷兰学者则可以说是"望之即温"，其为人之诚恳平易令人印象深刻。在译著交到出版社等待出版的时候，由弗兰克本人处得知他罹患肺癌（目前状态平稳），作为友人和他的中文译者，我谨在此衷心祈望他吉人天相，历劫无恙，如彼此所期望的那样后会有期。

这是我翻译的第三本书，除头一本丹托的外，余下两本都是弗兰克·安克斯密特的著作。我在将所译安克斯密特的第一本书（《历史表现》）题赠给他的文字中曾语带谐谑地向这位"荷兰生父"担保，"你的这个孩子"在"中国养父"这得到了"视同己出"的对待。现在想来，当时即兴写出的这个译喻还可再下一转义：一字一句地译述，可不跟一天一天地把个孩子拉扯大不无形似之处吗？译事非轻差。此本之后，该告一段落了。

据说是清人徐述夔的句子吧，"清风不识字，何故乱翻书"。我所翻书虽说是在工作语言英语范围内，但其中所夹杂的各种拉丁、希腊、德、法文字甚多，捉襟见肘，在所难免。拉丁文等等的除跟安克斯密特教授本人请教之外，只好自己想法在网上、辞书里解决。德文句子（数量最多）幸赖当年在雷根斯堡结识的浙江大学朱更生君捉刀助阵，法文则请系中同事唐清涛帮忙，总算对付下来。在此合当谢谢朱、唐二位，当然，最终相关译义如有不妥，责任全在译者。"百度"等中英文网站也是在碰到各种问题时不时登录之处，谨此隔空致敬！最后，本书的翻译出版，是彭刚兄的玉成，友朋有彭，乐何如也！

在我2013年开始翻这本书的时候，母亲宋福啟还在，而今译事告成，她却于是年7月31日永离我们而去走完了84年的人生旅程。我自1973年18岁当兵离家，后来接着上大学、工作，现在回头细想起来，母子间一生的缘份，真正在一起的时间不过20年。妈妈当年因家贫只读到初小，却因此一生对文化始终怀有宗教般虔诚的情怀，而今译（书）成，不能像往常那样当面跟她"报功"，谨此数言，聊为心香一瓣。

周建漳

于厦大海滨"仁智近处"

2014年2月24日

附记

借此译作重印之机，我对全书逐字做了校对，修订了前此译本中的一些语词错误，并对一二处译文做调整。第一次与商务印书馆合作，对其工作作风之一丝不苟印象深刻。

2022年2月16日

图书在版编目(CIP)数据

历史表现中的意义、真理和指称 / (荷)弗兰克·安克斯密特著; 周建漳译. --北京: 商务印书馆, 2024. (汉译世界学术名著丛书). --ISBN 978-7-100-24640-8

Ⅰ. K01

中国国家版本馆 CIP 数据核字第 2024BP4527 号

权利保留，侵权必究。

汉译世界学术名著丛书
历史表现中的意义、真理和指称
〔荷兰〕弗兰克·安克斯密特 著
周建漳 译

商 务 印 书 馆 出 版
(北京王府井大街36号 邮政编码100710)
商 务 印 书 馆 发 行
北京市白帆印务有限公司印刷
ISBN 978-7-100-24640-8

2024年11月第1版　　开本 850×1168　1/32
2024年11月北京第1次印刷　　印张 11⅝
定价：58.00元